青木節子・中谷和弘・菊地耕一・
国立研究開発法人宇宙航空研究開発機構
総務部法務・コンプライアンス課 編

宇宙法の位相

信山社

は し が き

　本書は，慶應義塾大学と宇宙航空研究開発機構（JAXA）による宇宙法に関する共同研究の成果をまとめたものである。

　2011 年 12 月，慶應義塾大学と JAXA は「宇宙法に関する協力協定」を締結し，2012 年 1 月，慶應義塾大学に宇宙法研究センターを設立した。その目的は，①宇宙活動に係る法的視点からの検討を通じた諸課題への対処，②我が国の宇宙法研究の水準の向上，③宇宙法分野における実務家及び研究者の養成並びに連携促進への寄与，④アジアにおける宇宙法分野の能力開発への貢献である。協力協定はこれまで 2016 年，2019 年及び 2022 年に更新されている。最新の協定の目的の②は，我が国の宇宙法研究の水準の向上及び国際社会での宇宙法形成過程におけるプレゼンス向上である。青木は副センター長をつとめてきた。

　慶應義塾大学と JAXA は本協力協定に基づき，国内外の研究者・実務者とともに研究会を開催して，宇宙法を巡る諸課題について共同研究を重ね，その成果を毎年の宇宙法シンポジウム等で公開してきた。本書は係る共同研究のうち，2021 年から開催している「宇宙活動を規律する国際法規範の在り方に関する研究会（宇宙法規範研究会）」（主査：菊地）と，「先端的な宇宙活動に関する法的課題研究会」（主査：中谷）における研究発表を中心に，各著者がその後の研究の進捗を踏まえて論考としてまとめたものである。

　現在の宇宙活動は，活動主体の多様化と新しい活動の出現により，国際的に活性化する一方，その原動力となる技術とビジネスの急速な発展に対し，半世紀以上前の宇宙活動の黎明期に成立した宇宙諸条約とその後に形成された規範とルールは，多様化する主体と新たな活動を適切に規律することができるのか，という問題に直面している。このため，「宇宙法規範研究会」では，宇宙空間のガバナンスの基盤となる規範とルールに関する国際的な議論の状況を踏まえ，宇宙資源探査，宇宙安全保障等の政策課題に対応する国際ルール・規範の在り方について検討を行った。「先端的な宇宙活動に関する法的課題研究会」では，地球低軌道の商業化の進展や地上の軍事活動における商業宇宙活動の役割の拡大を踏まえ，民間事業者が宇宙活動や事業の国際展開を行うにあたって考慮すべき地政学的リスクを識別し，経済安全保障と両立した，安全かつ持続可能な

i

はしがき

宇宙活動を実現するために必要な法規範や対応策の検討を行った。これら研究会を通した発見の一つは，現代宇宙法を議論するにあたって国際公法と私法の境界は曖昧であり，両方の観点から議論する必要性が高まっているということである。こうした潮流を踏まえ，本書の構成は，現在の宇宙法を巡る課題の性質から，以下のとおりとした。

第Ⅰ部　宇宙法規範の発展

第Ⅱ部　宇宙の安全保障

第Ⅲ部　新しい宇宙活動と課題

第Ⅰ部では，宇宙法規範の在り方に関する議論として，アルテミス合意，宇宙資源法，国際周波数管理，国際衛星通信事業という実行的側面と，一次規則／二次規則，妥当な考慮の解釈という理論的側面から，宇宙法規範に関する課題の抽出と分析を行っている。第Ⅱ部では，安全保障に関する宇宙活動の課題として，地球周回軌道への通常兵器の配備の問題，衛星測位信号の妨害の問題，民間事業者の宇宙活動の保護の問題を扱っている。第Ⅲ部では，新しい宇宙活動の出現に対応して，宇宙ベンチャーの課題に関するリスク管理の観点からの分析，超小型衛星放出事業における打上げ国の問題の分析，宇宙旅行の実現を踏まえた緊急着陸と宇宙港に関する分析と選択肢の提示を行っている。

本書では，こうした議論の前提として，我が国の最新の宇宙法政策に関する動向について，内閣府宇宙開発戦略推進事務局の風木淳局長に特別寄稿を賜った。これにより，本書における議論がなぜ必要なのか，読者に全体像を理解頂けると考える。その上で，これに続く各論考が，新たな宇宙活動の時代に生きる読者の研究や実務の参考となり，更なる研究の契機になることを期待している。

本書のタイトルは，現在の宇宙法の課題を多様な観点・視点から考えるという意味で，「宇宙法の位相」とした。帯に記した「宇宙は人の上に人を造らず，人の下に人を造らず」は，慶應義塾の創始者である福沢諭吉の名言をもじったものであるが，宇宙空間においては「上・下」という観念はなく，宇宙法は国際社会の共通課題であることを含意したものである。福沢が今日生きていればそう言ったかもしれないと想像している。

本書は現在の宇宙法の課題についての多面的な論考をまとめたものであるが，本書が提示するのは議論の終わりではなく始まりである。本書を手に取って頂いた方が，本書の論考を基に更なる又は新たな研究を行って頂ければ幸甚であ

はしがき

る。

　最後に，信山社の髙畠健一氏には，本書の構想から内容，構成に至るまで様々な助言を頂いた。これまで研究会に参加頂いた研究者・実務者とともに，ご支援を頂いたすべての方々に感謝申し上げる。

　2025 年 1 月 10 日（福沢諭吉生誕 190 年記念日）

青木節子・中谷和弘・菊地耕一

表紙・裏表紙イラスト：石井萌（宇宙航空研究開発機構・慶應義塾大学宇宙法研究センター研究員）

目　次

はしがき

1　〈特別寄稿〉宇宙政策の最近の進展と宇宙法　………風　木　　淳……1
　はじめに（1）
　Ⅰ　これまでの宇宙政策の歩み（2）
　Ⅱ　第5次宇宙基本計画の4つの目標と将来像，6つの環境認識（5）
　Ⅲ　宇宙技術戦略と宇宙戦略基金（7）
　Ⅳ　宇宙空間の安全で持続可能性のある利用
　　　── 宇宙資源，スペースデブリ，宇宙交通管理（10）
　Ⅴ　宇宙活動法改正を視野に入れた検討（14）
　おわりに（16）

第Ⅰ部　宇宙法規範の発展

2　宇宙活動に関する国際的な規範とルールの形成に関する一考察
　　── アルテミス合意の含意 ………………………… 菊 地 耕 一……21
　はじめに（21）
　Ⅰ　宇宙活動に関する規範とルール（22）
　Ⅱ　アルテミス合意の成立と評価（24）
　Ⅲ　アルテミス合意の構造とアプローチ（26）
　おわりに（34）

3　宇宙法規範の在り方に関する試論
　　── 一次規則と二次規則の視点から ……………… 篠 宮　　元……36
　はじめに（36）
　Ⅰ　ハートの議論の概要（37）
　Ⅱ　曖昧な一次規則（38）
　Ⅲ　部分的な二次規則（42）
　Ⅳ　若干の考察（46）

iv

目　次

おわりに (48)

4　宇宙条約第9条の「妥当な考慮」(due regard) の分析
　………………………………………………… 福嶋雅彦……49
はじめに (49)
Ⅰ　先行研究の整理と「妥当な考慮」の淵源 (51)
Ⅱ　宇宙条約第9条の分析に際しての基本前提 (54)
Ⅲ　宇宙条約第9条の「妥当な考慮」をめぐる論点 (57)
Ⅳ　宇宙条約第9条の「妥当な考慮」の具体化に向けた検討 (60)
おわりに (63)

5　宇宙資源の所有権に関する理論的課題
　── 宇宙資源法5条に着目した検討 ……………… 武藤義行……65
はじめに (65)
Ⅰ　本法の制度概要 (66)
Ⅱ　宇宙資源開発をめぐる国際的な議論の発展 (68)
Ⅲ　所有権取得の権原 (74)
Ⅳ　管轄権と準拠法 (77)
おわりに (79)

6　「軍用無線設備」免除条項の濫用防止をめぐるITUガバナンスの動向
　…………………………………………………… 青木節子……80
はじめに (80)
Ⅰ　ITU文書における「軍用無線設備」免除条項 (82)
Ⅱ　21世紀のペーパー衛星回避策 (85)
Ⅲ　憲章48条援用濫用に対するITUの行動 (89)
おわりに (91)

7　政府間衛星機関の民営化と通信に対する衡平なアクセスの確保
　………………………………………………… 石井由梨佳……93
はじめに (93)
Ⅰ　問題の所在 (93)

v

目　次

II　国際電気通信衛星機構（*98*）

III　国際移動通信衛星機構（*104*）

お わ り に（*108*）

第 II 部　宇宙の安全保障

8　宙対地兵器の構想と宇宙利用の安定性 ………… 福 島 康 仁……*113*

は じ め に（*113*）

I　宙対地兵器の構想（*114*）

II　宇宙利用の安定性に与えてきた影響（*121*）

お わ り に（*123*）

9　GNSS のジャミングと欺瞞の規制と国家責任の法構造
—— 測位機能保証のための法的・技術的・軍事的視点から
……………………………………………… 大河内美香……*125*

は じ め に（*125*）

I　GNSS の意義と問題の焦点（*127*）

II　GNSS の妨害事案（*130*）

III　GNSS の妨害の規制と国家責任の法構造（*133*）

お わ り に（*137*）

10　民間事業者の宇宙活動と武力紛争法の適用についての一側面
—— "reverse distinction" を中心に …………… 飯 島 隆 博……*138*

は じ め に（*138*）

I　近時の武力紛争時における民間事業者の
　　宇宙・サイバー領域での活動（*139*）

II　宇宙・サイバー領域における民間事業者の活動と武力紛争法（*141*）

III　宇宙領域における逆区別原則に関する Koplow 論文とその評価（*144*）

IV　民間事業者の行動 —— 補償と規範形成（*148*）

お わ り に（*151*）

目　次

第Ⅲ部　新しい宇宙活動と課題

11　宇宙ベンチャーにおけるリスクマネジメントと法務の役割
……………………………………………… 星　　諒　佑……155

はじめに (155)

Ⅰ　宇宙ベンチャーの概況 (156)

Ⅱ　宇宙ベンチャーが抱える課題 (157)

Ⅲ　求められる法務の役割 (164)

おわりに (167)

12　国際宇宙ステーションからの衛星放出事業における法的課題
……………………………………………… 北　村　尚　弘……169

はじめに (169)

Ⅰ　J-SSOD とは (169)

Ⅱ　衛星放出までの流れ (170)

Ⅲ　衛星放出行為の「打上げ」該当性 (171)

Ⅳ　衛星放出行為における「打上げ国」 (173)

おわりに (176)

13　宇宙旅行時代に対応できるモデル緊急着陸場協定の提案
……………………………………………… 中　谷　和　弘……182

はじめに (182)

Ⅰ　米国が締結した二国間シャトル緊急着陸場協定 (182)

Ⅱ　宇宙関係条約及び一般国際法における緊急着陸 (188)

Ⅲ　モデル緊急着陸場協定に向けて (189)

Ⅳ　モデル緊急着陸場協定の提案 (192)

おわりに (194)

vii

目　次

14　日本版スペースポート法制
　　── 宇宙活動法の制定経緯を踏まえた検討
　　　　……………………………………… 新谷美保子・齋藤俊……195

は じ め に（195）

Ⅰ　宇宙活動法の打上げ施設等に係る規定（196）

Ⅱ　宇宙活動法の打上げ施設に係る規定の立法経緯（197）

Ⅲ　日本版スペースポート法制の検討（208）

執筆者紹介（＊は編者・編者以外掲載順）

＊青木節子（あおき・せつこ）
慶應義塾大学大学院法務研究科教授・慶應義塾大学宇宙法研究センター副所長

＊中谷和弘（なかたに・かずひろ）
東海大学法学部教授・東京大学名誉教授

＊菊地耕一（きくち・こういち）
宇宙航空研究開発機構（JAXA）調査国際部国際課長・慶應義塾大学宇宙法研究センター研究員

風木　淳（かぜき・じゅん）
内閣府宇宙開発戦略推進事務局長

篠宮　元（しのみや・はじめ）
宇宙航空研究開発機構（JAXA）総務部法務・コンプライアンス課主任・慶應義塾大学宇宙法研究センター研究員

福嶋雅彦（ふくしま・まさひこ）
立命館大学大学院国際関係研究科国際関係学専攻博士課程後期課程修了・博士（国際関係学）

武藤義行（むとう・よしゆき）
宇宙航空研究開発機構（JAXA）総務部法務・コンプライアンス課主査・慶應義塾大学宇宙法研究センター研究員・弁護士

石井由梨佳（いしい・ゆりか）
防衛大学校人文社会科学群准教授

福島康仁（ふくしま・やすひと）
防衛研究所政策研究部グローバル安全保障研究室主任研究官

執筆者紹介

大河内美香（おおこうち・みか）
東京海洋大学学術研究院海洋政策文化学部門准教授

飯 島 隆 博（いいじま・たかひろ）
弁護士（森・濱田松本法律事務所外国法共同事業）

星　　諒 佑（ほし・りょうすけ）
弁護士（SHOWROOM 株式会社）

北 村 尚 弘（きたむら・なおひろ）
弁護士（弁護士法人 IGT 法律事務所）

新谷美保子（しんたに・みほこ）
パートナー弁護士（TMI 総合法律事務所）

齋 藤　　俊（さいとう・すぐる）
弁護士（TMI 総合法律事務所）

1 〈特別寄稿〉宇宙政策の最近の進展と宇宙法

風木　淳[1]

〈要　旨〉

　本稿は，宇宙政策の歩みを振り返った後に，最近の宇宙政策の進展を政府の視点から俯瞰し，世界的な宇宙開発競争が激化する中での宇宙技術戦略や宇宙戦略基金などの重要施策の取組を紹介する。その上で，宇宙空間の安全で持続可能性のある利用に向けた，宇宙資源，スペースデブリ，宇宙交通管理など宇宙法の国際的な新課題への対応について述べる。さらに，官民のロケット打上げ能力の強化や新たな輸送形態への対応のための宇宙活動法改正を視野に入れた国内の取組や審査体制強化の必要性について触れ，最後に宇宙政策全体を通じた人材育成や情報発信の重要性を指摘する。

は じ め に

　本稿は，宇宙政策の最近の進展を政府の視点から俯瞰し，宇宙法をめぐる課題へ示唆を与えるものである。最新の第5次宇宙基本計画（2023年6月13日閣議決定）の目標や将来像を踏まえ，宇宙政策を巡る環境認識と関連する取組を示し，宇宙技術戦略や宇宙戦略基金などの重要施策の概要を述べる。その上で宇宙空間の安全で持続可能性のある利用に向けた国際的動向を概観する。特に国内法との関係も深い宇宙資源，スペースデブリ，宇宙交通管理について述べる。さらに宇宙活動法[2]の改正を視野に入れた取組について触れ，官民のロケット打上げ能力の強化や新たな輸送形態への対応について述べる。最後に宇宙政策全体を通じた人材育成や情報発信の重要性などについて述べる。

（1）　内閣府宇宙開発戦略推進事務局長。本稿の意見にわたる部分や特段の過去の整理や分析に当たる部分は関連文献を参照した筆者の整理であり，必ずしも組織の見解ではない点を念のため申し添える。文書・文献の引用については政府文書で一般的に検索可能なものは個々のHPリンクは省略した。内閣府宇宙政策HP：https://www8.cao.go.jp/space/ 参照。
（2）　人工衛星等の打上げ及び人工衛星の管理に関する法律（平成28年法律第76号）。以下「宇宙活動法」。

I これまでの宇宙政策の歩み

1 概 要

2008 年に制定された宇宙基本法（平成 20 年法律第 43 号）により，2009 年に第 1 次宇宙基本計画が策定されて以来，時代に合わせて更新が行われ，直近では 2023 年 6 月に改定され閣議決定された第 5 次宇宙基本計画が最新である。最新の議論に入る前にこれまでの日本の宇宙政策の歩みを振り返りたい[3]。

2 宇宙基本法に至る歩み

日本の宇宙開発利用は，1955 年の糸川東京大学教授によるペンシルロケットに始まり発展してきたが，宇宙航空研究開発機構（JAXA）及びその前身の宇宙開発事業団（NASDA）を中心に平和目的に限り宇宙開発利用が行われてきた。その後，内外の諸情勢の変化により，研究開発主導型から利用ニーズ主導型への宇宙開発の転換の必要性や，日本の安全保障に資する宇宙開発利用の必要性，日本の宇宙産業の国際競争力強化・産業振興などの必要性を背景に，自由民主党，民主党，公明党の 3 党超党派の議員立法により，2008 年 5 月，宇宙基本法が成立した。これにより安全保障目的の宇宙開発利用が可能になり，さらに 2012 年の JAXA 法[4]改正により，JAXA も安全保障分野の貢献が可能となった[5]。

（3） 内閣府宇宙政策 HP の宇宙政策委員会などの過去の資料のほか，青木節子『日本の宇宙戦略』（慶應義塾大学出版会，2006 年），鈴木一人『宇宙開発と国際政治』（岩波書店，2011 年），国立国会図書館『宇宙空間の利用をめぐる動向と課題』（国立国会図書館，2023 年），小塚荘一郎・佐藤雅彦編著『宇宙ビジネスのための宇宙法入門（第 3 版）』（有斐閣，2024 年）等を以下参照した。

（4） 現在の正式名称は，国立研究開発法人宇宙航空研究開発機構法（平成 14 年法律第 161 号）。以下「JAXA 法」。

（5） 経緯について概括した一例として「我が国の宇宙安全保障を巡る動向」2015 年 4 月内閣府宇宙戦略室の宇宙政策委員会宇宙安全保障部会資料 2（その 1）4 項参照。「宇宙に打ち上げられる物体及びその打上げ用ロケットの開発及び利用は，平和の目的に限り，……これを行なうものとする」（衆議院本会議「我が国における宇宙の開発及び利用の基本に関する決議」（1969 年））により日本の宇宙利用は非軍事に限定されたが，その後，1985 年の政府統一見解により「利用が一般化している衛星及びそれと同様の機能を有する衛星については，自衛隊による利用が認められる」とのいわゆる「一般化理論」の範囲内での利用に限定されていた。

宇宙基本法1条（目的規定）は，科学技術の進展その他の内外の諸情勢の変化に伴い，宇宙開発利用の重要性が増大していることにかんがみ，日本国憲法の平和主義の理念を踏まえ，環境との調和に配慮しつつ，我が国において宇宙開発利用の果たす役割を拡大するため，宇宙開発利用に関し，基本理念及びその実現を図るために基本となる事項を定め，国の責務等を明らかにするとし，宇宙基本計画の作成，宇宙開発戦略本部の設置等により宇宙開発利用に関する施策を総合的かつ計画的に推進し，国民生活の向上及び経済社会の発展に寄与するとともに，世界の平和及び人類の福祉の向上に貢献することを目的と規定している。

宇宙基本法2条（宇宙の平和的利用）は，宇宙開発利用は，月その他の天体を含む宇宙空間の探査及び利用における国家活動を律する原則に関する条約等の宇宙開発利用に関する条約その他の国際約束の定めるところに従い，日本国憲法の平和主義の理念にのっとり行われるものとしている。

その上で，宇宙基本法3条（国民生活の向上等）は，宇宙開発利用は，国民生活の向上，安全で安心して暮らせる社会の形成，災害，貧困その他の人間の生存及び生活に対する様々な脅威の除去，国際社会の平和及び安全の確保並びに我が国の安全保障に資するよう行われなければならない，と規定しており，更に同14条（国際社会の平和及び安全の確保並びに我が国の安全保障）は，国は，国際社会の平和及び安全の確保並びに我が国の安全保障に資する宇宙開発利用を推進するため，必要な施策を講ずるものとする，と規定している。

こうして日本の宇宙政策は，宇宙基本法制定前の「非軍事」から「非侵略」へと転換された。宇宙基本法の制定により日本の宇宙政策は，それまでの「科学技術・研究開発」主導から，「科学技術」「産業振興」「安全保障」の三本柱の総合的国家戦略へ展開した。

3　宇宙基本計画の第1次から第5次への流れ

第1次宇宙基本計画に引き続き，第2次安倍内閣発足後，2013年1月25日に第2次宇宙基本計画が，更に2015年1月9日に第3次宇宙基本計画が宇宙開発戦略本部において策定された。第3次宇宙基本計画は，宇宙空間のパワー・バランスの変化や宇宙空間の安全保障の重要性の増大等の宇宙政策を取り巻く環境変化を踏まえ，第2次宇宙基本計画の翌年度に見直しが図られたもので，「国家安全保障戦略」（2013年12月17日閣議決定）に示された安全保

障政策を反映するとともに，衛星の開発・運用開始年度を明確にする等により産業界の投資の「予見可能性」を高めた。2020 年 6 月 30 日に閣議決定された第 4 次宇宙基本計画は，宇宙安全保障の確保を前面に出し詳細な施策を列挙した。新たな国家安全保障戦略（2022 年 12 月 23 日閣議決定）を受けて，2023 年 6 月 13 日に第 5 次宇宙基本計画が策定された。

4 宇宙政策を支える政府の体制

　宇宙政策を支える政府の体制については，宇宙基本法に基づき，宇宙開発利用に関する施策を総合的かつ計画的に推進するために内閣総理大臣を本部長とする宇宙開発戦略本部が 2008 年 8 月に設置され，宇宙基本計画の定期的な策定が開始された。さらに 2012 年には，内閣府に宇宙開発利用に関する重要事項を調査審議する内閣総理大臣の諮問機関として宇宙政策委員会が設置され，現在に至っている。宇宙開発戦略本部は内閣官房が支える体制であったが，2012 年の内閣府宇宙戦略室設置を経て，内閣官房・内閣府で支える体制から，2016 年 4 月に内閣官房から内閣府に一元化された内閣府宇宙開発戦略推進事務局が発足し現在に至っている。現在，同事務局が総理を本部長とし内閣官房長官と宇宙政策担当大臣の二人を副本部長とした全閣僚による宇宙開発戦略本部と，有識者により構成される宇宙政策委員会を支える体制で，政府全体の司令塔機能を発揮している。宇宙開発戦略推進事務局は，このほか，宇宙基本法，宇宙活動法，衛星リモートセンシング法[6]，宇宙資源法[7]を所管し，許認可を含む法執行を担当するほか，政府測位衛星である準天頂衛星システムを自ら開発・運用しており，世界的にも特長のある行政組織である[8]。

（6）　衛星リモートセンシング記録の適正な取扱いの確保に関する法律（平成 28 年法律第 77 号）。
（7）　宇宙資源の探査及び開発に関する事業活動の促進に関する法律（令和 3 年法律第 83 号）。
（8）　本稿の趣旨から，国家予算について詳細には触れていないが，宇宙関連予算については，直近では，令和 6 年度当初予算及び令和 5 年度補正予算の全省庁合計で 8945 億円に達している（うち宇宙戦略基金 3000 億円）。

4

Ⅱ　第 5 次宇宙基本計画の 4 つの目標と将来像，6 つの環境認識

1　4 つの目標と将来像

　第 5 次宇宙基本計画は，日本が宇宙活動の自立性を維持・強化し，世界を
リードする存在となるべく以下の 4 つの「目標と将来像」を示した。①宇宙
安全保障の確保，②国土強靱化・地球規模課題への対応とイノベーションの実
現，③宇宙科学・探査における新たな知と産業の創造，④宇宙活動を支える総
合的基盤の強化，である。この 4 つの目標と将来像を導くに当たり，基本的
スタンスと具体的なアプローチで施策を列挙している。基本的スタンスとして
は，①安全保障や宇宙科学・探査等のミッションへの実装や商業化支援を見据
えた政策，②宇宙技術戦略に基づく技術開発の強化，③同盟国・同志国等との
国際連携の強化，④国際競争力を持つ企業の戦略的育成・支援，⑤宇宙開発の
中核機関たる JAXA の役割・機能の強化，⑥人材・資金等の資源の効果的・
効率的な活用，である。

　宇宙基本計画はこの先 20 年を見据えて策定された，今後 10 年間の宇宙政
策の基本方針であり，毎年夏には宇宙開発戦略本部で「重点事項」が示され，
毎年末には「宇宙基本計画工程表」の改訂が行われ，国家予算に裏付けされた
施策の執行が確保されることとなる。「具体的アプローチ」として以下に紹介
する宇宙技術戦略の策定や宇宙戦略基金を通じ，2024 年度は「アクションの
年」とされるところである。以下では，宇宙政策を巡る 6 つの環境認識を示し，
関連する取組事項についても触れることとする。

2　6 つの環境認識

　第 1 に「変化する安全保障環境下における宇宙空間の利用の加速」である。
宇宙の安全保障利用の拡大が顕著になっており，2022 年 2 月に始まったロシ
アのウクライナ侵略でも，民間企業の米国 SpaceX 社が提供する通信衛星サー
ビス Starlink がウクライナ軍の通信基盤となった。戦況の衛星画像なども欧米
の民間衛星企業が関係機関やメディアに提供し公表されることが日常となった。
日本では 2023 年 6 月 13 日に宇宙開発戦略本部が決定した「宇宙安全保障構
想」においては「安全保障のための宇宙アーキテクチャ」が示された。同構想
は，衛星測位，情報収集，情報通信，ミサイル防衛，宇宙領域把握，宇宙輸送，

地上レーダー等施設など様々な分野の宇宙アセットについて，電波等や光通信の技術の活用を含め，静止軌道，中低軌道，地上などでの活動を示し，全体像や課題を明らかにした。2027年度までに衛星コンステレーションを構築し情報収集能力を抜本的に強化する必要があるとされる。また，2023年12月には，宇宙安全保障に必要な政策・運用・体制・法的な課題等に関する各種議論を実施する多国間の枠組み「CSpOイニシアチブ」への日本の参加も決定した。

　第2に「経済・社会の宇宙システムへの依存度の高まり」である。通信や測位，気象衛星など，経済・社会活動にとって必要な宇宙アセットが増えており，地上と宇宙が一体化している。現代社会に不可欠なカーナビゲーションやスマートフォンの位置情報データは測位衛星から取得している。日本では「みちびき」という名称の準天頂衛星を用いた測位システムを運用しており，センチメーター級の精度で位置情報を取得できる強みがあり，現在の4機体制から，今後2年で7機体制，その後11機体制を整備する計画である。また，2024年元日に起きた能登半島地震では，当日のうちにJAXAの大型衛星「だいち2号」が現地の様子を撮像し，最大約4メートルの地盤の隆起を確認した。スタートアップなど複数の民間企業も独自の衛星を活用した撮像データを相次いで公開し早期の被害状況把握に貢献した。こうした衛星データの利活用が関係府省で積極調達・利用されることが課題であり，政府は2024年度から3年間を「民間衛星の活用拡大期間」としている。

　第3に「宇宙産業の構造変革」である。2040年の世界の宇宙市場は1兆ドル超の市場規模に成長するとの予測もある。宇宙産業を牽引してきたのは設備や機器関連の市場であったが，今後は衛星データや通信，測位に関わるサービス関連市場が成長すると見込まれる。第5次宇宙基本計画では，日本の宇宙産業の市場規模を2020年の4兆円から2030年代早期に2倍の8兆円とすることを目標としている[9]。

　第4に「月以遠の深宇宙を含めた宇宙探査活動の活発化」である。世界の潮流として，宇宙科学・探査ミッションは大規模化し，民間事業者も参画し，国際競争が激化している。中国は「嫦娥計画」を進め，2019年に月の裏側への着陸を世界で初めて成功させ，2024年6月には，月の裏側への2度目とな

（9）　宇宙ビジネスについて，アクセンチュア監修『宇宙無限大　ビジネスのフロンティア』（日本経済新聞出版，2024年）参照。

る着陸と地球へのサンプルリターンに成功した。インドは，2023 年にチャンドラヤーン 3 号が世界で 4 番目となる月着陸に成功し，月南極付近に到達した。米国は月，火星の探査へ向けてアルテミス計画を推進し，日本は同計画に参画している。日米首脳会談（2024 年 4 月 10 日）の成果文書においては，日本人宇宙飛行士が米国人以外で初めて月面に着陸する共通目標が発表され，2 回の月面着陸，日本による与圧ローバ提供を含む実施取決めが当局間で署名された。宇宙探査については，2030 年以降のポスト ISS（国際宇宙ステーション）に向けた民間の技術開発の支援や関係国等の調整を加速する必要がある。

第 5 に「宇宙へのアクセスの必要性の増大」である。安全保障や経済・社会活動における宇宙システムの重要性が高まる中，宇宙へのアクセスの必要性が増大している。2023 年は 10 年前の 2 倍以上となる 212 機のロケットが打上げられており，SpaceX 社の Falcon9 や中国の打上げ能力が増加している。

第 6 に「宇宙の安全で持続的な利用を妨げるリスク・脅威の増大」である。

宇宙活動の拡大による各種衛星の増加や中露の衛星破壊実験はスペースデブリの急増を引き起こし，衝突リスクは無視できないレベルとなった。2023 年 5 月に開催された G7 仙台科学技術大臣会合でも，人工衛星破壊実験の禁止や，デブリ除去技術の開発推進が議論され，大臣コミュニケやその後 2023 年 6 月開催の G7 広島サミット首脳声明にも対策を推進する旨が盛り込まれた。2022 年に日本の民間企業であるアストロスケール社が世界に先駆けてデブリ除去の実証実験を実現し，2024 年 2 月に打ち上げられた JAXA とアストロスケール社の商業デブリ除去実証衛星 ADRAS-J は，H2A ロケットの残骸である第 2 段機体に接近して撮影に成功した。ADRAS-J のミッション情報は，宇宙活動法に基づき内閣府が策定した「軌道上サービスを実施する人工衛星の管理に係る許可に関するガイドライン」に従って内閣府 HP に掲載され，ベストプラクティスとして透明性が確保された。

Ⅲ　宇宙技術戦略と宇宙戦略基金

1　宇宙技術戦略
⑴　概　要
米国や欧州は国・地域レベルでの技術戦略を策定し，産学官のステークホルダーを巻き込んだ開発を進めてきた。一方，日本には宇宙技術に焦点を当てた

政府横断的な戦略がなく，長年の課題であった。先端・重要技術については，AI，量子，バイオ，半導体など政府レベルの戦略が各分野の全体像を俯瞰し，施策の優先順位付けや予見可能性向上に貢献してきたところである。

　政府は第5次宇宙基本計画に基づき，2024年3月に宇宙政策委員会において宇宙技術戦略を新たに策定した。これは，世界の技術開発トレンドやユーザーニーズの継続的な調査分析を踏まえ，安全保障・民生分野において横断的に，我が国の勝ち筋を見据えながら，我が国が開発を進めるべき技術を見極め，開発のタイムラインを示した技術ロードマップを含んだ戦略である。

　関係省庁における技術開発予算や宇宙戦略基金を含め，関係省庁・機関が今後の予算要求，執行において参照していくとともに，毎年度最新の状況を踏まえたローリングを行っていく。

　宇宙技術戦略においては，必要な宇宙活動を自前で行うことができる能力を保持，すなわち「自立性」を確保するため，①我が国の「技術的優位性の強化」，②サプライチェーンの「自律性」の確保，等に資する技術開発を推進することとしている。経済安全保障の視点も含まれている[10]。

⑵　具 体 例

　宇宙技術戦略の各技術の内容については92頁にわたる本文を参照する必要があるが，衛星分野では，防災・減災，国土強靱化や気候変動を含めた地球規模問題の解決やイノベーション創出をけん引する技術として，①通信，②衛星測位システム，③リモートセンシング，④軌道上サービス，⑤衛星基盤技術を挙げており，例えば，光通信ネットワークの進展による大容量データのリアルタイム伝送，位置や時刻を提供する社会インフラである準天頂衛星の部品国産

---

(10)　経済安全保障政策については，2021年11月に第1回経済安全保障推進会議が開催され，1）自律性の向上，2）優位性・不可欠性の確保，3）国際秩序の維持・強化を柱とする政策体系が示された。また，経済安全保障推進法の策定が進められ，2022年5月に①サプライチェーンの強靱化，②基幹インフラの安全性・信頼性の確保，③先端的な重要技術の開発支援，④特許出願の非公開，を柱とする法律が成立した。この③の下で「経済安全保障重要技術育成プログラム」（いわゆるKプロ）が2022年9月にスタートし，宇宙は，海洋，航空，サイバー，バイオ，AI，量子などと同様，先端的な重要技術として研究開発ビジョンに含まれ，支援対象とされた。宇宙技術戦略は，宇宙に特化して，包括的に策定されており，政府予算要求・執行に当たり，各省の通常予算，Kプロや日本版SBIR（中小企業技術革新制度），宇宙戦略基金等について，技術面で参照される文書とされている。Kプロの背景などは，風木淳『経済安全保障と先端・重要技術：実践論』（信山社，2023年），国際法上の様々な論点については，中谷和弘『経済安全保障と国際法』（信山社，2024年）参照。

化，衛星コンステレーション，デブリ除去技術などが例示されている。宇宙科学・探査分野では，例えば，宇宙望遠鏡の冷却技術や，「はやぶさ」「はやぶさ2」の成功でお家芸とされるサンプルリターン技術，2024年1月の日本初となる月面着陸に成功した探査機SLIMの画像航法・ピンポイント着陸技術などが注目されるところである。宇宙輸送分野では，3Dプリンタを用いたエンジン製造，複合材活用による高性能化や軽量化，地上系基盤技術による将来輸送の実現，固体モータ材料の量産化などが注目される。その他，分野共通技術は，機能性能の高度化と柔軟性を支えるデジタルデバイス等のハードウェア技術，AI等のソフトウェア基盤技術などが挙げられている。後半の「技術ロードマップ」により世界の技術開発動向も俯瞰することができる。

2　宇宙戦略基金

　第5次宇宙基本計画では，宇宙技術戦略に従って，世界に遅滞することなく技術開発を着実に実施していくため，JAXAの戦略的かつ弾力的な資金供給機能を強化し，産学官・国内外における技術開発・実証，人材，技術情報等における結節点として活用する方針が示された。さらに「デフレ完全脱却のための総合経済対策」（2023年11月2日閣議決定）により，宇宙については，民間企業・大学等による複数年度にわたる宇宙分野の先端技術開発や技術実証，商業化を支援するため，JAXAに10年間の宇宙戦略基金を設置し，速やかに，総額1兆円規模の支援を行うことを目指す，その際，防衛省等の宇宙分野における取組と連携し，政府全体として適切な支援とする，とされた。

　これにより，日本の民間企業・大学等が複数年度にわたって大胆に研究開発に取り組めるよう，非宇宙のプレーヤの宇宙分野への参入促進や，新たな宇宙産業・利用ビジネスの創出，事業化へのコミットの拡大等の観点からスタートアップを含む民間企業や大学等の技術開発への支援を強化・加速することとなる。加えて，政府によるアンカーテナンシーを確保し，民間企業の事業展開の好循環を実現することが目指されている。事業全体の目標として，3つのゴール，すなわち，①宇宙関連市場の拡大，②宇宙を利用した地球規模・社会課題解決への貢献，③宇宙における知の探究活動の深化・基盤技術力の強化，が明示された。

　2024年4月には，事業全体の制度設計を定めた「基本方針」と，合計22の技術テーマ，その目標や実施内容を定めた「実施方針」が公表された。「基

本方針」では，「2030年代前半までに基幹ロケット及び民間ロケットの国内打ち上げ能力を年間30件程度確保すること」をはじめとする評価指標が設けられた。各テーマについても，「実施方針」で具体的な成果目標が示された。テーマごとに，技術や市場の成熟度，実施者の規模を勘案して，事業化のリスクに応じた自己負担率を定め，執行面でも，民間企業が事業性・成長性を確保できるよう，柔軟に設計を工夫し，JAXAの支援体制も整えている。国からの支援が民間投資の呼び水となることが期待されるところであり，投資の好循環をつくり出せるかが宇宙産業発展の鍵である。国際市場で勝ち残る意志と技術，事業モデルを有する企業を重点的に支援することとしている。

Ⅳ　宇宙空間の安全で持続可能性のある利用
—— 宇宙資源，スペースデブリ，宇宙交通管理

1　概要・導入

　内閣府宇宙開発戦略推進事務局は，2024年3月4日に「第9回宇宙空間の安定的利用の確保に関する国際シンポジウム」を主催し[11]，2024年7月11・12日には，米国の非営利組織のSecure World Foundationと共催で「第6回宇宙の持続可能性サミット」をアジアで初めて開催した[12]。共通する重要なテーマが宇宙空間の安全で持続可能性のある利用である。後者の会合では，議題として「能動的デブリ除去（Active Debris Removal）の開発状況と課題」，「宇宙状況把握（Space Situational Awareness）の取組」，「持続可能な宇宙利用に向けた民間企業の役割」，「宇宙の民生利用，安全保障，商業利用の間の連携」，「宇宙探査における持続可能性」などの幅広いテーマが設定され活発な議論が交わされた。

　民間の宇宙活動の活発化を背景にロケットの打上げや衛星の軌道投入が増加し，一方で露中の衛星破壊実験などもあり，スペースデブリや宇宙交通管理などの課題が顕在化している。米中などの月面探査の進展は，水や鉱物資源など，

---

(11)　内閣府宇宙政策『第9回宇宙空間の安定的利用の確保に関する国際シンポジウム』（2024年3月4日）。

(12)　内閣府宇宙政策『第6回宇宙の持続性サミット』（2024年7月11・12日）。Secure World Foundation, *6th Summit for Space Sustainability, 11–12 July 2024,* https://www.swfsummit.org/home。

1 〈特別寄稿〉宇宙政策の最近の進展と宇宙法

宇宙資源を巡る法的課題も出てきている。その他，衛星コンステレーションの広がりに対する「光害」など天文学者からの懸念や，地球への天体の衝突の回避，いわゆる「プラネタリー・ディフェンス」も話題となってきている。以降では，宇宙活動のガバナンスの基本的な内容に触れた後に特に宇宙資源，スペースデブリ，宇宙交通管理について述べる[13]。

2　宇宙活動のガバナンス・国際宇宙法

ルールベースの国際秩序は，最近の経済安全保障政策の中でも基本とされる柱であるが，宇宙活動の基本ルールやガバナンスについて簡単に触れたい。宇宙基本法2条にあるとおり国際法の遵守は大前提となっている。

冷戦期に国連宇宙空間平和利用委員会（COPUOS）で作成され国連総会で採択された宇宙関係の条約は5つあり，①宇宙条約，②宇宙救助返還協定，③宇宙損害責任条約，④宇宙物体登録条約，⑤月協定であるが，月協定は加盟国も極めて少なく国際慣習法としても確立していない[14]。COPUOS は，コンセンサス方式を採用しており，現状では，国際情勢を踏まえると条約の採択は困難となっているが，各小委員会により，国連総会決議や技術ガイドラインなどソフトローが多数策定されている。また，COPUOS における民生宇宙活動の議論の他，国連総会第1委員会等における安全保障宇宙活動（軍縮・軍備管理）の議論について，宇宙空間における軍備競争の禁止（PAROS），宇宙の軍事利用に適用される国際法マニュアル（MILAMOS），惑星保護などを議論する国際宇宙研究委員会（COSPAR）等の議論もフォローする必要がある。以降では，国内法との関係への導入のために宇宙資源，スペースデブリ，宇宙交通管理などを中心に扱う。

---

(13)　宇宙法を巡る最近の論点の全体を概観するには以下を参照。青木節子「宇宙安全保障と国際法」『国際問題』No. 716（2023年），石井由梨佳「先端的な宇宙活動に関する法的課題研究会成果報告」・菊池耕一「宇宙法規範研究会成果報告」『第15回宇宙法シンポジウム「宇宙活動を支える法的枠組みの現状と将来展望」』（慶應義塾大学宇宙法研究センター，2024年），小塚・佐藤編著・前掲注(3)。このほか「宇宙に関する包括的日米対話」第9回会合の結果参照（外務省 HP：2024年8月28日）。

(14)　このほか宇宙に関連する条約（核不拡散や ITU 関係等）や COPUOS の下でガイドラインなどソフトローが多数存在する（小塚・佐藤編著・前掲注(3)28-34頁〔青木節子〕）。

11

3 宇宙資源

　宇宙条約1条は，「月その他の天体を含む宇宙空間の探査及び利用」は，①すべての国の利益のために，その経済的又は科学的発展の程度にかかわりなく行われるものであり，②全人類に認められる活動分野である，とする。また，「月その他の天体を含む宇宙空間」は，③すべての国がいかなる種類の差別もなく，平等の基礎に立ち，かつ，国際法に従って，自由に探査し及び利用することができるものとし，また，④天体のすべての地域への立入りは，自由である，とする。さらに「月その他の天体を含む宇宙空間」における，⑤科学的調査は，自由であり，また，諸国は，この調査における国際協力を容易にし，かつ，奨励するもの」とする。宇宙空間の探査・利用は全人類に認められ，国際法に沿って自由に行われ，天体への立入りは自由であり，科学的調査は自由ということである。さらに宇宙条約2条は，月その他の天体を含む宇宙空間は，国家による取得（national appropriation）の対象とならないと規定する。宇宙空間の領有は禁止されている。

　一方で宇宙資源の「所有」について規定はない。月協定は，国及び私人の資源の所有権を否定しているが，同協定は，2023年11月現在18カ国の締約国に留まり宇宙活動の主要国が参加していないため国際慣習法とも言えない。宇宙資源採掘活動の規定を含むアルテミス合意に署名したサウジアラビアは2024年1月5日付で月協定を脱退した。自由競争による天体の資源の所有権獲得は，宇宙条約上，①国際法に従って（3条，6条），②すべての国の利益のために（1条），③協力及び相互援助の原則に従い（9条），④条約の他のすべての当事国の対応する利益に妥当な考慮を払い（9条），⑤宇宙環境に許容範囲を超える汚染やスペースデブリをもたらさない態様で実施すること，であれば，合法とするアプローチがある[15]。

　2021年に国連COPUOS法小委に宇宙資源WGが設置され，2023年から2027年の5年間で国連総会決議を目指した議論が開始されている。米国（2015年），ルクセンブルグ（2017年），UAE（2019年）に次いで日本は2021年6月に宇宙資源法[16]を制定（12月施行）した。宇宙活動法の特則として宇宙資源活動に関する許可制度を規定した。株式会社 ispace に対して宇宙資源の採取

---

(15)　小塚・佐藤編著・前掲注(3)38-39頁〔青木節子〕。
(16)　小林鷹之・大野敬太郎『解説「宇宙資源法」』（第一法規，2022年）。

について許可を行った。同社は，月面でレゴリスの所有権を取得し，その場で
NASA に販売予定であった。2023 年 4 月 26 日に月面軟着陸を試みたが着陸
には至らなかった。宇宙資源法を有する日本は今後も世界的な議論に積極的に
参画していく必要がある。

4　スペースデブリ，宇宙交通管理

　宇宙条約 6 条は，条約の当事国は自国の宇宙活動について，政府機関によ
るか民間によるかを問わず，国際的責任を有するとし，責任の一元集中方式を
採用している。また，民間活動は，条約の関係当事国の許可及び継続的監督を
必要とするとしている。日本は 2016 年に宇宙活動法を制定し，民間の宇宙活
動に関する許認可の条件や，第三者損害が生じた場合の保険の確保など継続的
監督を担保した（2018 年施行）[17]。

　スペースデブリについて，国際法上の確立した定義はない。宇宙機関間デブ
リ調整委員会（IDAC）のデブリ低減ガイドラインでは「スペースデブリとは，
機能していないすべての人工物体（その破片および構成要素を含む。）で，宇宙
空間にあるかまたは大気圏内に再突入するものをいう」と定義し，運用終了後
の処理について，LEO 衛星は，通常は機能終了後 25 年以内に衛星が大気圏内
に再突入して燃え尽きるようにすること（「デオービット（軌道脱出）」）が勧告
されている。GEO については，移動の燃料が残っているうちに地上から管制
で衛星を使用頻度が低いいわゆる墓場軌道に移動させること（「リオービット
（再配置）」）が勧告された。COPUOS は IDAC ガイドラインを踏襲する形でデ
ブリ低減ガイドラインを作成（2007 年）しているが，技術基準に止まり，民間
企業との関係では国内法上義務化されていない。また，スペースデブリや宇宙
交通管理（STM）[18]の問題を含め，宇宙活動の長期持続可能性（LTS）ガイド
ラインが 2019 年 COPUOS で採択され，①宇宙活動に関する方針及び規制体
系，②宇宙運用の安全性，③国際協力，能力構築及び認知，④科学的・技術的
な研究開発，の 4 分野に関し持続可能な宇宙活動のためのベストプラクティ
スが示された。

---

(17)　宇賀克也『逐条解説宇宙二法：人工衛星等の打上げ及び人工衛星の管理に関する法律，
　　衛星リモートセンシング記録の適切な取扱いの確保に関する法律』（弘文堂，2019 年）。
(18)　宇宙交通管理（STM）については，調整面も含め STCM（Space Traffic Coordination
　　and Management）とするケースもある。

最近では，2022 年 9 月に米国連邦通信委員会（FCC）は，2024 年 9 月以降に打ち上げる地球低軌道の商用人工衛星について，廃棄措置期限を運用終了後 5 年に短縮するルールを公表した。欧州では 2023 年に ESA 主導の下 2030 年のデブリ低減及び数値目標を設定したゼロ・デブリ・チャーターが公表された。米国では，民生・商用向けでスペースデブリ監視にも活用される SSA サービス提供に関し国防総省から商務省に所管を移し，民間企業の技術・製品・サービスの活用を目指している。

　政府は宇宙交通管理に関する関係省庁等タスクフォースによる「軌道利用のルール作りに関する中長期的な取組方針」を 2024 年 3 月 26 日に改訂・公表し，主に①航行時の衝突防止，②宇宙状況把握（SSA），③デブリ抑制，④ラージコンステレーション，について取組方針を示している。国際シンポジウム等で宇宙空間の安全で持続可能性のある利用に向け情報発信し，G7 や国連等の場での規範やルールメイキングと，技術開発・宇宙活動法ガイドラインに沿った透明性確保のベストプラクティスの提示により積極的な議論を展開している。

　宇宙空間の安全で持続可能性のある利用の関係では，日米をはじめアルテミス計画・アルテミス合意を進める側と中国とロシア（国際月面科学研究基地（ILRS：International Lunar Research Station）建設協力を推進する）側で国連等を通じて意思疎通を図り，普遍的なルールベースの対応を行う重要性が指摘されているところである。

V　宇宙活動法改正を視野に入れた検討

1　概　要

　宇宙法のガバナンスを概観してきたが，宇宙輸送分野での宇宙活動法改正を視野に入れた検討が進む背景を改めて述べたい。世界的な宇宙利用の高まりを背景にして，ロケットの打上げ需要が拡大しており，輸送能力の向上や打上げ価格の低減，打上げの高頻度化が進展するとともに，中型ロケットの開発にスタートアップが多数参入している。安全保障や経済・社会における宇宙システムの重要性が高まる中，自立的な宇宙活動を実現する上で，他国に依存しない宇宙輸送システムを我が国として確保する必要がある。同時に，日本の関連産業の技術力及び国際競争力の強化も必要である。

　宇宙輸送分野の技術革新に伴い，①宇宙機の大気圏への再突入行為，②再使

用型ロケットの打上げ時の着陸行為，③サブオービタル飛行（高速二地点輸送，宇宙旅行，微小重力実験等），④人工衛星を搭載しない打上げ行為など，新たな宇宙輸送の形態が出現している。国際競争力ある先進的な宇宙輸送サービスを確立するためには，早期の制度環境整備が必要である。新たな技術基準を検討する必要がある。

　一方，打上げ回数の増加やロケット機体の巨大化に伴い，打上げ時の落下・衝突・爆発による事故リスクが高まっている。また，人工衛星の大型化・難燃化に伴い地上落下損害が発生するリスクが高まっており，一部企業は，損害に対する損害賠償担保措置等の制度整備を要望している。更に宇宙空間の安全かつ持続的な利用を阻害する宇宙デブリ問題も一層深刻化している。

　また，これまで米国・中国・ロシアのみが実現してきた有人宇宙輸送については，新たに欧州及びインドも本格的な開発に着手している。日本として，将来の有人宇宙輸送の実用化に適時適切に対応できるようにするため，法制度の在り方を検討する必要がある。なお，宇宙活動法は，2018年11月15日の施行以降，5年が経過し，附則による見直しのタイミングにある。

2　骨太方針の中の本分野の政府方針

　以上を背景に，経済財政運営と改革の基本方針（骨太方針）（2024年6月21日閣議決定）では，「民間企業による新たな宇宙輸送等を実現可能とするため，宇宙活動法の改正を視野に，2024年度内に制度見直しの考え方を取りまとめる」，「宇宙開発戦略本部を司令塔とし，世界的な宇宙利用の拡大に対応した円滑な審査を可能とする体制を整備する」とされた。

3　米国が主導するロケット打上げ規制の国際調和

　ロケットの打上げを巡る世界的な動きの中で特に留意すべきなのが米国の最新の動きである。米国国家宇宙会議（2023年12月20日）において議長であるカマラ・ハリス副大統領は，米国の宇宙経済の成長と雇用創出のため，打上げ規制における国際ルール確立に向けた取組も発表した。打上げ・再突入ライセンスの国際的な重複を減らすための外国政府との相互承認や，ロケット打上げ，再突入，射場・帰還場の運用に関する安全基準についての多国間での議論の開始を提唱した[19]。こうした国際的な動きに対応するためにも審査体制の強化は急務である。

おわりに

　日本はロケット，衛星，宇宙探査の主要分野をすべてカバーする技術的な能力を有し，世界の6強（米国，中国，ロシア，欧州，インド，日本）の位置付けにある。宇宙技術戦略，宇宙戦略基金など様々な施策も活用しつつ，一層技術に磨きをかける必要があるが，そのための政府全体アプローチ（whole of government），産官学挙げたアプローチ（holistic approach），国際連携，人材育成や人材エコシステムは欠かせない。

　これからの宇宙産業の拡大を見据えると，日本の技術の革新と底上げを目指した次世代人材の育成の取組を加速する必要がある。一例としては，宇宙戦略基金のテーマに「スペース・トランスフォーメーション研究開発拠点」を設けている。大学などの研究者を中核とした体制で，成果の創出，実装のための組織的な研究開発を推進するとともに，非宇宙分野からの参画も含めた裾野拡大を目指す。技術人材はもとより，非宇宙人材の取り込み（宇宙×AI など宇宙×○○[20]）が求められる。

　また，これまで述べたような施策を国費や様々なリソースを投入し推進する上では，幅広い国民理解が必要である。天気予報には気象衛星が，店を探す地図アプリには測位衛星が，インターネットや衛星放送には通信衛星が日々活躍している。カーナビゲーション，自動運転，スマート農業なども衛星なくしては成り立たない。国民目線での情報発信が必要であり，政府は，宇宙開発利用は，暮らしを「守り，支え，豊かにする」ものであることを発信している[21]。宇宙政策関係者は，今後も人材育成や情報発信に向けた弛まぬ努力が必要である。

　また，本稿が貢献する本書全体との関係では，民間活動が増加し宇宙経済が活性化する中で，国際競争力に影響のある国際ルール交渉の知見を有する国際法，国際経済法などの専門家の宇宙分野への参画が一層重要である点を指摘したい。宇宙法に関連する国際法，国際経済法の基本的な知識を持ちつつ，国内

---

(19)　米国国家宇宙会議（2023年12月20日）ホワイトハウス・プレスリリース。
(20)　内閣府宇宙開発利用大賞（2年に1度開催）の2024年第6回の内閣総理大臣賞は，衛星データと AI を活用した土壌分析と農地区画化の事例であった。
(21)　内閣府宇宙政策委員会第112回資料「社会を支え，豊かにする　宇宙の開発と利用」。

法も含め，輸出管理，投資管理，経済安全保障法制，知的財産権法，独占禁止法，航空法，海洋法など，民間経済活動と関連する内外の法制度を扱う，厚い人材層が求められる。こうした人材は，宇宙技術の専門家と連携し，一体となって海外の制度当局などと政府当局又は関連チームの一員としてインナーとなって専門的な交渉を行うことが期待される。こうした官民の人材のエコシステムの構築が急務である。

第Ⅰ部　宇宙法規範の発展

2 宇宙活動に関する国際的な規範とルールの形成に関する一考察 —— アルテミス合意の含意

菊 地 耕 一

〈要 旨〉

2020年10月に日本と米国を含む8ヵ国が署名して公表されたアルテミス合意は，地球周回軌道以遠の宇宙空間の探査及び利用のガバナンスの強化を目的とした政治的宣言である。アルテミス合意は法的拘束力を有しないが，署名国の増加（2024年10月末時点で47ヵ国）に伴い，合意事項として定められた原則が，国際的な規範とルールを形成しつつある。アルテミス合意への署名は，米国が主導するアルテミス計画への参加に対する実質的な条件となっており，このことが署名国の主要な動機になっていると考えられる。しかし，署名国の増加をアルテミス合意のアプローチの合理性に求めるならば，合意形成が容易なソフトローの形式を採用しつつ，漸進的なルール形成を目指すアダプティブ・ガバナンスのアプローチを採用したことが有効に機能したと考えることができる。アルテミス合意を巡る議論は，新たな宇宙活動に関する国際的な規範とルールの形成において，多くの示唆を与えている。

は じ め に

2020年10月13日（日本時間14日），国際宇宙会議（IAC）の会期中にアルテミス合意[1]は日，米，加，英，伊，豪，ルクセンブルク，UAEの8ヵ国が署名して公表された。本合意は宇宙空間の探査と利用に関して国の民生宇宙機関が遵守するべき原則を定めたもので，法的拘束力を有さない政治的宣言である。本合意の署名国は2024年10月末の時点で月協定の締約国8ヵ国を含め47ヵ国となり，月協定の締約国の18ヵ国（サウジアラビアの脱退により17ヵ国）を超える一大勢力を形成しつつある。

宇宙活動に関する国際的な規範とルールは国連宇宙空間平和利用委員会（COPUOS）を中心に形成されてきた。しかし，ニュースペースと呼ばれる新興宇宙企業の台頭，宇宙資源活動やラージコンステレーション計画などの新たな活動の出現，加盟国の増加などによりコンセンサス（議場の総意）で意思決

（1） U.S. Gov., "The Artemis Accords-Principles for Cooperation in the Civil Exploration and Use of the Moon, Mars, Comets, and Asteroids for Peaceful Purposes"; 2020.

第 I 部　宇宙法規範の発展

定を行う COPUOS では技術やビジネスの進展に合わせてタイムリーに合意を形成することが難しくなっている。ただし、時間はかかっても 2019 年に「宇宙活動に関する長期持続可能性（LTS）ガイドライン」が採択されたように、COPUOS は依然、国際的な規範とルールの形成の場として機能している[2]。そのほか宇宙活動に関する国際的な規範とルールを形成する場としては、国際電気通信連合（ITU）、国際機関間スペースデブリ調整委員会（IADC）、国際宇宙空間研究委員会（COSPAR）などが存在する。安全保障の分野では国連総会第一委員会やジュネーブ軍縮会議で宇宙における軍縮と軍備管理の議論が行われてきた。最近の進捗として 2019 年から 2020 年にかけて第一委員会と宇宙空間の平和利用を扱う第四委員会で共同の議論が行われ、2020 年の国連総会本会議で、第一委員会で起草された決議「責任ある行動の規範、ルール及び原則を通じた宇宙における脅威の低減」が採択されている。

　このような状況の中で、アルテミス合意は宇宙活動に関する国際的な規範とルールの形成にどのような示唆と影響を与えるのであろうか。本稿は本合意の成立と評価、構造とアプローチについて概括し、宇宙活動の国際的なガバナンスの基礎となる規範とルールの形成における本合意の含意について法と政策の両面から考察する。

I　宇宙活動に関する規範とルール

1　規範とルールの定義

　宇宙条約第 1 条 1 文は「月その他の天体を含む宇宙空間の探査及び利用は、すべての国の利益のために、その経済的又は科学的発展の程度にかかわりなく行なわれるものであり、全人類に認められる活動分野である」と定める[3]。しかし、宇宙条約を採択した国連は国際機関であるが、世界政府ではない。このため、宇宙条約が定める原則に従った宇宙活動を実現するには、宇宙活動に関して世界政府の存在を前提としないグローバル・ガバナンス[4]の仕組みを構築する必要がある。宇宙空間における法の支配はそのような仕組みを支える

（2）　菊地耕一「宇宙開発の歴史と展望」呉羽真・伊勢田哲治編『宇宙開発をみんなで議論しよう』（名古屋大学出版会、2022 年）152-154 頁。
（3）　U.N. RES 2222 (XXI); 1966.
（4）　城山英明『国際行政論』（有斐閣、2013 年）22-23 頁。

原則であり，宇宙活動に関する規範とルールは宇宙活動に関するグローバル・ガバナンスの法的な基盤を構成する。ただし，規範とルールに関する統一的な定義は存在しない。そこで本稿では 2021 年の国連総会決議「責任ある行動の規範，ルール及び原則を通じた宇宙における脅威の低減」に基づき設置されたオープンエンド作業部会（OEWG）に国連軍縮研究所（UNIDIR）が提出した文書[5]における規範，ルール及び原則についての具体的な議論を参考に考察する。

　本文書の解釈によれば，原則，規範，ルールは，それ自体は法的拘束力を持たない。一般的な社会科学の定義に従うと，規範は「適切な行動の標準」，原則は「事実・因果関係・正当性に関する信念」，ルールは「行動に関する規定又は禁止」である。例えば，「国が自国の宇宙活動に国際的な責任を有すること」は原則，「宇宙物体の登録及び打上げの通報」は規範，「登録及び通報に関する特定の詳細情報の交換」はルールであり，これらを文書化したものとして国連決議や宇宙諸条約などが存在する。原則は抽象的であるが「レジームの基盤を構成」し，規範も「レジームの基本的な特徴」を与える。他方，ルールは原則と規範に整合するが「レジームの主要な特徴を表すものではない」。なお，規範という用語はしばしばすべての法的拘束力のない仕組みを表す「総合的な用語」として使用される。

　以上を踏まえ，本稿では文書化されたものを含め，宇宙活動に関する原則に基づく適切な行動の標準としての規範と，原則及び規範に整合した宇宙空間における行動に関する規則としてのルールについて論じることとする。

2　現行の宇宙活動に関する規範とルール

　宇宙諸条約（宇宙条約，宇宙救助返還協定，宇宙損害責任条約，宇宙物体登録条約，月協定）は，宇宙活動に関する基本的な規範とルールを文書化したものである。ただし，月協定は締約国が少なく実効性が疑問視されている[6]。

　宇宙諸条約では詳細が規定されていない規範とルールは，国連総会で採択又は支持（エンドース）された原則，宣言，勧告，ガイドラインといったソフトローによって補完されている[7]。ソフトローは法的拘束力を有さないが，

（5）　U.N. Doc. A/AC.294/2023/WP.3; 2023.
（6）　青木節子「宇宙活動の基本ルール」小塚荘一郎・佐藤雅彦編著『宇宙ビジネスのための宇宙法入門（第 2 版）』（有斐閣，2018 年）63 頁。

第 I 部　宇宙法規範の発展

COPUOS や IADC などの専門機関が作成した文書は宇宙活動の規律において重要な役割を果たしている[8]。

こうして形成される国際的な規範とルールはしかし，急速に発展する宇宙活動をタイムリーに規律することは難しい。宇宙資源活動（宇宙資源の探査と利用）はそのような活動の一つである。宇宙条約第 1 条は宇宙活動の自由の原則を定める。宇宙条約第 2 条は天体を含む宇宙空間の領有禁止の原則を定める。しかし，宇宙条約は宇宙資源の取扱いについて定めていない[9]。宇宙資源活動は，第 1 条と第 2 条のあいだのギャップに存在する問題と言える。こうしたギャップは，国や民間事業者の宇宙資源活動が国際法上認められるのかという問題を提起する。このような法的に不安定な状況を解消することが，アルテミス合意の目的の一つと考えられる。

Ⅱ　アルテミス合意の成立と評価

1　アルテミス合意の成立

2017 年 12 月 11 日，米国のトランプ大統領は宇宙政策指令（SPD-1）[10]を公表し，米国が革新的で持続可能な探査を主導して商業及び国際パートナーとともに再び月に宇宙飛行士を送ることを表明した。これを受け，NASA は 2018年 2 月に月周回有人拠点の「ゲートウェイ」計画，2019 年 5 月に有人月探査の「アルテミス」計画を公表した[11]。

こうした計画の進展に対応し，2020 年 4 月 6 日，トランプ大統領は宇宙資源の採取及び利用に対する国際的な支援を奨励する大統領令[12]に署名した。同大統領令は SPD-1 に基づいて米国が主導して月及びその後の火星とその他の目的地を目指すためには水及び鉱物を含む「宇宙資源の採取と利用」を行う「商業パートナーの参画」が必要であるとして，国務長官に対して商務省，運

（7）　菊地・前掲注(2) 153 頁。
（8）　青木・前掲注(6) 32-35 頁。
（9）　山本草二他『未来社会と法』（筑摩書房，1976 年）37-43 頁。
（10）　U.S. Gov., "Space Policy Directive-1: Reinvigorating America's Human Space Exploration Program"; 2017.
（11）　菊地・前掲注(2) 147 頁脚注(21)。
（12）　U.S. Gov., "Executive Order on Encouraging International Support for the Recovery and Use of Space Resources"; 2020.

輸省，NASA 及び関係省庁と協議の上，公的及び私的な宇宙資源の採取と利用のための安全で持続可能な運用に関して諸外国との「共同声明や二国間又は多国間の取決め」の協議を追求するよう指示した。

これを受けて，2020 年 5 月，NASA はアルテミス合意の根幹を成す原則を公表した[13]。そして，同年 10 月，同志国間の協議を経てアルテミス合意は公表された。

2　アルテミス合意の評価

アルテミス合意の公表を受け，ロシアは本合意を米国の国益を追求するもので署名できないとし，中国も一方的（unilateral）なアプローチは承認できないとした。また，複数の法学者から本合意の実施は国際法を損なう可能性があるとの懸念が示された[14]。

他方，米国では 2021 年 12 月 1 日の国家宇宙会議において，議長のハリス副大統領らは安全で持続可能な宇宙利用のための国際行動規範の確立の必要性を強調し，アルテミス合意を民生宇宙探査の規範の一例であるとした。シャーマン国務副長官は本合意を「宇宙条約の原則に対する現世代の再確認（recommitment）」であると述べた[15]。

アルテミス合意には複数の月協定締約国が署名しているが，国際慣習法化していないとはいえ国連総会で採択された月協定の理念との整合性については整理が必要と考えられる。月協定は人類の共同財産（CHM）原則を掲げ，本来の場所にある（in place）天然資源の所有を認めていない。この論点に関しては，同じく CHM 原則を掲げる深海底資源に関する議論，例えば「国家管轄権外区域の海洋生物多様性（BBNJ）」に関する新協定交渉における議論[16]なども参

---

(13)　Space News, "NASA announces Artemis Accords for international cooperation in lunar exploration"; 2020, at https://spacenews.com/nasa-announces-artemis-accords-for-international-cooperation-in-lunar-exploration/ (last accessed 31/10/2024, 他の Web 情報も同日)

(14)　R. Deplano, "The Artemis Accords: Evolution or Revolution in International Space Law?", *International and Comparative Law Quarterly* Vol. 70, (2021), p. 800.

(15)　M. Smith, "Space Council Condemns Russian ASAT Test, DOD Calls for End To Debris-Creating Tests", 2021, at https://spacepolicyonline.com/news/russian-asat-test-draws-more-condemnation-from-national-space-council-dod-wants-to-end-debris-creating-tests/

(16)　佐俣紀仁「『人類の共同の財産』概念の現在」『国際法外交雑誌』第 117 巻第 1 号（2018 年）108-130 頁。

第 I 部　宇宙法規範の発展

考に，CHM 原則を使わずに宇宙資源活動に関して人類全体で利益を享受する
仕組みを構築することを検討する必要があると考えられる。

III　アルテミス合意の構造とアプローチ

　アルテミス合意は全 13 部の総則的規定と実体的規定で構成される。総則的
規定の中でも法政策的なアプローチの観点から重要な原則が，第 2 部と第 13
部に定められている。本節では，総則的規定（第 1 部・第 2 部・第 13 部）と実
体的規定（第 3 部〜第 12 部）を要旨と筆者抄訳・要約で概括し，本合意に合理
性を与える法政策的なアプローチについて考察を加える。

1　アルテミス合意の構造
⑴　総則的規定
　第 1 部は，本合意の目的と適用範囲を定める。本合意の目的は「民生宇宙
探査及び利用のガバナンス」を強化するための「共通のビジョン」の確立であ
り，適用対象は「民生宇宙機関による民生宇宙活動」を意図している。活動領
域は「その表面・表面下を含む月，火星，彗星及び小惑星，月又は火星の軌道，
地球—月のラグランジュ点並びにこれらの天体及び位置間の軌道」である。署
名国は適宜，ミッション計画や自国のために行動する主体との契約などの措置
を通じて本合意の原則を実施する意図を有する[17]。
　第 2 部は，本合意の実施方法を定める。本合意の下での協力活動は本合意
の原則を反映し知財などの条項も定めた「了解覚書や実施取決めなどの文書」
（筆者注：法的拘束力のある文書）に従って実施される。全ての協力活動は「各
署名国に適用される法的義務」に従って実施される。署名国は自国のために行
動する主体が本合意の原則に従うよう「適切な手続き」をとることを誓約す
る[18]。
　第 13 部は，国際的な規範とルール形成への道筋を定める。署名国は本合意
に定める原則の実施の確認及び将来の協力に関する意見交換のため「定期的に
協議」を行うことを誓約する。米国政府は全加盟国への配布のため本合意の写

---

(17)　U.S. Gov., *supra* note ⑴, §1.
(18)　*Ibid.*, §2.

しを「国連事務総長へ送付」する。ただし，これは「国連憲章第102条に基づく登録」（筆者注：条約又は国際協定の登録）ではない。本合意への参加を希望する国は「米国政府に署名を提出」できる[19]。

(2) 実体的規定

アルテミス合意は宇宙条約の原則の再確認とされるが，宇宙条約に定めのない新たな原則も導入している。本合意の原則は次のように分類できる。①宇宙条約の原則の確認，②宇宙条約の原則の補完，③新たな原則の導入，④新たな原則の補強[20]。本項ではこの分類を念頭に実体的規定を概括する。

(a) 平和的目的

第3部は，宇宙条約第4条の原則（天体の平和目的利用）と第3条の原則（宇宙活動の国際法準拠）を確認し，平和目的利用の範囲を拡張して補完する。署名国は本合意の下での協力活動は「もっぱら平和的目的のために」かつ「関連する国際法に従って」行われるべきことを確認する[21]。

(b) 透　明　性

第4部は，宇宙条約第11条の原則（宇宙活動の情報提供）を確認し，提供する情報を特定して補完する。署名国は自国の規則と規制に従い，「宇宙政策及び宇宙探査計画」に関する情報の広範な提供における「透明性の確保」を誓約する。また，信義則及び宇宙条約第11条に従い本合意に基づく活動から得られた「科学的情報」を公衆及び国際科学界と共有することを予定する[22]。

(c) 相互運用性

第5部は，新たな原則として相互運用性の原則を導入する。署名国は燃料貯蔵・運搬システム，着陸機構，通信システム，電力システムなどの「相互運用可能で共通のインフラ及び標準の開発」が探査，科学的発見及び商業利用を強化することを認識する。署名国は相互運用に関する「現行の標準」を利用するために合理的な努力を払い，標準が存在しない又は不適切な場合は「新たな標準」を確立しそれに従うことを誓約する[23]。

---

(19)　*Ibid.*, §13.

(20)　Deplano はアルテミス合意の条文を，①宇宙条約の条文の転載，②宇宙条約の条文の詳細化又は明確化，③新たな概念の導入に分けて分析している。R. Deplano, *supra* note (14), pp. 801-812.

(21)　U.S. Gov., *supra* note (1), §3.

(22)　*Ibid.*, §4.

(23)　*Ibid.*, §5.

第 I 部　宇宙法規範の発展

(d) 緊 急 援 助

　第6部は，宇宙救助返還協定の原則（緊急時の救助）を確認し，民間宇宙飛行士を想定して補完する。署名国は宇宙で遭難した「人員に対して必要な援助」を与えるために「あらゆる合意的な努力」を払うことを誓約し，また「宇宙救助返還協定上の義務」を認識する[24]。

(e) 宇宙物体の登録

　第7部は，宇宙物体登録条約の原則（登録国の決定）を確認し，非締約国との協力の原則で補完する。署名国は宇宙物体登録条約に従い宇宙物体を「登録すべき国」を決定することを誓約する。同条約の非締約国が関与する活動について，署名国は「適切な登録方法」を決定するため当該非締約国と協議を行うために協力する意図を有する[25]。

(f) 科学的データの開示

　第8部は，科学的データに関する新たな原則を導入する。署名国は自国の活動に関する情報を「公衆に開示する権利」を保持し，他の署名国の活動に関連する情報の場合は「公開に関して事前調整」を行う意図を有する。署名国は科学的データの「開かれた形での共有」を誓約する。署名国は協力活動から得られた科学的成果を「適宜，適時に」公衆及び国際科学界に提供することを予定する。この誓約は署名国のために行われる活動を除いて「民間セクターの運用」への適用は意図されない[26]。

(g) 宇宙空間の遺産の保全

　第9部は，宇宙空間の遺産に関する新たな原則を導入し，国際協調の原則により補強する。署名国は相互に形成された標準及び慣行に従い，歴史的に重要な有人・無人の着陸地点，人工物，宇宙機及びその他の天体上の活動の証拠などの「宇宙空間の遺産を保全」する意図を有する。署名国は宇宙空間の遺産の保全に関する「国際慣行及び規則を更に発展」させるための多国間の取組みに貢献するため本合意の下での「経験を利用」する意図を有する[27]。

(h) 宇 宙 資 源

　第10部は，宇宙条約第2条の原則（宇宙空間の領有禁止）に関する新たな原

---

(24)　*Ibid.*, §6.

(25)　*Ibid.*, §7.

(26)　*Ibid.*, §8.

(27)　*Ibid.*, §9.

28

則を導入する。署名国は宇宙資源の利用は「安全で持続可能な運用」を支援し「人類に利益」をもたらし得ることに留意する。署名国は宇宙資源の採取と利用は宇宙条約に従う形で「安全で持続可能な宇宙活動」を支援するために行われるべきことを強調する。署名国は宇宙資源の採取は本質的に宇宙条約第2条の「国家による取得」を構成しないこと及び宇宙資源に関する契約などの法的文書が宇宙条約に適合すべきことを確認する[28]。

第10部はその上で, 宇宙条約第11条の原則 (宇宙活動の情報提供) を準用し, 国際協調の原則により補強する。署名国は宇宙条約に従い, 宇宙資源の採取活動について「国連事務総長並びに公衆及び国際科学界に通知」することを誓約する。署名国はCOPUOSで進行中の取組みを含め宇宙資源の採取と利用に関する「国際慣行及び規則を更に発展」させるための多国間の取組みに貢献するため本合意の下での「経験を利用」する意図を有する[29]。

(ⅰ) 宇宙活動の衝突回避

第11部は, 宇宙条約第9条の原則 (他国の利益への妥当な考慮, 有害な干渉に関する協議) を確認し, LTSガイドラインの準用, 意図的な行動の自制, 情報提供等の原則で補完する。署名国は「宇宙条約 (妥当な考慮及び有害な干渉に関する規定を含む) に対する誓約」を認識し再確認する。署名国は運用の性質を反映して「適切な変更を加えた上で」LTSガイドラインを充分に考慮して宇宙空間の探査と利用が実施されるべきことを確認する。署名国は宇宙条約第9条に従い「妥当な考慮の原則」を尊重することを誓約する。署名国は有害な干渉を受けるおそれがある又は有害な干渉を受けたと信ずる理由があるときは, 他の署名国又は宇宙条約締約国に「協議を要請」できる。署名国は互いに有害な干渉をもたらすおそれのある「あらゆる意図的な行動」を控えることを誓約する。署名国は他の署名国の活動が自国の活動に対して有害な干渉又は安全上の危険をもたらすおそれがあると信ずる理由があるときは, 活動の場所と性質に関する「必要な情報を相互に提供」することを誓約する[30]。

第11部はその上で, 安全区域の設定という新たな原則を導入し, 国際協調, 合理性と一時性, 安全性と透明性, 自由な立入り等の原則で補強する。署名国は安全区域及び有害な干渉の定義と決定に適用される「国際慣行, 基準及び規

---

(28) *Ibid.*, §10. 1-2.
(29) *Ibid.*, §10. 3-4.
(30) *Ibid.*, §11. 1-5.

第 I 部　宇宙法規範の発展

則を更に発展」させるための多国間の取組みに貢献するため本合意の下での
「経験を利用」する意図を有する。署名国は有害な干渉を避けるため活動の通
知を行う意図を有し，関連するあらゆる活動主体と調整を行うことを誓約する。
そのような「通知と調整を行う区域」は『安全区域』と呼ばれる。安全区域は
関連活動の通常の運用又は異常な事象が有害な干渉を当然に及ぼし得る区域で
ある。署名国は安全区域に関して以下の原則に従う意図を有する。

(a) 安全区域の大きさと範囲並びに通知と調整は「運用の性質と環境を反映」
　　すべき。

(b) 安全区域の大きさと範囲は「科学的・工学的」原則を活用して「合理的
　　な方法」で決定されるべき。

(c) 安全区域の性質と存在は「運用状況を反映して次第に変化」する想定で，
　　運用の性質が変化する場合は安全区域の大きさと範囲も適宜変更すべき。
　　安全区域は運用終了までの「一時的なもの」である。

(d) 署名国は宇宙条約第 11 条に従い，安全区域の設定・変更・終了につい
　　て相互に及び国連事務総長に「速やかに通知」すべき。

　署名国は他の署名国の要請に応じ，自国の規則と規制に従って安全区域の
「根拠を提供」することを誓約する。署名国は公的及び私的な人員・機器・運
用を「有害な干渉から保護」する方法で安全区域の設定・維持・終了を行うべ
きである。署名国は適宜，適切な情報保護を考慮しつつ安全区域における運用
の範囲及び一般的な性質などの関連情報を実行可能かつ実現可能な限り速やか
に「公衆に提供」すべきである。署名国は運用を行う前の相互の通知及び調整
を行うことを含め，有害な干渉を避けるための「合理的な安全区域」を尊重す
ることを誓約する。署名国は安全区域を科学的発見と技術実証並びに持続可能
な探査等を支援するための「安全で効率的な」宇宙資源の採取と利用を促進す
る方法で利用することを誓約する。署名国は「天体の全ての地域への自由な立
入り」の原則を含む宇宙条約のすべての規定を尊重し，「共同の知見並びに相
互及び国際コミュニティとの協議」に基づき，安全区域の取扱いを「時宜に応
じて」調整することを誓約する[31]。

　(j) 軌道上デブリ

　第 12 部は，軌道上デブリの対策という新たな原則を導入する。署名国は

---

(31)　*Ibid.,* §11. 6-11.

30

「適切な場合には」ミッション計画立案の過程でミッション終了時の措置を含む「軌道上デブリ低減の計画」を立てることを誓約する。協力ミッションの場合は終了時の計画と実施に「主たる責任を有する署名国」を計画に明示的に含むべきである。署名国は安全な飛行プロファイルと運用形態の選択や構造物の廃棄などの適切な措置を講じることで通常運用，運用中又は終了後の破砕，事故・衝突による新たな長期残存有害デブリの発生を「実行可能な範囲で制限」することを誓約する[32]。

2　アルテミス合意のアプローチ

(1) ソフトローとアルテミス合意

　ソフトローは条約や国際慣習法などの正式な国際法（ハードロー）の法源ではないが実質上類似の機能を有する文書を指す[33]。宇宙活動に関するソフトローには法的拘束力を有する条約に発展したものと特定の宇宙活動の規範として機能しているものがある。前者の代表的な例は1963年の国連総会決議「宇宙法原則宣言」で，ここで定められた原則は宇宙条約に反映されてハードローとなった。後者の例としては宇宙諸条約の制定以降主流となった原則，宣言，勧告，ガイドライン等が挙げられる[34]。

　ソフトローの法的な位置づけについては多くの議論があるが，非拘束的な宇宙関連の文書の中に法的に重要な文書が存在することは明らかと考えられる[35]。ソフトローあるいは非拘束的規範の利点は，交渉・作成の迅速性，改訂の容易性，非国家主体の参加可能性の向上等が挙げられる[36]。他方，ソフトローは急速に発展する技術や活動に関して有用な場合があるが，国際慣習法のルールを反映していると広く認識されない限り中長期的にハードローに置き換わるものではない[37]。ソフトローについては一貫性の欠如や平和目的で全人類の利益のための持続可能な宇宙利用といった目標を見失うリスクも指摘される[38]。しかし，例えば，COPUOSで採択され国連総会で支持されたLTS

---

(32)　*Ibid.,* §12.

(33)　青木・前掲注(6) 33頁。

(34)　R. S. Jakhu, J. N. Pelton（eds.）, *Global Space Governance: An International Study,*（Springer, 2017）, pp. 45-46.

(35)　*Ibid.,* p. 597.

(36)　中村仁威『宇宙法の形成』（信山社，2023年）39-40頁。

(37)　R. S. Jakhu, J. N. Pelton, *supra note* (34), p. 597.

第 I 部　宇宙法規範の発展

ガイドラインについて，現在，科学技術小委員会に設置された LTS2.0WG において各国の実施状況や課題等の議論が進んでいることに鑑みれば，ソフトローは現在の宇宙活動に関する国際規範の形成において重要な役割を担っていると考えられる。

　アルテミス合意は第 2 部で本合意に基づく協力活動は国際約束によると宣言し，第 13 部で本合意は国際約束ではないと宣言している。ソフトローは上述のとおり，条約などの国際約束に反映されて法的拘束力を有する場合と，それ自体が国際規範として機能する場合がある。前者の観点では，2023 年に発効した「日・米宇宙協力に関する枠組協定」において本合意の一部の原則が反映されている。後者の観点では，本合意の署名国は宇宙条約締約国（2024 年 1 月時点で 114 ヵ国）の 1/3 を超え，国際規範の地位を確立しつつある[39]。

　ただし，ソフトローそれ自体が国際的な規範性を持つには一定の条件があると考えられる。例えば，1982 年に国連総会で投票により採択された「直接放送衛星原則」は，情報発信の自由と受信国の情報主権に関して折り合いがつかず，当時の西側諸国が反対票を投じた[40]。他方，1986 年に採択された「リモートセンシング原則」は，コンセンサスで採択され，地球環境と自然災害に関する関係国への情報・データ提供の原則は，その後の地球観測に関する国際制度構築の萌芽となった[41]。この点で，アルテミス合意の原則は米国と少数の同志国の間で議論されたに過ぎず，また中露が参加していないことから国際規範化に懐疑的な見方もあり得る。しかし，ソフトローが有効に機能する根拠をその合理性に求めれば，宇宙資源を持続可能な宇宙探査に必要な要素と位置づけ，持続可能な宇宙活動に必須の安全性と透明性の確保という国際的に説得力を有する原則を採用することで，本合意は一定の合理性を確保していると考えられる。

　他方，アルテミス合意は，宇宙条約からは直ちに読み取ることのできない安全区域の設定や人類の遺産の保全といった新たな原則を導入している。本合意

---

(38)　*Ibid.,* p. 51.
(39)　国際規範の形成過程は「規範起業家」と「規範カスケード」の理論でも説明し得る。K. Suzuki, Q. Verspieren, K. Kikuchi, "Japan's Approach to Transparency and Confidence-Building Measures on On-Orbit Servicing", *International Astronautical Congress* (2022).
(40)　青木節子『日本の宇宙戦略』（慶應義塾大学出版会，2006 年）81-83 頁。
(41)　青木・前掲注(6) 75 頁。

の原則が国際規範となるか否かは，本合意に基づく国家実行（ミッション実施や法制整備など）の合理性が鍵になる。本合意の署名国は国家実行にあたり，他国の利益に妥当な考慮を払っていることを実証し，国際的な理解を得ていく必要がある。

(2) アダプティブ・ガバナンスとアルテミス合意

アダプティブ（順応的）・ガバナンスは多様な価値観と不確実性が存在する環境保全や資源管理の分野に適用される政策アプローチで，分散した権威からのボトムアップによる政策統合，試行錯誤とダイナミズムの保証，多元的な価値の尊重と複数のゴールの許容といった特徴を有する[42]。この概念もまた統一的な定義はないが，「環境保全や自然資源管理のための社会的しくみ，制度，価値を，その地域ごと，その時代ごとに順応的に変化させながら，試行錯誤していく協働のガバナンスのあり方」[43]と言うことができる。アダプティブ・ガバナンスの理想状態では，コミュニティ・ベースのイニシアチブで多様かつ相互に利害関係を有する関係者が協議し，共通の利益を増進する政策のコンセンサスが得られた場合，その政策はモデルとして他のコミュニティに採用され，より高いレベルの意思決定の改善に活かされる[44]。

アダプティブ・ガバナンスの概念は 2019 年にハーグ国際宇宙資源ガバナンス WG が公表した「ビルディング・ブロック」[45]で採用されている。同文書は宇宙資源活動の国際枠組みに必要な要素をまとめたもので，宇宙資源活動について当時の時点で包括的に対応するのは現実的ではなく，アダプティブ・ガバナンスの原則に従い適切な時点でそのときの技術と実行に基づいて漸進的に対応すべきであるとし[46]，アダプティブ・ガバナンスの原則に基づく国際枠組みの実行の監視並びに評価と発展の仕組みを構築すべきとしている[47]。

同 WG について，一部の国は COPUOS の役割を回避又は損なう試みであるとして懐疑的・批判的であった[48]。しかし，同文書に示された要素の多く

---

(42)　宮内泰介編『なぜ環境保全はうまくいかないのか』（新泉社，2013 年）21-28 頁。

(43)　同上 25-26 頁。

(44)　R. D. Brunner, et al. (eds.), *Adaptive Governance–Integrating Science, Policy, and Decision Making* (Columbia University Press, 2005), pp. 23-25.

(45)　U.N. Doc. A/AC.105/C.2/L.315; 2020.

(46)　*Ibid.,* Introduction.

(47)　*Ibid.,* Art. 20.

(48)　A. Salmeri, *The Multi–level Governance of Space Mining* (Wolters Kluwer, 2023), p. 125.

第Ⅰ部　宇宙法規範の発展

がアルテミス合意に反映されている[49]こと，2021年に公表された宇宙世代諮問委員会（SGAC）の有志チームによる月活動のガバナンスに関する報告書[50]にもアダプティブ・ガバナンスが採用されていることは，ローカルな知見を尊重し漸進的なルール形成を許容するアダプティブ・ガバナンスが宇宙資源活動の規範とルールの形成に有効であることを示唆している。

　アダプティブ・ガバナンスは日本の「軌道上サービス・ガイドライン」の国際展開の方針にも見られ[51]，新しい宇宙活動に関する国際的な規範とルールの形成において有効と考えられる。各国又は少数の国によって規範とルールを形成することは規制の発散を招くリスクがあるが[52]，原点となる共通の原則を採用することでこうしたリスクは制限可能と考えられる[53]。

　アルテミス合意は明示的にアダプティブ・ガバナンスの採用を謳ってはいないが，第13部で本合意の実施に関して協議を行うことを定め，第9部，第10部，第11部で国際協調の原則を定める。

　アルテミス合意署名国は現在，WGを設置して，活動の干渉回避のための情報共有の仕組みなど具体的なルールの検討を進めている。他方，国連では現在，COPUOS法律小委員会に設置された宇宙資源WGで，アルテミス合意署名国も参加して宇宙資源活動に関する初期的な原則の検討が進められている[54]。アルテミス合意は，それ自体がソフトローとして機能するとともに，署名国間の協議と国際的な議論への参画を通じて，アダプティブ・ガバナンスにより漸進的に規範とルールの形成を図る機能を有していると考えられる。

お わ り に

　アルテミス合意署名国の拡大の最大の要因は本合意への署名がアルテミス計画に参加するための実質的な条件となっていること[55]と考えられるが，法政

---

(49)　R. Deplano, *supra* note (14), pp. 815-819.

(50)　U.N. Doc. A/AC.105/C.2/2021/CRP.13; 2021.

(51)　K. Kikuchi, "Possible approach to establish international rules of emerging space activities-risk-based approach and adaptive governance", *Journal of Space Safety Engineering*, Vol. 10, Issue 2（2023），pp. 239-244.

(52)　A. Salmeri, *supra* note (48), p. 137.

(53)　*Ibid.,* pp. 131-132.

(54)　*Ibid.,* pp. 119-125.

策的な観点からは同志国間で作成したソフトローを漸進的に国際的な規範とルールに発展させていく機能を内包していることが奏功していると考えられる。また本合意の目的は持続可能な宇宙空間の探査と利用のための原則の確立であり，そのために安全性と透明性を主要な原則として採用していることが本合意に国際的な合理性を与えていると考えられる。多様な分野で形成される国際法の断片化については国連国際法委員会（ILC）の報告書で懸念が示されているが，宇宙活動に関しては宇宙条約が定める国連憲章を含む国際法準拠の原則の遵守とCOPUOSを通じた国連の尊重により断片化の弊害を回避できるとすれば[56]，その意味でも本合意が掲げる宇宙条約の原則の再確認と国際協調の原則は合理性を有すると考えられる。

　ただし，アルテミス合意の実施に関する課題は多い。安全区域の設定方法をはじめとする干渉回避の方法について詳細は未定である。またアルテミス合意に定められていない論点についても議論が必要となる。科学的調査と商業活動の両立や途上国の利益への配慮も今後の論点である。

　アルテミス合意に定める新たな原則が国際規範となるか否かは署名国がミッション実施や法制整備などの国家実行を通じてその合理性を実証できるか否かにかかっている。今後は国家実行と国際的な規範とルールの形成の相互作用を含め，宇宙活動に関するガバナンスに関して多面的な研究が必要になる。

　宇宙活動に関するガバナンスの研究においては，法政策と技術の専門家を含む多様なステークホルダーが一緒に議論することが重要である[57]。現在，アルテミス合意署名国は法政策の専門家に加えて技術の専門家も参加するWGを設置して詳細なルールの議論を進めている。人類の太陽系への進出が，技術と規範・ルールに関する課題をともに乗り越えていく形で進んでいくことが期待される。

〔付記〕本稿は全て筆者の個人的見解であり，所属する組織等の見解を示すものではない。

---

(55)　Space News, *supra* note ⒀.

(56)　A. Salmeri, *supra* note ⒅, pp. 217-218.

(57)　R. S. Jakhu, J. N. Pelton, *supra* note ㉞, pp. 7-8.

3　宇宙法規範の在り方に関する試論
── 一次規則と二次規則の視点から

篠　宮　　元

〈要　旨〉

　宇宙法は行為規範を中心に発展してきたが，宇宙活動の主体の多様化やビジネス化といった変容が，宇宙法に如何なる変容をもたらすのかという点が問題になる。そこで本稿では，ハートが「法の概念」で示した一次規則と二次規則の議論を踏まえ，宇宙法を外部から観察し，宇宙開発の当事者からは認識外になりやすい法の素描を試みた。

　現状の宇宙法の評価として，一次規則は曖昧さを含む形で発展していることが，また二次規則は部分的には存在していることが，明らかになった。そして，一次規則は主にビジネス化の文脈で国内法を通じた明確化が期待されること，二次規則は特に裁判について検討されてきたが，今後の発展は予断を許さないことが明らかになった。

は じ め に

　宇宙法は国際法や国内法に跨がり，国内法については公法と私法にも及ぶとされているが，国際法がその大部分を占めるとされる[1]。そして山本草二は，宇宙条約を中心とした宇宙法規範の構造を以下の二点から分類する[2]。第一は宇宙空間の利用秩序に関する法規範であり，空間秩序や宇宙物体に対する打上げ国の属人的管轄権が含まれるとされる。第二は，宇宙開発に関する主要原則についての法規範であり，宇宙開発に伴って生ずる国家の行為規範，具体的には宇宙開発に関する国家の注意義務と，国際協力についての法規範を定めるとする。また宇宙法を考える際は，裁判規範ではなく行為規範の観点から，規範の様相を動態的に捉えるべきとされる[3]。

　しかし先進国のみが宇宙活動を行う時代は終わり，企業が主体的に宇宙ビジ

（1）　P. Malanczuk, "Space Law as a branch of International Law," *Netherlands Yearbook of International Law*, Vol. 25, (December 1994), p. 147.

（2）　山本草二「宇宙開発」山本草二著（兼原敦子・森田章夫編）『国際行政法の存立基盤』（有斐閣，2016 年）469 頁〔初出：山本草二ほか『未来社会と法』（筑摩書房，1976 年）〕。

（3）　中村仁威『宇宙法の形成』（信山社，2023 年）273-276 頁。

ネスを進め，宇宙活動に適用される法も拡大して宇宙法そのものが変容している。そのような中，従来通りに行為規範のみに着目して将来の宇宙法の在り方を考えることで十分なのかという点が，本稿の問題意識である。そこで本稿では，ハートが「法の概念」で提唱した一次規則と二次規則の議論を踏まえ，現在の宇宙法を外部から観察することでその構造を明らかにし，特に宇宙開発の当事者からは認識の外になりやすい法の素描を試みる。現時点では法として認識されずとも，ありうべき法に視座を向けることは，宇宙法の発展を考える意味で重要と考えられる。

　なお行為規範と一次規則は，多少の基準は異なるが，概ね法の古層に位置する規範群であり，日常行動から生まれ，自発的順守にその実効性が依存している点に共通点があるとされ，また裁判規範と二次規則も，概ね法のより新しい部分であり，政治権力団体が意図的に定立したものであり，実効性をその強制に依存しているとされる(4)。そして法規範の類型としてこの二つの類型が広く認められており，また法体系が一般にこの二つの類型の規範の複合体として成立していることも指摘されている(5)。そのため本稿では，一次規則と二次規則を分析枠組として，宇宙法を素材に検討を行う。

I　ハートの議論の概要

　ハートの「法の概念」には膨大な先行研究が存在しており，その中身を詳細に検討することは筆者の力量を遥かに超える。そのためここでは，以降検討する宇宙法における一次規則及び二次規則の議論の前提として，関連するハートの議論を概観するに留める(6)。

　ハートによれば，一次規則は「責務」に関するルール，二次規則は「認定」「変更」「裁判」に関するルールとされ，一次規則の問題に対処するために二次規則があるとされる(7)。即ち，何がルールであるか，またはあるルールの厳密な射程について疑いが生じたときに疑問に決着をつける手続が存在しないと

（4）　尾崎重義「国際法と強制」『法哲学年報』1982 巻（1983 年）69-70 頁。
（5）　同上 70 頁。
（6）　原　文　は H.L.A. Hart, *The Concept of Law Third Edition* (Oxford University Press, 2012). 本稿では，以下の日本語版を参照した。H.L.A ハート（長谷部恭男訳）『法の概念（第 3 版）』（ちくま学芸文庫，2014 年）。
（7）　同上 155-165 頁。

いう一次規則の不確定性（uncertainty）の問題に対処するために，二次規則の「認定」のルールがある。これは一次規則だと主張されるものが，確かに集団が社会的圧力をかけることで支える当該集団のルールであることを最終的に認定するために使われる。また変化する状況にルールを意図的に適応させる手段がないという一次規則の静態的性質（static）の問題に対処するため，二次規則の「変更」のルールがある。このルールの最も単純な形態は，ある人または人々に集団全体の（または集団の一部の）行動に関する新たな一次規則を導入し，古いルールを廃止する権限を付与することである。そしてルールを維持するための圧力が社会全体に分散していることがもたらす一次規則の非効率性の問題に対処するため，二次規則の「裁判」のルールがある。これは個別の事件において，一次規則の違反が起こったか否かを有機的に確定する権限を付与する二次規則である。

　二次規則の観点が加わることで，外的・内的観点による法の理解が進むとされる[8]。即ち，法を理解する際には，外的観点（ルールに対して観察者の立場）と内的観点（ルールに対して当事者の立場）があり，外的観点に引きずられやすいが，二次規則の視点が加わることで，内的観点から語られることは拡張され多様化するとされる。

II　曖昧な一次規則

　一般論として，国家間で一次規則の内容について概念定義を行い，共通理解を得るのは困難が伴う[9]。また宇宙条約の設立時には，条約制定の議論を主導した米ソ両国においてはベトナム戦争や中ソ対立の中で米ソ協調の成果を早急に示したいという政治的要請が強く働き，結果として条約の法理論の側面は多分に犠牲になり，法律的な厳密性を欠いたとされる[10]。そのため宇宙法においては，一次規則の曖昧さが特徴として指摘しうる。そしてこの曖昧さを引き起こす要素として，以下3点が考えられる。

（8）　同上165-166頁。
（9）　国家責任の法典化においても，一次規則ではなく二次規則の体系として国家責任法を構成した。岩沢雄司『国際法（第2版）』（東京大学出版会，2023年）547頁。
（10）　野口晏男「宇宙条約〈I〉」『外務省調査月報』8巻7号（1967年）63-64頁。

1 探査利用の自由と制約

　宇宙法においては行為規範が多くを占める。宇宙法における国家の行為規範には，違法行為に対する国家責任，宇宙損害賠償責任，他国の法益に対する配慮などの宇宙開発に関する国家の注意義務が含まれるとされる[11]。この中で責任については，国家は非政府団体の活動にも国際的責任を有し（宇宙条約第6条），宇宙物体が地球表面等に与えた損害の賠償については無過失責任とするなど（宇宙損害責任条約第2条），特有の規定により明確化を図っている。他方で問題になるのは他国の法益に対する配慮であり，探査利用の自由（宇宙条約第1条）との兼ね合いが問題となる。

　宇宙条約第1条は，天体を含む宇宙空間の探査利用の自由を定めるが，同時に探査利用は「すべての国の利益のために」行われる「全人類に認められる活動分野」とされており，これらは探査利用の自由に対する一般的な制限とされる[12]。またこの第1条に内在する制限以外にも，宇宙空間の平和目的利用や環境保護・汚染防止が，自由への制限として指摘されている[13]。

　そして，特に他国の法益に対する配慮という観点から自由を制限するという意味では，宇宙条約第9条の「妥当な考慮」が問題になる。本文言は宇宙条約第1条の探査利用の自由を制約する機能を持つとされ，他国の権利義務を考慮した上で，宇宙空間は「万民共有物」として相当な注意を払って探査利用されるべき旨を定める[14]。そしてこの文脈で注目されるのが，2020年に国連総会で採択された，宇宙活動における国家の責任ある行動に関する決議である[15]。

---

(11)　山本・前掲注(2) 469 頁。

(12)　Stephan Hobe, "Article 1," in Stephan Hobe, Bernhard Schmidt and Kai-Uwe Schrogl (eds.), *Cologne Commentary on Space Law, Volume 1 Outer Space Treaty* (Carle Heymanns Verlag, 2009), p. 34, pp. 39-40.

(13)　城戸正彦『宇宙法の基本問題』（風間書房，1970 年）38-46 頁。龍澤邦彦『宇宙法システム ── 宇宙開発のための法制度』（丸善プラネット株式会社，2000 年）58-130 頁。

(14)　Sergio Marchisio, "Article IX," in Stephan Hobe, Bernhard Schmidt and Kai-Uwe Schrogl (eds.), *Cologne Commentary on Space Law, Volume 1 Outer Space Treaty* (Carle Heymanns Verlag, 2009), p. 175.

(15)　A/RES/75/36. 責任ある行動概念が宇宙条約第9条（妥当な考慮）に由来すると指摘するものとして，Presentation by Mr. Valere Mantels, UNODA in 10th United Nations Workshop on Space Law "Contribution of Space Law and Policy to Space Governance and Space Security in the 21st Century " 6 September 2016, p. 1, at https://www.unoosa.org/pdf/SLW2016/Panel3/Mantels_UNODA_Presentation.pdf (as of October 30, 2024)

第 I 部　宇宙法規範の発展

　しかし現状，宇宙条約第 9 条による探査利用の自由に対する制約の内容は不明瞭である。理由は三点考えられる。一つ目は解釈方法が不明瞭という点である。第 9 条のように独自の指向性を持つ制限条項が第 1 条で定める自由を如何に制限するか，解釈が明らかではないとされる[16]。二つ目は解釈の個別具体性である。「妥当な考慮」は将来のすべての宇宙活動に適用せられるべき一般原則であり，特定の分野を扱う国際協定に対しても指針となるべき基本原則である[17]。ゆえに「妥当な考慮」の解釈は，事案における特定の事実や状況に依拠することになり[18]，不明瞭さを拭い難い。三つめは「条約の他のすべての当事国の対応する利益」の内実の不明瞭さである。宇宙天体の汚染，地球環境の悪化，他国の宇宙活動に干渉を生ずるような活動は全て，他国の「対応する利益」を害すると指摘されているが[19]，その立証方法なども含め，明らかとはいい難い。

2　非宇宙の国際法の適用

　宇宙活動に適用される法は，COPUOS で作成された宇宙分野の諸条約に限られない。起草段階では宇宙空間への適用が想定されずとも，宇宙空間への適用が後に問題となるものもある。この点について宇宙条約第 3 条上，条約の当事国は「国際連合憲章を含む国際法に従って」宇宙空間の活動を行うとされる。これは，宇宙開発にはまず宇宙条約が適用され，当該条約に規定がない場合に国際法に適当な法規があるならばそれが適用されるという内容であり，国際法のすべての規定が宇宙活動に適用されるものではない[20]。

　しかし宇宙条約第 3 条を通じ，新たな国際協定や新たな国際慣習法，更には新たな国連憲章の解釈が，今後とも宇宙活動に影響を与え続けると予想されている[21]。そして宇宙条約を中心とする宇宙法と強行規範などを除く他の国際法との間に抵触が発生した場合は，条約法に関するウィーン条約（条約法条

---

(16)　Stephan Hobe, *supra* note (12), pp. 39-40.
(17)　池田文雄『宇宙法論』（成文堂，1971 年）109-110 頁。
(18)　Sergio Marchisio, *supra* note (14), p. 176.
(19)　野口晏男「宇宙条約〈II〉」『外務省調査月報』8 巻 8 号（1967 年）52 頁。
(20)　池田・前掲注(17) 181-182 頁。
(21)　Olivier Ribbelink, "Article III," in Stephan Hobe, Bernhard Schmidt and Kai-Uwe Schrogl (eds.), *Cologne Commentary on Space Law, Volume 1 Outer Space Treaty* (Carle HeymannsVerlag, 2009), p. 69.

約）の関連条項（第31条乃至第33条）に従って解釈されることになるが，常に明確な結論が導かれるわけではないとされている[22]。その意味で，一次規則の曖昧さに繋がりうる。

　無論，曖昧さを克服する動きも一部では確認される。例えば宇宙空間での武力紛争に関し，戦闘員資格を有する遭難宇宙飛行士の扱いを考える際にも，武力紛争法と宇宙法の適用関係は先決的論点とされているが[23]，この点については国際的にもミラモス（MILAMOS）マニュアルやウーメラ（WOOMERA）マニュアルの作成が進められており，予見可能性の確保を図っている。

3　実定法の外側の存在

　現在の国際法においては法実証主義が主要な方法論とされている。これはソフトローと呼ばれる「非法」ではなくハードローと呼ばれる「法」を対象とし，将来に向けた「あるべき法（*lex ferenda*）」ではなく現時点における「ある法（*lex lata*）」を対象とし，人道的，社会的，経済的そして政治的考慮を排した法の自律性を重視するものである[24]。

　しかし宇宙法の発展は実定法のみによるわけではない。国連宇宙空間平和利用委員会（COPUOS）の加盟国が増えた後は，COPUOS の意思決定はコンセンサス方式であることから新たな条約作成は困難とされ，国連総会決議等をソフトローとして積み上げ，ルール作りが進められてきた[25]。そしてこれらソフトローも含んで動態的に行為規範を捉える重要性も指摘されている[26]。その意味で条約等の実定法の外側も考慮対象に含める必要が出てくるが，それは一次規則の曖昧さを引き起こす要因になりうる。

　加えて「ある法」と「あるべき法」の混在が問題になる。例えばその内容が宇宙条約に反映された宇宙法原則宣言では，国連加盟国が「ある法」と考える

---

(22)　Tanja Masson-Zwaan and Mahulena Hofmann, *Introduction to Space Law Fourth Edition* (Kluwer Law International, 2019), pp. 7-8.

(23)　黒﨑将広ほか『防衛実務国際法』（弘文堂，2021年）550頁［真山全］。

(24)　Andrea Bianchi, *International Law Theories: An Inquiry into Different Ways of Thinking* (Oxford University Press, 2016), pp. 21-30.

(25)　宇宙法の形成におけるソフトローの役割は以下参照。Setsuko Aoki, "The Function of 'Soft Law' in the Development of International Space Law," in Irmgard Marboe (ed.), *Soft Law in Outer Space: The Function of Non-binding Norms in International Space Law* (Böhlau, 2012), pp. 57-85.

(26)　中村・前掲注(3)281頁。

第 I 部　宇宙法規範の発展

声明ではなく，「あるべき法」と考える声明であると見做されており[27]，宇宙条約の前文でも，should という文言が使われている[28]。宇宙法ではソフトローが広く活用される中で，条約の文言解釈においてもこれらを峻別する必要性は指摘されているが[29]，このような混在状況は法規範としての一次規則の曖昧さを引き起こしうる。

　更には，法としての自律性の弱さが問題になる。既述の通り，宇宙条約は法理論の厳密性を犠牲にした上で成立したとされている。加えて他分野に比べて宇宙分野では国家の利益や安全にかかわる事項はより重要であり，国際法と国内法に跨る宇宙法はこれらの利益に突き動かされやすいとされている[30]。法としての自律性を欠けば宇宙法の基盤の揺らぐことになり，一次規則の曖昧さへと繋がる。

III　部分的な二次規則

　宇宙法分野では，損害賠償や国際電気通信連合（ITU）における軌道や周波数管理，更には常設仲裁裁判所（PCA）の宇宙活動に関する紛争の選択規則等，二次規則は部分的に存在するが，全般的に適用される二次規則を欠くとされている[31]。そのため以下，二次規則を構成する「認定」「変更」「裁判」の観点

---

(27)　Bin Cheng, *Studies in International Space law* (Clarendon Press, 1997), p. 199.

(28)　例えば以下の記載。"Believing that the exploration and use of outer space <u>should</u> be carried on for the benefit of all peoples irrespective of the degree of their economic or scientific development,"（下線は筆者強調）

(29)　Steven Freeland, "The Role of 'Soft Law' in Public International Law," in Irmgard Marboe (ed.), *Soft Law in Outer Space: The Function of Non-binding Norms in International Space Law* (Böhlau, 2012), p. 29.

(30)　Glenn H. Reynolds and Robert P. Merges, *Outer Space Problems of Law and Policy second edition* (Westview Press, 1997), p. 10.

(31)　Christopher D. Johnson, "The Law of Outer Space: A Self-Contained Regime?," in Philippe Achilleas and Stephan Hobe (eds.), *The Hague Academy of Space Law Fifty Years of Space law* (Brill/Nijjhoff, 2020), pp. 154-155. その他部分的に存在する例として，衛星通信分野では INTELSAT 等の国際機構の再編により国のみならず私企業を巻き込んだ紛争が想定されるため，仲裁手続を定める旨が指摘される。中村恵「宇宙活動に関する紛争処理問題」藤田勝利・工藤聡一編『航空宇宙法の新展開 関口雅夫教授追悼論文集』（八千代出版，2005 年）472-473 頁。また国際法人格を持つ欧州宇宙機関（ESA）やアジア太平洋宇宙協力機構（APSCO）では，設立条約で関連条項を定める（例えば ESA 設立条約第16 条（改正）及び第 17 条（紛争），APSCO 条約第 19 条（紛争解決）及び第 27 条（条約改正））。

から，そのような宇宙法の二次規則の現状を確認する。

1　認　定

　宇宙条約を始めとする諸条約はCOPUOSで作成されてきた。COPUOSにおける意思決定はコンセンサス方式とされているが，これ自体は条約等で明文化された根拠があるわけではなく，慣行によると解される[32]。またCOPUOS参加国の増大により，国際的なコンセンサス形成を通じた条約作成は難しくなり[33]，ソフトローの比重が増す一方，各国では国内手続を通じて曖昧な国際法上の一次規則を国内法レベルで精緻化させている。これらは各国国内法における独自の認定ともいえる現象であり，様々な形が確認できる。

　まずは立法府による国内法制定を通じた規範の精緻化であり，例えば宇宙資源開発の国際法上の扱いに議論がある中で，米国（2015年），ルクセンブルク（2017年），アラブ首長国連邦（2019年），及び日本（2021年）ではこれを認める国内法が相次いで定められた。また国内法の実施に当たり，行政府が作成した先駆的なガイドライン等が取り込まれることで宇宙活動に関する先駆的な国内法が事実上誕生する場合もあり，例えば日本の軌道上サービスに関するガイドラインはその一例といえる[34]。他にも司法府の判断により特定の国際法上の概念の解釈が定まる場合もあり，例えば中国では，中国も締約国である宇宙条約を参照した上で，国内判例で宇宙資源の利用に反対の立場を表明した[35]。このように，立法府，行政府，及び司法府を通じた様々な形が見て取れる。

---

(32)　A/5181, 27 September 1962, pp. 3-4, para. 4.

(33)　この点，ビンチェンのインスタント慣習法論は注目を集めた。Bin Cheng, *supra* note [27], pp. 125-149. 初出は，Bin Cheng, "United Nations Resolutions on Outer Space: 'Instant' International Customary Law?," *Indian Journal of International law*, Vol. 5 (1965), pp. 23-48.

(34)　日本の宇宙活動法を補足する「軌道上サービスを実施する人工衛星の管理に係る許可に関するガイドライン」（令和3年，内閣府宇宙開発戦略推進事務局制定）は，軌道利用の国際ルールに関する先行事例であり，規範形成を主導する取組みといえる。同ガイドラインの位置づけは以下参照。宇宙交通管理に関する関係省庁等タスクフォース「軌道利用のルール作りに関する中長期的な取組方針（改訂案）」（令和6年3月26日）6-7頁, at https://www8.cao.go.jp/space/taskforce/debris/stm/dai2/siryou2_1.pdf (as of October 30, 2024).

(35)　Court Rejects Lunar Embassy's Right of Moon Land Selling (Xinhua News Agency March 17, 2007), at http://www.china.org.cn/english/China/203329.htm (as of October 30, 2024).

第 I 部　宇宙法規範の発展

　但し，このような各国独自に精緻化された規範は国際的に実効性のある認定のルールに則ったものではない。ゆえに国家間での不一致をもたらし，一次規則の不明瞭さに繋がりうる。

2　変　更

　変更について，宇宙分野の諸条約には，条約改正は当事国の過半数で可能とする旨の記載がある（宇宙条約第 15 条，宇宙損害責任条約第 25 条，宇宙物体登録条約第 9 条，救助返還協定第 8 条，及び月協定第 17 条）。そして条約改正を定めた宇宙条約第 15 条は，条約法条約が定める条約変更手続に整合的と評される[36]。

　しかし同条については，寄託政府による受諾を改正の発効要件としておらず，発効した改正がすべての条約当事国間に対して効力を有する点で特徴的であり，このため宇宙条約は比較的容易に改正されるとともに，これを受諾する国としない国の間で複雑な法律関係を引き起こすとされる[37]。また改正の提案，改正案の審議，改正の通報等に関する詳細手続がないことは，改正を期待しない起草者の意思と解される[38]。多くの国が宇宙条約に署名や批准をしているため，各国は宇宙条約の現状維持を好んでおり，条約改正ではなく特定のトピックに関する他の条約や決議の策定を通じて法的発展が進んでいると評される[39]。これらの分析を踏まえると，宇宙条約の改正は現実的とはいい難い。

　この点ハートは，変更のルールは一次規則の静態性に対応するためのルールとしている。しかし既述の通り，国際法上の一次規則自体が曖昧であり，各国が解釈を行い国内法において精緻化を図る中で，そもそも国際法上の一次規則自体を変更する必要性がないのが実状と考えられる。実際，宇宙法は宇宙開発を巡る政治的動向に強く影響を受けるという前提の下，宇宙条約に関して，国内立法による条約の事実上の改定と，国家による政治的解釈や操作による条約の事実上の改定という，二つの事実上の改定が進んでいるとする指摘もある[40]。

　その意味で，日本が宇宙利用の平和目的の解釈を変更した点は注目に値する。

---

(36)　Gérardine Meishan Goh, "Articles XIX-XVII," in Stephan Hobe, Bernhard Schmidt and Kai-Uwe Schrogl (eds.), *Cologne Commentary on Space Law, Volume 1 Outer Space Treaty* (Carle HeymannsVerlag, 2009), p. 227.

(37)　野口・前掲注⑲ 69 頁。

(38)　同上 69 頁。

(39)　Gérardine Meishan Goh, *supra* note ㊱, p. 227.

44

宇宙条約第 4 条は，月その他の天体は「もっぱら平和目的のために」利用されると定めるが，その解釈には「非侵略」及び「非軍事」があるとされ，1969 年の国会決議を根拠に日本の宇宙利用は「非軍事」とされたが，2008 年制定の宇宙基本法でこれを変更した[41]。このような変更は，宇宙条約第 4 条の文言の曖昧さゆえに可能になったといえる。

3 裁 判

裁判の検討の際は，まず宇宙損害責任条約が注目される。本条約では請求委員会を通じた賠償責任の請求手続を定めるとともに（第 14 条乃至第 20 条），条約に基づく損害賠償請求を行う際には国内救済を完了する必要はないとし，宇宙損害責任条約のみならず国内裁判所を通じた請求の道も開いている（第 11 条）。宇宙分野の紛争に，国際公法や国内公法に加えて私法も関わることは既に指摘されているが[42]，宇宙活動で国以外に企業の存在感が増していることを鑑みると，適用法や紛争主体の観点からこの問題はより複雑になるといえる。

また裁判に関して宇宙分野では，国連海洋法条約が定める国際海洋法裁判所のような独自の裁判所は設置されていない。この点，例えば国際法協会（ILA）は 1984 年及び 1998 年に宇宙分野の紛争解決条約案を作成し[43]，また 2011 年に発行された PCA の宇宙活動に関する紛争の選択規則も，宇宙活動が商業化し企業の存在感が増す中では望ましい枠組みと評されているが[44]，特に宇宙活動に係る企業間紛争では，仲裁等の通常のビジネス手続で対応しているのが実状である[45]。

---

(40)　米田富太郎「「宇宙条約」改定についての Juridico-Political な検討 ──「事実上の改定」と米国の宇宙商業化政策との関連を巡って」藤田・工藤編・前掲注(31) 494 頁。

(41)　詳細は以下参照。榎孝浩「国会における宇宙政策の議論」渡邉浩崇編『宇宙の研究開発利用の歴史 ── 日本はいかに取り組んできたか』（大阪大学出版会，2022 年）33-40 頁。

(42)　Laurence Ravillon, "Introduction," in Laurence Ravillon (ed.), *Le règlement des différends dans l'industrie spatiale* (LexisNexis, 2016), p10.

(43)　経緯は以下参照。Maureen Williams, "Dispute resolution regarding space activities," in Frans von der Dunk and Fabio Tronchetti (eds.), *Handbook of Space Law* (Edward Elgar Publishing, 2015), pp. 1024-1031.

(44)　Stephan Hobe, *Space Law Second Edition* (Nomos, 2023), p. 219.

(45)　Francis Lyall and Paul B. Larsen, *Space Law: A Treatise 3rd Edition* (Routledge, 2024), p. 499.

第Ⅰ部　宇宙法規範の発展

Ⅳ　若干の考察

1　一　次　規　則

　宇宙法における一次規則は曖昧さを含む。曖昧さの要因としては，既述の通り，探査利用の自由と制約，非宇宙の国際法の適用，実定法の外側の存在が構造的な理由と考えられる。このような構造が宇宙法に備わったのは，宇宙活動の特性や宇宙法制定の歴史的経緯によると思われる。実際に，宇宙法における新たな問題は，技術が進展し，人類の宇宙利用の範囲や性質を拡大するにつれて生じてきた，という評価もなされている[46]。故に詳細な法とすると，現実の宇宙活動の進展に伴い変更する必要があるため，曖昧な法とすることで解釈の余地を残し，柔軟な対応を図ってきたといえる。しかし状況は変容しつつある。特に民間企業の活動が進むにつれて，統一的なハードローによる国際規則は，法的な予見可能性を提供して民間投資を呼び込み，また安心安全な宇宙利用を確保する観点から必要とされている[47]。

　また国内法の文脈ではあるが，法的内容の曖昧さについては，特定化を進めれば行為者に対して予測可能性を高めて行動をコントロールしやすくなるという便益が発生する一方で，特定化のために追加的に社会的費用が発生するため，この均衡をいかに図るかという問題と，そのような特定化を法の非適用者が費用をかけて事前に行うか，それとも費用を節約するも事後的なリスクを抱えるかのトレードオフの問題がある[48]。そのため法の適用を受ける民間企業としては，既述の通り宇宙分野の事後的な裁判が複雑で費用がかかるのならば尚更，リスク低減のため国に対して事前に法の特定化を求めるのは合理的といえる。今後も民間企業の発意に基づき，特に国内法の文脈で曖昧な法を明らかにする流れが進むと思われるが，これは国際法としての宇宙法の規範明確化にも繋がりうる。

---

(46)　Stephen Gorove, "International Space Law in Perspective-Some Major Issues, Trends and Alternatives," *Recueil des Cours*, Vol. 181 (1983), p. 359.

(47)　Anja Nakarada Pečujlić, *The Space Law Stalemate Legal Mechanisms for Developing New Norms* (Routledge, 2023), p. 22.

(48)　Isaac Ehrlich and Richard A. Posner, "An Economic Analysis of Legal Rulemaking," *The Journal of Legal Studies*, Vol. 3, No. 1 (Jan., 1974), pp. 257-286.

2 二 次 規 則

既述の通り，認定，変更及び裁判から構成される二次規則は，宇宙法分野では既に部分的に存在している。そして宇宙法分野の次のステップとして，二次規則の発展がなされるべきとの指摘もある[49]。そして認定と変更については，既述の通り，各国の国内法上の措置を通じて事実上の認定や変更が行われている。

他方で裁判については，既述の通り，宇宙分野独自の手続を模索する動きは行われてきたが，成功とは言い難い状況にある。大きな理由としては，宇宙法実務では事後的な紛争解決手続を回避する傾向が強いことが指摘できるだろう。実際，起こりうる損害の範囲の広大さを鑑みて，紛争発生の回避手続として事前協議について規定するものがかなり多いことが，宇宙活動における紛争処理手続規定の特徴の一つとされる[50]。加えてリスクが高く損害賠償額が膨大になりやすい宇宙業界では，伝統的に予め打上げ契約にクロスウェーバー（相互免責）条項を定めて責任追及を回避させた上で，自己損害分について保険を手配し，自損自弁の原則を貫徹させようとしている[51]。

しかし宇宙分野の裁判は，司法判断の蓄積を通じて宇宙法の発展に資するという意味では意義がある。この点ハートは，二次規則の視点が加わることで，法を内的観点と外的視点から理解できるようになると指摘する。そして裁判は当事者に対して，事実記述的・観察者的な検討に留まらない，実践に近い形での検討を喚起することとなる。そのため裁判を通じ，内的観点と外的視点を踏まえる形で宇宙分野の法の理解が進むことは期待される[52]。

とはいえ宇宙分野の紛争では，紛争の詳細や当事者の立場，仲裁判断に至る理由は非公開とされる場合が多い[53]。多くの企業は宇宙分野の紛争解決にお

---

(49)　MA Xinmin, The Development of Space Law: Framework, Objectives and Orientations -Speech at United Nations/China/APSCO Workshop on Space Law（2014），p. 12, at https://www.unoosa.org/documents/pdf/spacelaw/activities/2014/splaw2014-keynote.pdf（as of October 30, 2024）.

(50)　中村・前掲注(31) 471-472 頁。

(51)　小塚荘一郎・佐藤雅彦編著『宇宙ビジネスのための宇宙法入門（第 3 版）』（有斐閣，2024 年）245-246 頁［小塚荘一郎］。

(52)　裁判例を通じた宇宙法の発展は以下参照。Stephen Gorove, "The Growth of Space Law through the Cases," *Journal of Space Law*, Vol. 24（1996），pp. 1-21.

(53)　Jan Frohloff, "Arbitration in space disputes," *Arbitration International,* Vol. 35（2019），p. 325.

第Ⅰ部　宇宙法規範の発展

いて秘密保持を重視する傾向にあるが[54]，宇宙分野における技術情報や事業
計画の機微性を鑑みれば合理的である。しかしこれらの状況では，基本的な概
念がどのように発展しているかを確認することができないと評されている[55]。
そのため，判例法の蓄積とそれに基づく法の発展という法の一般的な発展プロ
セスが宇宙法分野でどこまで実現するか，楽観視はできない。

お わ り に

　宇宙活動の活発化に伴い宇宙法の範囲も広がる中，本稿ではハートが「法の
概念」で示した一次規則と二次規則の議論に基づき，当該法秩序を外部からの
視点で捉え直し，宇宙法の今後について一つの見方を提示した。その結果，宇
宙法は曖昧な一次規則と部分的な二次規則から構成されること，一次規則は宇
宙ビジネスの進展の中で国内法を中心に精緻化が進みうること，そして二次規
則，特に裁判は宇宙法を発展させる役割も期待される一方で，多くを望むのは
難しいことも確認された。

　他方で本稿は，現時点での宇宙法に対する筆者の素朴な捉え方を示したに過
ぎず，具体的な諸問題にはほとんど触れていない。また紙面の都合もあり，特
に私法分野については十分な検討には至らなかった。これらは残された課題と
したい。

〔付記〕本稿の主張は全て筆者に帰すものであり，所属組織等の見解を示すものではない。
また本稿は，慶應義塾大学と宇宙航空研究開発機構の共同研究である「2023年度宇宙活動
を規律する国際法規範の在り方に関する研究会（宇宙法規範研究会）」で報告した「宇宙法
に於ける二次規則に関する試論」に，大幅な加筆修正を行ったものである。

---

(54)　Viva Dadwal and Eytan Tepper, "Arbitration in Space-Related Disputes: A Survey of In-
　　　dustry Practices and Future Needs," *Proceedings of the International Institute of Space Law*
　　　62（2019），p. 169.
(55)　Francis Lyall and Paul B. Larsen, *supra* note [45]，p. 499.

48

4　宇宙条約第9条の「妥当な考慮」（due regard）の分析

福 嶋 雅 彦

〈要　旨〉

　宇宙空間の安定的で，かつ持続可能な利用に対する危険や脅威への対処が急務となっている。そうしたなかで，「妥当な考慮」の内容を具体化していく試みが今後，重要となるのは疑いない。

　本稿は，このような問題意識の下，宇宙条約第9条の「妥当な考慮」がいかなる特徴を有するのか。そして，今後の課題は何か，を考察する。

　本稿の構成として，まず「妥当な考慮」に関する先行研究と宇宙条約第9条の基本構成を整理する。続いて宇宙条約の「妥当な考慮」に関する主要な論点を考察し，最後に宇宙条約の「妥当な考慮」の特徴を明らかにし，今後の課題を示す。

　本稿は，「妥当な考慮」の特徴として，「妥当な考慮」が自己抑制機能をもつこと，利益衡量を原理とすること，可変的であることを指摘した。その上で，本稿は既存の国家実行等の分析を進めていくことが，宇宙条約第9条の「妥当な考慮」をめぐる今後の課題であると述べた。

は じ め に

　人類は宇宙への歩みを急速に進めている。技術革新に伴う人工衛星や打上げ機の小型（低廉）化などにより，途上国や民間事業者の宇宙産業への参入障壁が取り除かれ宇宙活動（月その他の天体を含む宇宙空間の探査及び利用）が活発になっている。その結果，軌道上の宇宙物体が急増し，物体同士の衝突の危険や人工衛星に対する安全保障上の脅威を含む通信，測位，観測などへの影響が懸念されている。

　こうした状況を背景に，安定的かつ持続可能な宇宙活動を実現するための条約上の根拠として，宇宙条約第9条の「妥当な考慮」（due regard）が最近になって諸学者の注目を集めている。現在，懸念されている軌道上における人工衛星の急増による破片の飛散や宇宙物体への安全保障上の脅威を直接規制する規定は，宇宙条約にはない。そのため，既存の宇宙法体系のなかで，宇宙活動上の課題に解釈等により対応をはかる際の条約規定として，宇宙条約第9条の「妥当な考慮」に諸学者が着目しているのである。

第Ⅰ部　宇宙法規範の発展

とはいえ，宇宙条約第9条の「妥当な考慮」の内容は判然とせず，法的な分析は十分になされていない。「妥当な考慮」の内容が判然とせず同語の分析が進んでいないのには，いくつかの理由が考えられる。その一つとして，軌道上の宇宙物体がこれまではある程度限られており，「妥当な考慮」が論点となり得る宇宙物体同士の接近や衝突のおそれが惹起されにくかった点を挙げられよう。加えて，宇宙条約の交渉時に，各国が，「妥当な考慮」の定義に踏み込まず，同語に含みを持たせることで過度な制約なく，宇宙活動から生ずる不測の事態への対処の余地を残そうとしたからとも考えられる。宇宙条約の解釈をめぐる国際裁判例の蓄積がほぼ皆無であることも「妥当な考慮」の分析が進まなかった遠因と解される。更に，「妥当な考慮」の分析が進んでいない背景には，空域と宇宙空間の境界画定や平和利用など国家主権に直結する論点に議論が集中していたことが控えていると推察される。

いずれにせよ，宇宙空間の安定的で，かつ持続可能な利用に対する危険や脅威への対処が急務となるなかで，「妥当な考慮」の内容を具体化していく試みが今後，重要となるのは疑いない。

本稿は，このような問題意識の下，宇宙条約第9条の「妥当な考慮」がいかなる特徴を有するのか。そして，今後の課題は何か，を各種文献をもとに考察する。

本稿の構成として，まず「妥当な考慮」に関する先行研究と宇宙条約第9条の基本構成を整理する。続いて，宇宙条約の「妥当な考慮」に関する主要な論点に検討を加え，最後に，宇宙条約の「妥当な考慮」の特徴を明らかにする。

なお，月協定は「妥当な考慮」を採り入れているが，当事国が少なく日本や米国を始め主要な宇宙活動国が当事国となっていないために，本稿は月協定を考察対象外とする[1]。

（1）　2024年1月時点での月協定の当事国は17か国である。United Nations Treaties Collection, Status of Treaties, Chapter XXIV, Outer Space, 2. Agreement governing the Activities of States on the Moon and Other Celestial Bodies, New York, 5 December 1979（2023）. 2023年1月5日，サウジアラビア王国政府は，月協定第20条に従い，2024年1月5日から効力を生ずることをもって，月協定からの脱退決定を国連事務総長に通知した。C. N.4.2023.TREATIES-XXIV.2（Depositary Notification）（5 January 2023）.

I 先行研究の整理と「妥当な考慮」の淵源

1 海外の先行研究

宇宙条約第9条の「妥当な考慮」を論じた先行研究は徐々に増えつつあるが，その数はまだ限られている。

海外の先行研究に目を向けると，国際連合（国連）を始めとする国際場裏における議論として 2022 年のオープンエンド作業部会（OEWG）でフィリピン共和国（以降，適宜，フィリピン）が示した文書のほかに，青木節子の見解が挙げられる。OEWG では，宇宙空間に関して，国家の行動から生ずる脅威に既存の国際法上の規律でいかに対応し得るのかとの観点から，宇宙条約第9条の「妥当な考慮」を含む法的な対応が議論された。

この OEWG において，青木節子は，2022 年 5 月 9 日付で示した文書のなかで，「妥当な考慮」原則が宇宙空間に関する国家の行動から生ずる脅威に対応するために，いかに適用され得るのかを考察した。青木節子は，同文書で，宇宙空間が国家管轄権外と位置づけられ，宇宙デブリが発生すれば長期にわたり宇宙空間に残存し軌道上の活動に影響を与えるなど脆弱な点で独特であると指摘した。その上で，同氏は，「妥当な考慮」が，国家の権利行使に対する自己抑制義務であること，権利義務などが競合する国家間の調整メカニズムであること，「妥当な考慮」の基準は個々の状況や国家が行使する権利の性質によって定まることなどを論じた。

フィリピンは，OEWG において青木節子が示した文書の 2 日後の 2022 年 5 月 11 日付で文書を公表し，宇宙における責任ある行動の基盤原則として，「妥当な考慮」を論じた。同国は，海洋法の発展をたどりながら宇宙条約第9条の「妥当な考慮」義務（duty）考察し，海洋法上「妥当な考慮」が自由放任主義（*laissez-faire* treatment）からの転換を示すものであった旨を指摘した。その上で，フィリピンは，宇宙条約に「妥当な考慮」義務が盛り込まれたことは，海洋法と同様に，競合する権利及び義務の調整の仕組みへと向かう自由放任主義からの出発を示唆すると述べた。同国は，海洋法上の法理が参考になるとして，「妥当な考慮」義務が自国民及び船舶に対し，国家に「相当の注意義務」を課すなどと言及した[2]。

OEWG の議論を踏まえて海外では，2023 年にハリントン（Harrington, A.J.）

第 I 部　宇宙法規範の発展

が宇宙条約第 9 条の「妥当な考慮」を主題に研究成果を示した。ハリントンは，2023 年の研究成果において，国際法と国際関係論の観点から，宇宙法上の「妥当な考慮」の価値を評価し，宇宙条約第 9 条の「妥当な考慮」が，宇宙における責任ある行動の主要指令（prime directive）となり得る旨を論じた。ハリントンによれば，実務者級での積極的な「妥当な考慮」の活用が宇宙法の規範形成を促し，宇宙条約の基盤を構築するという[3]。

　宇宙条約第 9 条を扱った海外の先行研究としては，1979 年の宇宙法マニュアルや 2009 年のケルンの宇宙法コメンタリなどが一部「妥当な考慮」に触れている。ケルンの宇宙法コメンタリで，宇宙条約第 9 条の執筆を担当したマルチシオ（Marchisio, S.）は，「妥当な考慮」は，一定の配慮，注意又は遵守をもって行動することを意味すると述べた。同氏は，「妥当な考慮」原則が事案に応じて解釈されると指摘し，更に，国家は非国家主体との関係においても，みずからの作為又は不作為に対して責任を有する旨を論じた[4]。

2　日本国内の先行研究

　日本国内に目を向けると，池田文雄が 1971 年の著書『宇宙法論』で宇宙条約第 9 条を論じるなかで「妥当な考慮」に言及した。池田文雄は，同著で「「他のすべての当事国の対応する利益に妥当な考慮を払って」宇宙空間におけるすべての活動を行なうという規定の趣旨は，原理的にいうならば，一方において宇宙開発を行なう国家に対して不当な困難なく有用な宇宙活動を行なうに充分な自由を与えるとともに，他方において他国に対して必要な利益保護の手段を認めたものといえよう。」と述べた。池田文雄は，宇宙開発は急速に成長

（2）　A/AC.294/2022/WP.1（2022）. A/AC.294/2022/WP.12（2022）. 2023 年 12 月 4 日付の米国作成の事前共有文書（GE-PAROS/2023/WP.8）は「妥当な考慮」に触れ，空域や海洋における運用と同様に，「宇宙空間において安全かつ専門的な方法で行動することは，他の運用者の対応する利益への考慮を伴う」と記した。

（3）　Harrington, A.J., "Due Regard as the Prime Directive for Responsible Behavior in Space" in *Loy. U. Chi. Int'l L. Rev.*, Vol. 20, Issue 1（2023）at 57-86.

（4）　Dembling, P.G., "Treaty on Principles Governing the Activities of States in the Exploration and Use of Outer Space, including the Moon and Other Celestial Bodies" in Jasentuliyana, N. and Lee, R.S.K.（eds.）, *Manual on Space Law*, Vol. I（Oceana Publications, Inc., 1979）at 20-22. Marchisio, M., "Article IX" in Hobe, S., Schmidt-Tedd, B. and Schrogl, K-U.（eds.）, *Cologne Commentary on Space Law*, Vol. 1（Carl Heymanns Verlag, 2009）at 169-182.

しており，将来のあり得るべき，すべての宇宙活動の類型や性質を掲げ，それを仔細に規制はできないとする。そして，宇宙条約第9条（「他国利益尊重」に関する条文）は，将来のすべての宇宙活動に適用せられるべき一般原則であり，特定分野を扱う国際協定に対しても指針となるべき基本原則といえる旨を論じた[5]。

池田文雄と同じ頃に，山本草二も，宇宙法を体系的に論じるなかで，宇宙条約第9条の「妥当な考慮」を考察し，同語の特徴を論じた。山本草二は，1976年の論考で「妥当な考慮」を宇宙空間利用の自由に内在する制限を示すものであり，公海自由に対する制限と同趣旨と解した。その上で，同氏は，公海自由の議論を踏まえ，宇宙活動を行うに当たり，他国の対応する利益に対して「合理性に基づく配慮」を尽くしさえすれば，たとえ他国の利益を妨げても，それは適法として許容される旨を述べた。山本草二によれば，「合理性に基づく配慮」は具体的に，「飛行計画に関する適当な予告」，「妥当な範囲と期間の危険区域の設定・公示」，損害補償の事前引き受けなどを指すという[6]。

最近の日本語で執筆された研究では，青木節子が『国際問題』（2023年12月）に投稿した論考で「宇宙安全保障と国際法」の文脈において「妥当な考慮」条件の明確化を論じた。青木節子は，論考のなかで，「妥当な考慮は，行為がなされる状況と権利の性質により要請される範囲が定まる」と述べた。続いて，「妥当な考慮」が「他国の権利への正当化されない（unjustifiable）干渉とならない限りは，必ずしも義務違反とならないことなど，海洋分野の紛争解決を通じて明確化されつつある基準がある」と同氏は指摘した[7]。

いずれの分析も示唆に富むが，宇宙条約第9条の「妥当な考慮」を主題として扱った邦語文献は見当たらない。

3　国際法上の「妥当な考慮」の淵源

先行研究のなかには，宇宙条約第9条の「妥当な考慮」の淵源に触れたものがいくつかある。国際法上，「妥当な考慮」は航空法で最初に用いられたという。学説によれば，1944年のシカゴ条約が国際法上「妥当な考慮」を用い

（5）　池田文雄『宇宙法論』（成文堂，1971年）109-110頁。
（6）　山本草二著（兼原敦子＝森田章夫編）『国際行政法の存立基盤』（有斐閣，2016年）531-533頁〔初出：山本草二ほか『未来社会と法』（筑摩書房，1976年）3-116頁〕。
（7）　青木節子「宇宙安全保障と国際法」『国際問題』No. 716（2023年）54頁。

第 I 部　宇宙法規範の発展

た最初の例とされる。

　海洋法では，国連海洋法会議の公式記録において，条約作成に向けた交渉時に，米国が最初に「妥当な考慮」と同旨の「合理的な考慮」を提案したとの記述がみられる。学説では，「合理的な考慮」は第 1 次国連海洋法会議で英国提案により条約に挿入された旨の指摘がなされた[8]。国連海洋法上の「妥当な考慮」が米国ないし英国の提案によるとすれば，「妥当な考慮」は英米法に起源をもつのではないかとの仮説が成り立つであろう。少なくとも海洋法上の「妥当な考慮」は英米法の発想に馴染むと推察される。

　宇宙条約の「妥当な考慮」の淵源については，青木節子の指摘が参考になる。青木節子は，宇宙条約第 9 条は，米国が 1961 年に開始した宇宙空間に針の帯を打ち上げる実験ウェストフォード計画に懸念を抱いた科学者集団の注意喚起が契機となってできた部分（特に第 1 文）があると指摘した。同氏は，あわせて，宇宙条約第 9 条はアポロ計画の進展に際して「宇宙空間の有害な汚染及び地球外物質の導入から生ずる地球の環境の悪化を避けるように」（同第 2 文）宇宙空間の研究及び探査を実施するように求め，そのために国内検疫措置の確保を要求する部分からなると論じた[9]。

II　宇宙条約第 9 条の分析に際しての基本前提

1　宇宙条約第 9 条の基本構成

　さて，宇宙条約第 9 条を考察する上で，同条の構成を整理しておこう。宇宙条約第 9 条は，「妥当な考慮」を含む第 1 文と，第 1 文に続く 3 種の条文の全 4 文からなり，第 1 文で協力及び相互援助の原則並びに他国の利益に対する考慮を定める。そして同条は，続く第 2 文で有害な汚染の防止を定め，更に第 3 文及び第 4 文で有害な干渉を及ぼすおそれのある宇宙活動に対する協議を規定する。宇宙条約第 9 条を構成する 4 文のうち，第 2 文以外は法原則宣言の第 6 原則に概ね一致する。

（ 8 ）　A/CONF.13/40 (1958) at 41［para. 16］, 62［para. 24］and 134［A/CONF.13/C.2/L.68］. 石井由梨佳「排他的経済水域における妥当な考慮義務」『国際法研究』第 7 号（2019 年）126 頁。

（ 9 ）　青木節子「持続可能な宇宙探査利用のための国際法形成をめざして」永野秀雄＝岡松暁子編著『環境と法　国際法と諸外国法制の論点』（三和書籍，2010 年）12 頁。

4　宇宙条約第9条の「妥当な考慮」（due regard）の分析

宇宙条約第9条第1文は，「妥当な考慮」を次のとおり定めている。

「条約の当事国は，月その他の天体を含む宇宙空間の探査及び利用において，協力及び相互援助の原則に従うものとし（shall be guided by the principle of co-operation and mutual assistance），かつ，条約の他のすべての当事国の対応する利益に妥当な考慮（with due regard）を払つて，月その他の天体を含む宇宙空間におけるすべての活動を行なうものとする（shall conduct）」。

宇宙条約第9条第2文，第3文及び第4文は，次のとおりである。

「条約の当事国は，月その他の天体を含む宇宙空間の有害な汚染及び地球外物質の導入から生ずる地球の環境の悪化を避けるように月その他の天体を含む宇宙空間の研究及び探査を実施し（shall pursue），かつ，必要な場合には，このための適当な措置を執るものとする（shall adopt）。」

「条約の当事国は，自国又は自国民によつて計画された月その他の天体を含む宇宙空間における活動又は実験が月その他の天体を含む宇宙空間の平和的な探査及び利用における他の当事国の活動に潜在的に有害な干渉を及ぼすおそれがあると信ずる理由があるときは，その活動又は実験が行なわれる前に，適当な国際的協議を行なうものとする（shall undertake appropriate international consultations）。」

「条約の当事国は，他の当事国が計画した月その他の天体を含む宇宙空間における活動又は実験が月その他の天体を含む宇宙空間の平和的な探査及び利用における活動に潜在的に有害な干渉を及ぼすおそれがあると信ずる理由があるときは，その活動又は実験に関する協議を要請することができる（may request consultation）。」

宇宙条約第9条を構成する4文は，どのような関係にあるのか。宇宙条約は，第9条を構成する4文の関係を明記していない。学説は，宇宙条約第9条第1文を具体化するものとして，続く3文を関連づける立場（連結説）と，宇宙条約第9条第1文を，他の3文と切り離す立場（独立説）に大きく分かれる。

連結説は，海洋法上の議論を踏まえたものと解される。海洋法分野の国際裁判では，「妥当な考慮」と協議を結びつける立場が示され，後述のOEWGにおけるフィリピンの議論の下敷きになった。他方で，宇宙条約の解釈において，「妥当な考慮」と協議を一体としてみる国家実践は確認し得ない。学説では，宇宙条約第9条第2文は宇宙空間の環境保護に関する中核規定であり，同条第1文の「妥当な考慮」を払う義務の内容を特定するものであるとの見解が

第Ⅰ部　宇宙法規範の発展

みられる[10]。

　独立説を否定する明確な根拠がない以上，宇宙条約第9条第1文を他の3文とは切り離す立場は，条約解釈として成り立つ。少なくとも学術的な分析を進める際に，宇宙条約第9条第1文を他の3文と切り離して考察する立場は議論の焦点を絞り論点を明確にする上で有用といえよう。

2　宇宙条約第1条の宇宙活動自由の原則

　宇宙条約第9条の「妥当な考慮」を分析する際には，宇宙活動の自由に触れておかなければならない。なぜなら，宇宙活動の自由は，宇宙条約のすべての条文の礎となる最も基本的な原則と位置づけられるからである。

　宇宙活動自由の原則を定めているのは，宇宙条約第1条である。宇宙条約第1条は，国家による宇宙空間の取得を禁じた同条約第2条とあわせて，宇宙条約の根幹をなす。宇宙条約の当事国は，宇宙活動自由の原則の下で，他の条約当事国からの領域主権の主張による自国の活動への影響を懸念することなく，宇宙空間を探査及び利用し得る。宇宙条約上，天体のすべての地域への立入りは自由であるとされる。

　もとより，宇宙活動の自由は無制約で無秩序な自由を意味しない。同条第1条が定める宇宙活動の自由は，法による規律（法の支配）を予定し，主権国家間の平等に基づく秩序維持の仕組みの上に成り立つ。宇宙活動自由の原則は，常に法による規律の下にあり，無秩序な宇宙空間の探査及び利用の対極に位置する。

　宇宙条約の当事国は，かかる前提の下で，宇宙活動の自由を享受する。宇宙活動の自由には一定の制約があり，宇宙条約第1条は，宇宙空間の探査及び利用は，「すべての国の利益のために，その経済的又は科学的発展の程度にかかわりなく行なわれるものであり，全人類に認められる活動分野である」と無差別平等を定めている。

3　宇宙活動の自由に対する制約としての「妥当な考慮」

　宇宙条約第9条の「妥当な考慮」は，同条約第1条の無差別平等に関連して，

---

(10)　「妥当な考慮」と「有害な汚染」との関連を含め宇宙条約第9条の宇宙デブリへの適用をめぐる学説については次を参照。中村仁威『宇宙法の形成』（信山社，2023年）171-179頁。

宇宙活動の自由に課される制約の一つである。宇宙条約は，同条約当事国に「妥当な考慮」を払う義務を一律に課すことで，特定国による専断的な行為を抑止する。それにより，国家が互いに他国の活動を妨げることなく，宇宙活動の自由がはかられる。他国の宇宙活動を妨げないことが，宇宙条約当事国が宇宙活動を実施する際の大前提になっているのである。宇宙条約第9条の「妥当な考慮」は，国際公域たる宇宙空間の探査及び利用に際して，宇宙条約当事国の活動に一定の制約を課すことにより，無差別で平等な宇宙活動を担保する役割を担う。

　このことから宇宙条約上「妥当な考慮」は，条約当事国が同等に宇宙活動の自由を享受する際の要件ないし，宇宙活動の自由に内在する制約と位置づけられる。宇宙条約第9条の「妥当な考慮」は，自己抑制の発想の下に自国による活動の自由と他国の利益との均衡の上に成り立つ。換言すれば，宇宙条約第9条に定められた「妥当な考慮」は，同条約の当事国間による宇宙空間の探査及び利用の調整原理として作用するのである[11]。

Ⅲ　宇宙条約第9条の「妥当な考慮」をめぐる論点

1　「妥当な考慮」の可変性と利益衡量論

　「妥当な考慮」は，複数国間の活動調整を原理とするゆえ多分に相対的な性格をそなえる。宇宙条約第9条の「妥当な考慮」の内容は可変的であり，宇宙活動の性質や規模に応じて「妥当な考慮」を満たすための要件は異なる。

　一般に，特定国による宇宙活動の影響が重大で，かつ広範囲に及ぶ場合には，他の宇宙条約当事国の権利を著しく侵害することになる。そのため，「妥当な考慮」を満たすための要件は他の宇宙活動に比して厳しくなると想定し得る。特に一国の宇宙活動が，他国の人命や身体の安全に直接かかわる場合，「妥当な考慮」を満たすには高次の要件が宇宙活動の実施国に課されよう。民間事業者が宇宙活動に関与する場合には，非政府団体の活動までも含めた「妥当な考慮」を払う義務が宇宙活動の実施国に対して求められる。通信や放送，測位，計時，観測など高度な知見と技術を要する活動の場合には，「妥当な考慮」と

---

(11)　宇宙条約第9条の「妥当な考慮」に関して，公海秩序の観点から得られる示唆として次を参照。兼原敦子「公海制度の現代的意義」『法学教室』281号（2004年）17頁。

第Ⅰ部　宇宙法規範の発展

して求められる要件は優れて専門的になると推察される。

　これらの点を踏まえた上で考察を進めると，複数国間の活動調整（利益衡量）
に際しては，宇宙活動の実施国と活動による影響を受ける国の権利ないし利益
を対等に扱うのか。それとも，宇宙活動の実施国よりも，活動により影響を受
ける国の権利ないし利益を優先するのかが論点になり得る。宇宙条約が国際協
力を理念とする点に着目すれば，基本的に，いずれかの国家の権利ないし利益
を優先することなく，すべての国を対等に扱うのが条約の理念にかなう。原則
として，宇宙条約当事国間の権利ないし利益を対等に扱う立場は，主権国家間
の平等を基礎に置く国際法の根本的な考え方にも沿う。

2　海洋法上の「妥当な考慮」の検討

　宇宙条約第9条の「妥当な考慮」の内容は同語が扱われる文脈によって異
なり，定義に馴染まない。そこで，「妥当な考慮」の内容を過去の事例から読
み解くのが，同語の具体化に向けた一つの方法になる。海洋法分野の国際裁判
では，「妥当な考慮」は普遍的な内容をもたないとしながらも，すでに同語の
適用条件等を抽出する試みがなされている。

　フィリピンは，宇宙条約第9条の「妥当な考慮」義務の内容を明らかにす
る際に，海洋法の法理が参考になるとして，同語（妥当な考慮）に概ね次のよ
うな考察を加えた。

　第1に，「妥当な考慮」義務は，国家の行動を包括的に制限するもの（a
blanket limit）ではない。当該義務は，国家に対して，単に他国の権利に留意す
るよう求め，みずからが望む行動を許すものでもない。「妥当な考慮」は，次
の事項に依拠して適用される。

　1) 関連する権利及び義務の性質，並びに当該権利及び義務の重要性
　2) 予期される侵害の程度
　3) 想定される活動の性質及び重要性，並びに，
　4) 代替手段をとり得るのか。

　第2に，大抵の場合，「妥当な考慮」義務は，信義則に基づく協議を伴い，
協議のための方途を尽くすことを求め得る。宇宙条約第9条が規定する協議は，
主に次の点を踏まえた，権利と利益の均衡を含む（conscious balancing…includ-
ing）。

　1) 他の当事者の反応に関する広範な気配り（extensive concern）

2) 妥協案及び確証を提供する意思，並びに，

3) 提案された活動に関する他の当事者の関心（concerns）への理解。

第3に，「妥当な考慮」義務は，国家に，自国民及び船舶の行動に対して，それら自国民及び船舶の行動が他国の権利及び利益を害することがないよう確保する，「相当の注意」義務（due diligence obligation）を課す。

なお，フィリピンは，宇宙空間の文脈において，権利と利益の均衡は2局面，すなわち，第1に宇宙活動国間，そして第2に宇宙活動国と国際社会との間の2種の次元を伴うと述べた[12]。

3　他の国際法分野との関係

宇宙条約第9条の「妥当な考慮」の内容について，海洋法を主として他の国際法分野を参考にする立場がみられる。その背景には，宇宙法に比して，海洋法を始め他の国際法分野は「妥当な考慮」についての議論を蓄積していることが控えている。「妥当な考慮」については環境法分野の議論を参考にした考察も進んでいる。

諸学者が説いたとおり，国際法は多年にわたる国家間交渉や国家実践のなかで形成された歴史的な所産である。そのため，実践や議論が蓄積された他の国際法分野を先行例として参照するのは有益であり，かつ法体系を安定的に維持する上で必要であろう。同じ国際法のなかで同一の用語が用いられている以上，用語の意味に大きな差が生ずるのは望ましくない。なぜなら，同一の用語が活動分野に応じて異なる意味をもてば，国際法の体系性を損ない国家間活動が不安定になるおそれがあるからである。

とはいえ，同一の法体系のなかにあっても規律対象となる活動や空間の性質は，分野に応じて異なる。ゆえに，他の国際法分野の議論を参照するにしても，他分野の用語の意味を引用するには慎重でなければならない。特に環境法上の諸原則は，地球上での人類の活動を主に対象にしており，宇宙空間での人類の活動を基本的に想定していないと解される。少なくとも，環境法上の諸原則は，現在のような宇宙活動の急速な活発化による人類の活動への影響を想定して作成されているとは言い難い。

確かに社会発展との兼ね合いを見極めつつ，人為的介入のないありのままの

---

(12)　A/AC.294/2022/WP.12 (2022).

第 I 部　宇宙法規範の発展

姿（自然）を長期にわたり維持し後世に残す視点は，環境法のみならず宇宙法でも不可欠となっているのは疑いない。だが，環境法と宇宙法は，人類の活動空間として異なる前提の下で規律を形成している点は踏まえておくべきであろう。環境法は人類を含む生物の生存圏ないし生態・気候系の維持を基本とする。かたや宇宙法は，概して地上の生物が生存し得ない厳しい空間での人類の活動範囲の拡大を一つの出発点とする[13]。

　環境法の議論を宇宙法に採り入れる際には，宇宙活動や宇宙空間の特性を踏まえた分析が必要である。環境法分野の条約解釈に際して，条文で用いられた用語の「通常の意味」に国家による宇宙空間の探査及び利用を読み込む場合，なぜ宇宙活動も含むと解釈できるのかについて合理的な説明が求められる[14]。

IV　宇宙条約第9条の「妥当な考慮」の具体化に向けた検討

1　非拘束的文書との関連

　宇宙条約は，同条約の当事国が「妥当な考慮」を払ったのか否かを判断する際の明確な指針を欠く。そこで，宇宙条約上の協力及び相互援助の原則に従って作成されるガイドライン等による「妥当な考慮」義務の具体化に向けた検討が，国内外で進んでいる。

　国際的な指針となるのが，国連宇宙空間平和利用委員会（COPUOS）の宇宙デブリ低減ガイドラインや宇宙活動長期持続可能性（LTS）ガイドライン，国際標準化機構（ISO）の規格類などである。アルテミス合意や各国内法令なども「妥当な考慮」を判断する際の参考になると考えられている。

　国際的な指針のうち，ISO の規格類は，宇宙デブリ低減ガイドラインやLTS ガイドラインに比して詳細な内容を含む技術文書である。かたや，国連

---

(13)　杉原高嶺『国際法学講義〔第2版〕』（有斐閣，2013年）ii，369頁。

(14)　A/AC.105/C.2/2024/CRP.28（16 April 2024）. 堀口健夫「宇宙空間におけるスペースデブリによる損害の未然防止と国際環境法」岩沢雄司＝森川幸一＝森肇志＝西村弓編著『国際法のダイナミズム ―― 小寺彰先生追悼論文集』（有斐閣，2019年）457-483頁。国連軍縮研究所（UNIDIR）は，2022年2月3日付の作業文書（A/AC.294/2022/WP.1）と2022年9月12日付の作業文書（A/AC.294/2022/WP.16）で宇宙条約第9条を考察した。国際宇宙法学会（IISL）は，2024年のCOPUOS法律小委員会で文書を示し，大規模衛星網が天体観測に与える影響などについて宇宙法上の論点を提起した。IISL が COPUOS で示した同文書は，環境法の諸原則を宇宙法に援用する際の合理的な説明を試みたものと位置づけられる。

4 宇宙条約第9条の「妥当な考慮」(due regard) の分析

が作成した宇宙デブリ低減ガイドラインやLTSガイドラインなどは，主要な宇宙活動国を始め多くの国が受け入れやすい内容になるよう一定程度普遍化した上で，事例を集積している。各国内法令は，ISOや国連作成のガイドラインなどを，国内事情にあわせて内容を調整し採り入れている。

学説では，宇宙条約第9条の「妥当な考慮」と各種ガイドラインを関連づける立場がみられる。学説に従い「妥当な考慮」義務と各種ガイドラインを結びつけ，ガイドラインに反する行為が同条の「妥当な考慮」義務違反になると解すれば，事実上，ガイドラインが法的拘束力をもつとみることはできよう。ただし，宇宙デブリ低減ガイドラインの違反をもって，宇宙条約第9条の「妥当な考慮」義務違反を構成するとした国家実行は現状では見当たらない。

ガイドラインはあくまで指針であり，指針に反する行為が直ちに「妥当な考慮」義務違反を構成するわけではない。宇宙デブリ低減ガイドラインやLTSガイドラインは法的拘束力をもたず，条約義務違反を判断する際の検討事項の一部にとどまる。ガイドラインが法的拘束力をもつのは，各国がガイドラインを国内法として受け入れた場合などである。国連などが作成したガイドラインを国内法に採り入れることで，ガイドラインが各国内法上の拘束力をもつことはあり得る。

日本は，宇宙デブリの除去や燃料補給などの軌道上サービスに共通して適用する衛星管理の許可条件として，独自の宇宙交通管理（STM）ルール（軌道上サービスを実施する人工衛星の管理に係る許可に関するガイドライン）を2021年に制定した。更に，軌道上サービスルールの英語版公開により，日本の宇宙活動は，他の宇宙物体に危険を及ぼすものではなく，政府の監督が適切になされることを示したとされる。本ガイドラインは，国連や国際機関間宇宙デブリ調整委員会（IADC）ガイドラインの不完全な部分を日本独自の安全基準で補完するものであり，「STMのための模範的な国家実行例」と評価されている[15]。

なお，アルテミス合意は，米国側を一方の署名相手とする政治宣言であり，アルテミス計画を念頭に，宇宙空間の探査及び利用を行う際の諸原則について各国の共通認識を示す。したがって，アルテミス合意は，宇宙条約の具体的な実施を見据えた文書とはいえ，国際法上の権利及び義務を生じさせない。アルテミス合意の内容に法的拘束力を付与する場合は，同合意に法的拘束力を与え

---

(15) 青木・前掲注(7)55頁。

第Ⅰ部　宇宙法規範の発展

る旨の文書を国家間で個別に作成する必要がある。

2　「妥当な考慮」義務違反に対する救済措置

　「妥当な考慮」が宇宙条約上の義務であるとすれば，同条約の当事国は「妥当な考慮」を払わなければ，義務違反を問われる。とはいえ，宇宙条約第9条は，どこまでが「妥当」なのかを明記していない。妥当性の基準は事案に応じて異なる。

　もとより，完全ではなくても「妥当な考慮」を払った上で生じた損害まで宇宙条約当事国は責任を基本的に負うことはない。なぜなら，宇宙活動は高度な危険性を内包する以上，たとえ適法な行為であったとしても，他国の利益を侵害する事態は一定程度起こり得るとの想定を宇宙活動国が共有していると考えられるからである。宇宙活動は高度な危険を伴うため，危険は完全に払拭し得ないとの発想が，「妥当な考慮」の背景に控えている。

　では，宇宙活動実施国による宇宙条約第9条の「妥当な考慮」義務違反に対して，いかなる救済措置が被害国になされるのか。宇宙条約は，第9条の「妥当な考慮」義務違反に対する被害国への救済措置を明記していない。国際法の議論では，一般に，権利侵害に対する救済として，被害国は加害国に，違法行為継続中は当該行為の是正ないし中止を，違法行為終了後は原状回復や金銭賠償，再発防止を求めるとされる。

　海洋法分野の学説をみると「妥当な考慮」は，協力義務の一形態であり，実施行為に対する結果ではなく当該行為に対する義務を指す旨の立場がみられる。学説上，協力義務は，条約義務違反に対する制裁よりも遵守の促進を重視するものと考えられている。

　海洋法と同様に宇宙条約第9条の「妥当な考慮」は，国際協力の理念の下で，結果ではなく行為に対する義務を意味するといえよう。とすれば，宇宙条約第9条の「妥当な考慮」義務は基本的に海洋法と同様の発想の下での対応になる。海洋法上，「妥当な考慮」義務に対しては裁判所による違反の認定や，加害国が被害国に対して，みずからの意思を伝え理解を得るなどの対応が想定される。

　一般に，加害国が被害国からの要請に応じるのか否かは，加害国に委ねられる（宇宙条約第9条の「妥当な考慮」義務違反に対する救済措置の実施は第三者機関による強制力を欠く）。もっとも，宇宙条約の理念である国際協力の観点から，加害国は，国連での議論を始めとする国際社会の反応等を踏まえて被害国の要

請に応じるのが基本と解される。

3 協議との関連

宇宙条約第9条は協議に触れているが，協議の具体的な内容を記していない。同条（宇宙条約第9条）は「妥当な考慮」と協議との関連も明らかにしていない。すなわち，協議が「妥当な考慮」義務の要件であるのか否かは，宇宙条約は明記していないのである。

とはいえ，宇宙条約の当事国が宇宙活動を実施した際に「妥当な考慮」義務を果たしたのか否かを判断するには一定の情報が不可欠になる。「妥当な考慮」は，他国の状況把握なくしては機能し得ず，利害関係把握の観点から協議を不可欠とするとの見方は成り立つ。

一般に協議は自国の状況を他国に伝え，他国から情報を取得し相手国との利害関係を把握することを趣旨とする。宇宙条約でも，協議は他国との情報交換を通じた利害関係の把握を趣旨とすると解されよう。宇宙条約第9条は，「条約の当事国は，自国又は自国民によって計画された……宇宙空間における活動又は実験が……他の当事国の活動に潜在的に有害な干渉を及ぼすおそれがあると信ずる理由があるときは（If a state party to the treaty has reason to believe），その活動又は実験が行なわれる前に，適当な国際的協議を行なうものとする」と定めている。宇宙条約第9条は，協議の実施につき理由を求めているとはいえ，主観を表す「信ずる」（believe）を用いている。このことから，宇宙条約第9条における協議の実施は，同条約当事国の主観によって判断される。

宇宙条約第9条は，協議要請を受けた国が協議を拒否した場合や協議が不調に終わった際などの具体的な手続を定めていない。そのため，宇宙条約の当事国間で懸案事項について協議する場合でも，協議において具体的な合意や和解まで条約上の義務としては求められない。とはいえ，協議はたんに形式的に行えばよいものではなく，また，協議は，協議要請を受けた国に，協議要請国の宇宙活動の実施に対しての拒否権を与えるものでもない。

お わ り に

宇宙条約第9条の「妥当な考慮」は，概ね次のように整理し得る。
第1に，宇宙条約第9条の「妥当な考慮」は自己抑制機能をもち，同条約

第Ⅰ部　宇宙法規範の発展

第1条の宇宙活動自由の原則に内在する制約と位置づけられる。「妥当な考慮」は，国際公域たる宇宙空間の探査及び利用に際して，宇宙条約当事国の活動に一定の制約を課す。これにより，宇宙条約第9条の「妥当な考慮」は無差別で平等な宇宙活動を担保する役割を担う。

　第2に，宇宙条約第9条の「妥当な考慮」は，自己抑制の発想の下に自国による活動の自由と他国の利益との均衡の上に成り立つ。宇宙条約第9条の「妥当な考慮」は，同条約の当事国間による宇宙空間の探査及び利用の調整原理として作用する。利益衡量に際しては，宇宙条約が国際協力を原則とする点に着目すれば，基本的に，いずれかの国家の権利ないし利益を優先することなく，対等に扱うのが同条約の理念にかなう。

　第3に，宇宙条約第9条の「妥当な考慮」の内容は可変的である。「妥当な考慮」は定義に馴染まず，同語が扱われる文脈によって決まる。他者との関係により，自己の活動の幅が定まる点で，「妥当な考慮」は優れて相対的な性格をそなえている。どの程度の考慮が必要になるのかは，行為による被害の重大性や影響の及ぶ範囲などが一定の基準になる。「妥当な考慮」義務は，宇宙条約上の協力及び相互援助の原則に従って作成されるガイドライン等によって具体化され実施される。

　本稿は宇宙条約第9条の「妥当な考慮」の具体化として，他の国際法分野の議論，非拘束的文書に検討を加えた。宇宙条約第9条の「妥当な考慮」に関する国家実行，非拘束的文書，及び各国内法令等の収集分析は十分ではない。宇宙諸条約や非拘束的文書の活用いかんを含め，「妥当な考慮」で，宇宙条約の当事国がどこまで直面する課題に対処し得るのか。宇宙活動から最大限の利益を得るためには，どこまでの活動が宇宙条約上許されるのか。既存の国家実行等の丹念な分析により，これを明らかにすることが，宇宙条約第9条の「妥当な考慮」をめぐる今後の課題である。

〔付記〕本稿の議論は，本稿執筆者個人の見解であって，本稿執筆者が過去に所属した組織や現在所属する組織等の立場を示すものではない。

5 宇宙資源の所有権に関する理論的課題
—— 宇宙資源法5条に着目した検討

武 藤 義 行[1]

〈要　旨〉

　我が国において制定された宇宙資源の探査及び開発に関する事業活動の促進に関する法律（以下本文を含め「本法」という。）は，宇宙資源の探査及び開発を宇宙活動法の許可の特例とし，宇宙資源の所有権の取得要件を定める。本法の制定により，宇宙資源に関する議論について我が国として一定の結論を得たものの，所有権の取得権原，管轄権及び準拠法の考え方は必ずしも明確ではない。本稿は，国際法上の議論の発展に照らした所有権取得の権原の解釈の一案を示すとともに，管轄権及び準拠法につき議論の余地が残ることを指摘する。宇宙空間における経済活動の法的安定性を実現し，私法の領域において宇宙条約の理念を実現するため，国連COPUOS法律小委員会での議論を通じて適切な宇宙資源開発の在り方が明らかにされるとともに，同様の国内法を有する国家が相互に国際法との整合性と権利の正当性を承認することで所有権が保障される基盤を構築することが望まれる。

は じ め に

　我が国において2021年12月23日に施行された本法は，私人による宇宙資源の探査及び開発に関する許可制度を定める国内法であり，宇宙資源活動を規律する国内法としては，米国，ルクセンブルク及びUAEに次いで世界で4番目の立法例である。本法は，1条に記載のとおり産業振興を目的としつつ，宇宙資源の探査及び開発を許可制にする規制法である。規制法でありながら産業振興の役割が期待されているのは，商業的に行われる宇宙資源の探査及び開発と宇宙資源の所有権取得の可否が明確でないという法的環境に起因する。本法は，産業振興と同時に「宇宙の開発及び利用に関する諸条約……の的確かつ円滑な実施を図」ることも目的に掲げ，施行にあたって「国際約束の誠実な履行を妨げることがないよう留意しなければならない」としているため（本法6条1項），宇宙条約と整合することが前提とされている。したがって，本法は，許可を受けることで資源の探査及び開発の宇宙条約への整合について我が国の

（1）　本稿は全て筆者の個人的見解であり，所属する組織等の見解を示すものではない。

第 I 部　宇宙法規範の発展

確認を得られることが本質的に重要である[2]。本稿は，まず本法の概要を確認したうえで，主に宇宙資源の所有権に着目した法的課題を識別し，検討を行う。

I　本法の制度概要

1　許可の構造

　本法は，本則 8 条から構成される比較的短い法律である。「月その他の天体を含む宇宙空間に存在する水，鉱物その他の天然資源」を「宇宙資源」（本法 2 条 1 号），「採掘等……に資する宇宙資源の存在状況の調査」と「宇宙資源の採掘等及びこれに付随する加工，保管その他内閣府令で定める行為」を「宇宙資源の探査及び開発」と定義する（本法 2 条 2 号）。ここでいう「天然資源」とは，固体・液体・気体を含む有体物を意味し，具体的には月面上の微小粒子であるレゴリスなどが想定されている[3]。

　「宇宙資源の探査及び開発」を人工衛星の「利用の目的」として，宇宙活動法 20 条 1 項の許可を受けようとする場合には，所定の事業活動計画を併せて記載しなければならないとし（本法 3 条 1 項），人工衛星の管理に係る宇宙活動法の許可の特例を定める。ここでいう「宇宙資源の探査及び開発」は，「専ら科学的調査として又は科学的調査のために行うもの」を除外しているため（本法 2 条 2 号括弧書き），この目的に基づく活動は本法の許可の対象外となる。なお，「科学的調査」の定義は存在しない。

　事業活動計画には，事業活動の目的，事業活動の期間，宇宙資源の探査及び開発を行おうとする場所，探査及び開発の方法，そのほかの事業活動の内容並びに資金計画及び実施体制を記載しなければならない（本法 3 条 1 項各号，本法施行規則 3 条 2 項）。本法及び宇宙活動法にいう「人工衛星」には，軌道を周回する人工衛星のみならず，「地球以外の天体上に配置して使用する人工の物体」も含まれるため（宇宙活動法 2 条 2 号），例えば天体上で稼働するローバによる宇宙資源の探査及び開発も許可対象となる。

（2）　中村仁威『宇宙法の形成』（信山社，2023 年）51 頁は，本法について，国家実行として宇宙資源の所有権取得が許容される旨の解釈を明確化する効果があると評価する。
（3）　小林鷹之・大野敬太郎『宇宙ビジネス新時代！解説「宇宙資源法」』（第一法規，2022 年）200 頁。

2 許可基準と公表

内閣総理大臣は，宇宙資源の探査及び開発の許可の申請が，宇宙活動法 22 条各号に掲げるもののほか，①事業活動計画が宇宙基本法の基本理念に則したものであり，かつ宇宙開発の利用に関する諸条約の的確かつ円滑な実施及び公共の安全の確保に支障を及ぼすおそれがないものであること，②申請者が事業活動計画を実行する十分な能力を有することのいずれにも適合していると認めるときでなければ，許可をしてはならない（本法 3 条 2 項）。ここでいう「宇宙開発の探査及び利用に関する諸条約」は，国連で採択された宇宙 5 条約のうち，我が国が批准する宇宙条約，救助返還協定，損害責任条約及び宇宙物体登録条約を指し（宇宙活動法 2 条 1 項），我が国が批准していない月協定を含まない。

内閣総理大臣は，「宇宙資源の探査及び開発の許可等をしたとき」は，その旨，許可等を受けた者の氏名又は名称，事業活動計画に記載する事項（本法 3 条 1 項 6 号を除く。）等をインターネットの利用その他適切な方法により，遅滞なく公表する（本法 4 条）。但し，公表することにより，当該宇宙資源の探査及び開発の許可等を受けて宇宙資源の探査及び開発に関する事業活動を行う者の当該事業活動に係る利益が不当に害されるおそれがある場合として内閣府令で定める場合は，その全部又は一部を公表しないことができる（本法 4 条但書き）。

3 宇宙資源の所有権取得の要件と効果

宇宙資源の探査及び開発に関する事業活動を行う者が，宇宙資源の探査及び開発の許可等を受けた事業活動計画に従って採掘等をした宇宙資源については，当該採掘等をした者が所有の意思をもって占有することによって，その所有権を取得する（本法 5 条）。

4 国際約束の誠実な履行

本法は，施行にあたり国際約束の誠実な履行を妨げることがないよう留意することを求め（本法 6 条 1 項），また他国の利益を不当に害するものではないとして（本法 6 条 2 項），宇宙諸条約を遵守することとしている。また，国際的な制度の構築及び連携の確保（本法 7 条）を明記し，国際的な制度構築を課題として認識しつつその構築の必要性を強調する。このほか，技術的助言等に係る条項（本法 8 条）が設けられている。

第 I 部　宇宙法規範の発展

5　検討すべき法的課題

本法に基づく許可制度を運用するにあたっては宇宙条約と整合する具体的な許可基準が課題となるが，本稿においては，本法 5 条が所有権の取得を認めていることをふまえ，以下のとおり所有権に着目した法的課題を検討する。

(a) 本法 5 条による宇宙資源の所有権取得の権原は，必ずしも明らかでない。その要件に照らすと，無主物先占の法理に基づくようにも考えられるが，そもそも宇宙資源は「無主物」にあたるか。宇宙資源をめぐる国際法上の議論に立ち戻り検討する必要がある。

(b) 我が国の国内法に過ぎない本法が，宇宙空間に存在する宇宙資源の所有権を付与する根拠も明らかでない。国際法の観点からは宇宙資源に我が国の管轄権が及ぶことを確認する必要があり，国際私法の観点からは準拠法の決定方法を確認する必要がある。

(c) 管轄権及び準拠法について議論の余地が残るとき，いかにして宇宙資源の所有権を保護できるかが問題となる。

II　宇宙資源開発をめぐる国際的な議論の発展

近年における宇宙資源開発に関する国際的な議論は，米国が 2015 年に制定した商業打上げ競争力法に端を発する。同法 51303 条は，米国の国際的義務を含む適用法に従って取得した宇宙資源に対する占有，所有，輸送，使用及び売却について米国市民の権利を認める。国連 COPUOS 法律小委員会や学会においても，同法を契機として宇宙資源に関する議論が活性化することとなった。その議論には，明示的な禁止規範が存在しないことを強調するアプローチ（以下「欠缺アプローチ」という。）から宇宙条約の解釈の精緻化を試みるアプローチ（以下「解釈アプローチ」という。）への発展を見て取ることができる。宇宙資源に関しては，多数の論文が公表されているが，本稿は主に国際宇宙法学会（IISL）が公表した文書に現れる議論を敷衍して検討する。

1　IISL のポジション・ペーパー

欠缺アプローチをとるものとして，IISL による 2015 年 12 月付「宇宙資源採掘に関するポジション・ペーパー」が挙げられる[4]。同書は，宇宙条約 2 条が宇宙空間のみならず宇宙資源の取得を禁止しているか明らかでないこと，

米国が月協定の非当事国であり，また月協定 11 条が国際慣習法化していない
ため米国に適用されないことを指摘しつつ，宇宙資源の取得に関する明確な禁
止規範がないことを考慮して宇宙資源の「利用」が認められていると結論付け，
米国の立法を宇宙条約の可能な解釈であるとした。そのうえで，この法的状況
が満足のいくものであるかどうかを未解決の問題とし，米国の解釈に他国が追
随するかどうかが領有禁止原則の理解と発展の中心になるであろうと指摘する。

　言及こそないものの，明示的な禁止規範がないことを強調する背景には，公
海上の異国籍船舶の衝突事件（ローチュス号事件）における常設国際司法裁判
所の 1927 年の判決において示された主権の残余原理があるものと思われる。
主権の残余原理とは，法の欠缺を補充する考え方として，禁止規範がなければ
国家は自由に管轄権を行使できるとするものである。しかし，国際法の学説と
して一般的に支持されている考え方ではなく，また当該原理が問題となった国
際司法裁判所の後の事件において認められていないという指摘がある[5]。宇
宙法の文脈においても禁止規範がないことのみを根拠とすることには疑問が呈
されている[6]。

2　IISL のバックグラウンド・ペーパー

　解釈アプローチをとるものとして，同じく IISL による 2016 年のバックグ
ラウンド・ペーパーがある[7]。同書において，イルムガルド・マルボエ
（Irmgard Marboe）らは，宇宙条約についてウィーン条約法条約（以下「VCLT」
という。）31 条から 33 条に基づく体系的な解釈を行うこととし[8]，宇宙条約

（4）　IISL, "POSITION PAPER ON SPACE RESOURCE MINING," (2015).
（5）　江藤淳一「法の欠缺補充 ── 裁判官による法の創造とは違うのか」『サブテクスト国
　　際法 ── 教科書の一歩先へ』（日本評論社，2020 年）46-47 頁。
（6）　例えば，西村高等法務研究所「宇宙資源開発に関する法研究会報告書」（2016 年）8
　　頁は，主権の残余原理を指摘しつつ，1996 年の核兵器事件の勧告的意見の存在に言及し，
　　関連する国際法上の規則を確認する作業を行う必要があると指摘する。また，Ram Jakhu,
　　"LEGAL ISSUES RELATING TO THE GLOBAL PUBLIC INTEREST IN OUTER
　　SPACE," *JOURNAL OF SPACE LAW*, VOL32, (2006), pp.41-43 は，宇宙法において当該
　　原理を適用することができないと指摘する。
（7）　IISL Directorate of Studies, "Background Paper DOES INTERNATIONAL SPACE
　　LAW EITHER PERMIT OR PROHIBIT THE TAKING OF RESOURCES IN OUTER
　　SPACE AND ON CELESTIAL BODIES, AND HOW IS THIS RELEVANT FOR NATION-
　　AL ACTORS? WHAT IS THE CONTEXT, AND WHAT ARE THE CONTOURS AND
　　LIMITS OF THIS PERMISSION OR PROHIBITION?," (2016).

第Ⅰ部　宇宙法規範の発展

の目的を前文から分析し，1条の宇宙活動の自由，2条の領有禁止原則，9条
の妥当な考慮等が法的枠組みの一部を構成していると分析し，宇宙活動の自由
には「商業的利用」が含まれることを指摘し，1条の「すべての国の利益のた
めに……行われる」とする文言の意味について，宇宙条約9条に規定されて
いるとおり，他国の利益に妥当な考慮をはかり，有害な干渉を避け，環境に配
慮すべきという結論を導く可能性が高いとする。そのうえで，宇宙資源の「利
用」は，条約の他の義務が満たされる限り，明示的に禁止されないとする[9]。

　スティーブン・フリーランド（Steven Freeland）は，「後に生じた慣行」と題
する章において，月協定と国連海洋法条約を取り上げる。ここでは国際レジー
ムの在り方に係る検討が行われ，宇宙条約2条との関係では月協定の目的が
最終的に国際レジームの確立を通じて月の天然資源の開発を促進することを確
認したうえで，月協定11条2項が領有禁止原則を繰り返していることを指摘
し，これが月やその他の天体における天然資源の開発を制限するものではなく，
その資源を「本来の場所」から持ち出すことができるとしている点が注目に値
する[10]。

　同文書の代表責任者であるステファン・ホーベ（Stephan Hobe）は，まとめ
として，宇宙資源の採掘それ自体は禁止されているものではなく，宇宙条約1
条2文に規定される宇宙活動の自由の原則の「利用」に含まれるとし，この
ような宇宙空間の利用は全人類の利益のためでなければならず，4条及び9条
によって軍事利用及び環境への配慮に関する規定に適合したものでなければな
らないとしつつ，宇宙活動を規律する法的枠組みは，適切な国際法秩序におい
て多国間で形成される宇宙条約に定められた条件のもとで行われることを要求
しているとする[11]。

3　管轄権に関する指摘

　バックグラウンド・ペーパーは，宇宙資源の開発が禁止されていないと結論
付けるが，ある国家の国内法により宇宙資源の所有権を認めることができると

（8）　VCLT31条から33条は慣習国際法を反映していると国際司法裁判所において評価さ
　　れている。岩沢雄司『国際法（第2版）』（東京大学出版会，2023年）104頁。
（9）　IISL, *supra* note（7）, pp. 25-35.
（10）　*Ibid.*, p. 37.
（11）　*Ibid.*, pp. 41-42.

70

明確に論じているわけではない。

同書を取りまとめたホーベは，フィリップ・デ・マン（Philip de Man）とともに，2017年に公表した論文において[12]，国際法に特定の根拠が存在する場合にのみ管轄権を行使できるという理解のもと，宇宙条約2条が宇宙空間における属地主義に基づく管轄権の行使を排除していること，属人主義に基づく管轄権がどの国の領域主権も及ばない領域において自国民に適用される法律を決定できることを意味するものであって，ある国家が自国民の活動を行う環境に関する他者の行為や環境の地位を規制できるものではないと指摘し[13]，天体を含む宇宙空間の資源開発に関する明確な拘束力のある規則の制定は国際社会に委ねられているとして，国家は宇宙資源について所有権を認める国内法を制定する管轄権を持たず，そのような立法を闇雲な試みであると批判する[14]。この指摘は，バックグラウンド・ペーパーの結論を，宇宙資源の所有権と管轄権に着目して独自に敷衍するものと思われる。

4　分析と検討

(1) 分　析

以上のとおり，宇宙条約が宇宙資源の開発について明示的には言及していないという共通の前提のもと，欠缺アプローチから解釈アプローチへの発展を確認することができる。両者の根本的な差異は，禁止規範の検討のみに依拠せず，宇宙条約の体系的解釈を通じた許容規範の検討を必要とするかという点にある。本稿における検討課題である宇宙資源の所有権との関係で注目したいのは，①天体を含む宇宙空間と宇宙資源を区別する基準としての分離[15]を宇宙条約の中で論じるかという点と，②分離された宇宙資源の所有権を基礎付ける管轄権の根拠を宇宙条約に求めるかという点において生じる差異である。

(2) 宇宙空間と宇宙資源の分離

宇宙資源は，その物理的な特性のみに着目したときに天体を含む宇宙空間

---

(12)　Stephan Hobe and Philip de Man, "National Appropriation of Outer Space and State Jurisdiction to Regulate the Exploitation, Exploration and Utilization of Space Resources.," *ZLW,* Jg. 3 66, (2017)

(13)　*Ibid.*, p. 468.

(14)　*Ibid.*, p. 475.

(15)　英文で比較的用いられる extraction という用語に対応し，「抽出」や「採取」と表記することもできるが，本稿では「分離」と表記する。

第 I 部　宇宙法規範の発展

（以下単に「宇宙空間」という。）そのものと区別することが困難であるという指摘がある[16]。そもそも宇宙資源という用語自体に国際的に統一的な定義が存在しないが，本法を含めた国内立法の例を見ると，非生物資源への限定の差異はあれど，少なくとも鉱物や水資源を念頭に広く有体物が含まれると考えられる。そのため，宇宙資源は，領有禁止原則の及ぶ宇宙空間の一部を構成するものの，分離することによって初めて宇宙空間と区別され利用され得ることになる。

　ポジション・ペーパーは，宇宙資源を採取して使用する行為が宇宙条約1条に定められた宇宙空間の「利用」にあたるかについて国際的な合意がないと論じていることから[17]，宇宙資源の宇宙空間からの分離と分離された宇宙資源の利用について法の欠缺があると捉え，主権の残余原理の考え方に基づいて国家の自由が認められると論じているものと思われる[18]。しかし，宇宙空間から宇宙資源を分離する行為については宇宙条約1条に定められた「宇宙空間」の「利用」として論じる必要があるという指摘がある[19]。

　バックグラウンド・ペーパーは，宇宙資源の採掘それ自体が禁止されているものではないとしつつも，宇宙条約1条2文に規定される宇宙活動自由の原則にいう「利用」に含まれるとし，このような宇宙空間の利用は全人類の利益のためでなければならず，4条及び9条によって軍事利用及び環境への配慮に関する規定に適合したものでなければならないとしている[20]。そして，宇宙条約2条との関係では，VCLT31条3項(b)に対応する「後に生じた慣行」の項目において月協定11条3項に言及することで[21]，適法に分離された宇宙資源には領有禁止原則が及ばないとする解釈[22]を指摘しているものと思われ

---

(16)　Philip de Man, *Exclusive Use in an Inclusive Environment, Space Regulations Library*, Vol 9., (Springer, 2016). p. 138. 例えば，小惑星が消滅するまで宇宙資源を完全に分離した場合には，天体の取得に当たるという指摘もあり得よう。

(17)　IISL, *supra* note (4), p. 2.

(18)　同書の検討対象である米国法が米国市民に対して権利を認めているのは「米国の国際的義務を含む適用法に従って取得された」宇宙資源であり，同書も無制約の自由であるとはしていない可能性もあるが，明確ではない。

(19)　Stephan Hobe and Philip de Man, *supra* note (12), p. 462

(20)　IISL, *supra* note (7), p. 41.

(21)　月協定11条3項の「本来の場所にある天然資源」には，一度所有に帰した天然資源が含まれないという指摘がある。S. Neil Hosenball, "The United Nations Committee on the Peaceful Uses of Outer Space past : Past Accomplishments and Future Challenges," *JOURNAL OF SPACE LAW*, Vol. 7, No. 2, (1979), p. 103.

る[23]。このことから，バックグラウンド・ペーパーは，解釈アプローチに立ち，領有禁止原則の及ぶ宇宙空間から宇宙資源を分離する行為が宇宙条約1条2文にいう宇宙空間の「利用」に位置付けられることを明らかにし，宇宙条約の関連する規定に従う必要があることを明らかにしたと評価できる。

(3) 宇宙資源の所有権を基礎付ける管轄権

次に管轄権について検討する。管轄権とは，「人若しくは財産又は行為に対して適用する法を制定する国家の権限」を意味する。慣習国際法上，国家は，属地主義，効果主義，属人主義，受動的属人主義，保護主義，普遍主義の観点から，真正な連関を有するときに管轄権を及ぼすことができると指摘されている[24]。他方，宇宙条約は，国家に対し，宇宙空間においては属地主義に基づく管轄権を行使することを禁じ（宇宙条約2条）[25]，宇宙物体の登録国の打ち上げた「物体及びその乗員」に対する管轄権の行使を認める（宇宙条約8条）。

所有権という概念は，抽象的には人の物に対する支配を意味するが，現実的には物を媒介として人と人との関係を規律することに本質があり[26]，ある物との関係に着目したときに所有者以外の者の自由を制限することを内容とする。したがって，所有権が存在するためには，所有者以外の者の自由を制限するための法が必要となり，その前提として国家の管轄権が及んでいる必要がある[27]。

ホーベらの指摘[28]は，主権の残余原理によらないことを前提に，宇宙条約の予定する属人主義に基づく管轄権によっては所有者以外の者の自由を制限できず，したがって宇宙資源の所有権を裏付けることができないことを指摘する

---

(22) Steven Freeland and Ram Jakhu, "Article II," in Stephan Hobe, Bernhard Schmidt-Tedd and Kai-Uwe Schrogl, eds., *Cologne Commentary on Space Law: Volume 1, Outer Space Treaty* (Carl Heymanns Verlng, 2009), p. 59. これに対し，月協定を「後に生じた慣行」と評価することについては批判もある。なお，米国は，宇宙条約2条の領有禁止原則は天体の天然資源が「本来の場所」にある場合にのみ適用され，天体の表面又は地下の場所から分離された天然資源に対して国家または民間団体が行使する所有権を制限するものでなく，そのような分離は，宇宙条約1条により認められるとするが，月協定を根拠として挙げているわけではない。UN Doc. A/AC.105/C.2/2023/CRP.37 p. 1.

(23) IISL, *supra* note (7), p. 7, pp. 35-38, p. 42.

(24) 米国対外関係法第4次リステイトメント401条(a)。

(25) Bin Cheng, *Studies in International Space Law*, (Clarendon Press, 1997), p. 79.

(26) 川島武宜『所有権法の理論』（岩波書店，1949年）5-6頁。

(27) Kurt Anderson Baca, "Property Rights in Outer Space," *Journal of Air Law and Commerce*, Vol. 58, Issue 4, (1993), pp. 1048-1049.

(28) Stephan Hobe and Philip de Man, *supra* note (12), p. 468.

第 I 部　宇宙法規範の発展

ものと考えられる。最終的な規則の制定が国際社会に委ねられるとする結論には疑問があるが，指摘のとおり所有権を基礎付けるための管轄権を及ぼす根拠については検討を要する。

Ⅲ　所有権取得の権原

1　国際法との整合性に関する立法時の説明

　本法の法案を提出した国会議員は，宇宙条約では宇宙資源の所有について明示的な規定がないこと，禁止する規定も定められていないこと，広く宇宙活動の自由を認めている宇宙条約の趣旨に鑑みて，宇宙条約が許容する宇宙活動の範囲内であれば，天体から分離して取得した宇宙資源の所有は許容され得る旨を説明する[29]。明示的な禁止規範がないことのみに依拠せず，宇宙条約が許容する宇宙活動の範囲内に限定して分離して取得した宇宙資源の所有が許容されると説明されていることから，解釈アプローチの説明に親和性がある。以下において，アプローチに応じた本法の所有権取得の権原の差異を検討する。

2　欠缺アプローチに基づく場合

　ポジション・ペーパーの立場によれば，国家が自由に宇宙資源を宇宙空間から分離して使用できると理解することになるため，宇宙資源が宇宙空間から分離される前の時点で既に「無主物」として私的所有権の客体となることも否定されないと理解することに親和性がある。この場合に，本法 5 条に基づく所有権取得の権原を無主物先占の一種と理解することができる[30]。これは，漁業権に基づく水産資源の取得原因が無主物先占であると整理されていることと整合的である[31]。しかし，水産資源の場合，海と区別することが容易である点，再生可能性がある点，公海では漁獲の自由が国連海洋法条約 116 条で明示的に認められている点で宇宙資源とは前提が異なる。また，宇宙資源を無主物と

---

(29)　小林ほか・前掲注(3) 196-197 頁。なお，第 204 回国会衆議院内閣委員会第 31 号 2021 年 6 月 9 日における小林鷹之衆議院議員の発言では「分離」ではなく「採取」という用語が用いられたが同義と考えられる。

(30)　小塚荘一郎・佐藤雅彦編著『宇宙ビジネスのための宇宙法入門（第 3 版）』（有斐閣，2024 年）186 頁〔小塚荘一郎〕は，宇宙資源が埋蔵されている段階で無主物であるとする。

(31)　我妻榮『新訂物権法（民法講義 II）』（岩波書店，1983 年）299-300 頁。大審院第一刑事部大正 11 年 11 月 3 日判決刑事判例集 1 巻 10 号 628 頁。

整理すれば，我が国として他国の無秩序な宇宙資源開発を許容しかねない点で懸念が残る[32]。

3 解釈アプローチに基づく場合

　解釈アプローチのもと，宇宙空間から宇宙資源を分離する行為が宇宙条約1条2文にいう宇宙空間の「利用」にあたることを前提に宇宙条約の関連する規定に従う必要があるとする場合，宇宙資源は分離される前の時点では宇宙空間の一部を構成するため私的所有権の客体にならない。「無主物」とは私的所有権の客体となることを前提とする概念であるため，宇宙空間から分離されずに「本来の場所」に存在する未採掘の宇宙資源は「無主物」にもあたらない。この理解は，月協定11条3項が，いかなる自然人の所有にも帰属しないとしていることと整合する。そして，宇宙資源は宇宙空間から適法に分離されることが私的所有権の客体となるための要件となる。本法の場合，「宇宙資源の採掘，採取その他これに類するものとして内閣府令で定める活動等」である「採掘等」が分離に相当する行為となる。本法は，事業活動計画に示された開発が宇宙条約に適合することを許可制により担保し，当該事業活動計画に従い適法に「採掘等」が行われ宇宙空間から宇宙資源が分離された場合に限り，私的所有権の対象となる民法上の「物」としての宇宙資源の取得を認める構造であると理解できる。

　分離された時点で，独立した私的所有権の客体となるという理解は，鉱業法の仕組みに類似する[33]。鉱区外において分離された鉱物を無主の動産とする鉱業法8条2項を参照すれば分離された時点で無主物になるという考え方もあり得るかもしれないが，鉱業権が鉱区の果実である鉱物を収取する権利であると考えられていることを参考にしつつ[34]，本法5条が所有権取得の主体を「許可等に係る事業活動計画の定めるところに従って」「当該採掘等をした者」に限定していること，分離が宇宙条約1条2文の宇宙空間の「利用」として宇宙条約の関連する規定に従って行われるべきことに照らすと，その所有権取得の権原は，本法の許可による公法上の地位のもとで認められた宇宙空間の

---

(32)　小林ほか・前掲注(3) 195頁は，一部の国が先行者として無秩序な開発を行うことにより途上国などの利益が損なわれることは適切ではないと指摘する。

(33)　小塚ほか・前掲注(30) 186頁〔小塚荘一郎〕。

(34)　我妻栄・豊島陞『鉱業法（法律学全集51）（再版）』（有斐閣，1966年）12頁。

第Ⅰ部　宇宙法規範の発展

「利用」によって宇宙資源を果実として収取する権利に基づくと解釈すること
が妥当であると思われる（民法 89 条 1 項参照）。但し，この権利は，宇宙空間
の一部を構成している分離前の宇宙資源に対する支配権を何ら有しない点にお
いて，未採掘の鉱物の支配権を有する鉱業権とは異なる[35]。他の資源に関す
る収取権との比較でいえば，同様の果実の収取権であると分析されている海砂
の採取権に近い可能性がある[36]。この理解による場合，我が国として，一部
の国による無秩序な資源開発を許容しない立場[37]とも整合的であるように思
われる。

　なお，専ら科学的調査による宇宙資源の探査及び開発は，本法の規制の範囲
外であるから（本法 2 条 2 号括弧書き），この場合における宇宙資源の所有権取
得の帰趨は既存の法令の解釈に委ねられる。専ら科学的調査による場合を除外
しているのは，宇宙条約 1 条において科学的調査の自由に基づき宇宙資源の
取得が可能であるとともに，営利を目的としないため予見可能性を確保すべき
必要性が相対的に高くないという背景があるものと思われる。少なくとも，本
法は，専ら科学的調査の目的により，宇宙条約に適合する方法で宇宙空間から
分離した宇宙資源の所有権取得の可能性を否定していないはずであるが，その
所有権取得の権原については，疑問が残らないともいえない。

4　小　括

　本節においては，宇宙資源開発の適法性をめぐる国際法上の論証に応じ，宇
宙資源の所有権取得の権原について国内法上の異なる解釈が導かれる可能性が
あり，果実として宇宙資源を収取する権利に基づくことをひとつの解釈として
指摘した。

---

(35)　同上 12 頁。
(36)　中山充「資源は誰が所有するのか ── 海砂採取に関する民事法理論的検討」『香川法
　　学』第 22 巻（2003 年）14-17 頁は，海砂の採取業者が海の構成部分である海砂に対する
　　支配権を有していないが海砂を果実として収取する権利を取得すると分析する。
(37)　小林ほか・前掲注(3) 195 頁。

5　宇宙資源の所有権に関する理論的課題

Ⅳ　管轄権と準拠法

1　管轄権の検討

　宇宙資源の所有権を裏付ける管轄権の根拠は必ずしも明らかでない。しかし，本法が所有権の付与を人工衛星の管理の許可と関連付け，また人工衛星の管理を通じて宇宙資源を占有することが想定されていることをふまえると，特に登録された宇宙物体に及ぶ管轄権の性質を更に検証する必要があるように思われる。まず，宇宙条約8条2項が宇宙空間にある宇宙物体の所有権の存在を肯定していることに照らすと，宇宙条約の予定する管轄権では所有権の排他性を裏付けられないとする前提を疑うことができるかもしれない。また，登録された宇宙物体に及ぶ管轄権を準領域的管轄権と整理できる場合には，宇宙条約8条1項の限定的な表現に関わらず，人工衛星の管理を通じて占有する宇宙資源にも管轄権が及ぶ可能性を検討できる。船舶や航空機の場合，国籍の付与を通じた真正の連関の存在を前提に，船舶や航空機のみならず，そこにいる全ての人と物と内外を問わない活動に準領域的の管轄権が及ぶと考えられている[38]。仮に登録された宇宙物体に対して準領域的管轄権が及ぶなら，少なくとも，人工衛星の管理を通じて占有される，宇宙空間から分離された宇宙資源に対して国内法を及ぼす根拠の説明は容易である。宇宙条約に国籍付与の規定はなく直ちに同様の整理とできるかは明らかでないが，宇宙物体登録向上勧告に基づく実行をふまえると国籍が付与されるようになったと考える余地があるのではないかという青木節子の指摘が参照に値する[39]。

2　準拠法の検討

　国際私法の観点からは，準拠法の決定方法が問題となる。我が国の国際私法である法の適用に関する通則法（以下「通則法」という。）は，類型的な法律関係（以下「単位法律関係」という。）ごとに，特定の要素に応じて，類型的に最も密接に関係する国の法律（以下「最密接関係地法」という。）を準拠法として指定する。

---

(38)　Bin Cheng, *supra* note (25), pp. 76-78.
(39)　青木節子「宇宙物体の「国籍」」『国際法研究』9号（2021年）18-20頁。

77

第 I 部　宇宙法規範の発展

　単位法律関係のうち，物権の得喪については，通則法 13 条 2 項により「その原因となる事実が完成した当時におけるその目的物の所在地法による」と定められているが，宇宙空間には所在地法が存在しないため問題となる（宇宙条約 2 条）。この点につき，本法に基づく許可を受けた宇宙資源の採掘等であれば我が国の法が最密接関係地法となり，したがって我が国の法を適用し得るという説明がある[40]。結論はともかく，複数の国家の許可を受けた場合の解決基準が示されていない点で課題がある。私見としては，管轄権の議論を考慮すると人工衛星の登録国の公益により密接に関連すること，登録国を一国に特定できること（宇宙物体登録条約 2 条 2 項），第三者も国連登録簿を通じて容易に登録国を把握できることに照らし（宇宙物体登録条約 3 条），原則，宇宙資源の採掘等を行う人工衛星の登録国の法が最密接関係地法として適用されると整理することが適当であると考える。

　物権の存在についてはどうか。通則法 13 条 1 項は，「その目的物の所在地法による」と定めることから，同条 2 項により適法に成立した物権であっても，目的物の所在地が変更された場合には，同条 1 項により変更後の所在地法が適用される。そこで，宇宙空間にある宇宙資源の所有権を行使する場面においても，最密接関係地法を特定できるかが問題となる。仮に，宇宙資源法と同様の国内法を持たない国家の法が準拠法となる場合，その国内法の解釈として宇宙資源に対する所有権が認められない可能性も否定できない。

3　課題と展望

　以上のとおり，管轄権と準拠法の観点から議論の余地が残る。この点は，国家実行の積み重ねに加え，国際的枠組みに関する議論を通じて明らかにされていく必要がある。

　国連 COPUOS 法律小委員会においては，2021 年に宇宙資源作業部会が設置され，本稿の執筆時点で宇宙資源活動に関わる初期的推奨原則の策定に向けた議論が行われている。我が国は，本法を宇宙資源開発に係る適切な国内法の先例として発信し，議論に貢献する必要がある。具体的には，本法について，我が国の宇宙資源活動が宇宙条約に整合的に実施されることを確保するための許可制度を定めていること，透明性を確保した許可制度のもとで宇宙資源の所

---

(40)　小林ほか・前掲注(3) 227 頁。小塚ほか・前掲注(30) 186-187 頁。

有権取得を限定的に認めていることに加え，宇宙資源に対する所有権を認めることの正当性も示す必要があろう[41]。この議論を通じ，適切な国際法秩序において多国間で形成される宇宙条約に定められた条件が明らかにされることが期待される。

　そして，現実的には，宇宙資源活動を予定する各国が，初期的推奨原則をふまえ，国内法を制定し，国際法との整合性と宇宙資源に対する権利の正当性を相互に承認することで，所有権の機能を実現する国際的な基盤を構築することが期待できる。例えば，ハーグ宇宙資源作業部会がマルチステークホルダーのもと2019年に策定した「宇宙資源活動に関する国際的枠組みの発展に関するビルディング・ブロック」は，宇宙資源から採取された原料等に関する資源権（Resources Rights）[42]が，国内法令，二国間協定等を通じて合法的に取得されることを確保すべきであり（8条1項），そのような資源権についての国家間の相互承認を可能にすべきであるとしている（8条2項）。相互承認の枠組みを構築する際には，他国の国内法との調和が課題となり，具体的な許可の基準に加え，本稿において論じた宇宙資源の所有権取得の権原等の法的整理が必要となる可能性がある。

お わ り に

　以上のとおり，本法の制定により，宇宙資源の探査及び開発に関する議論について我が国として一定の結論を得たものの，特に管轄権と準拠法の観点から議論の余地が残ることを指摘した。宇宙空間における経済活動の法的安定性を確保し，私法の領域において宇宙条約の理念を実現することが望まれる。

---

(41)　スティーブン・シャベル（田中亘・飯田隆訳）『法と経済学』（日本経済新聞出版社，2010年）12-25頁は，所有権について，社会にとって最適な生産や改良等の労働量を実現すること，譲渡を促進すること，紛争が回避されることなどを存在意義として挙げるところ，これは宇宙条約の理念にも適合するように思われる。

(42)　大久保涼編著代表・大島日向共同編著『宇宙ビジネスの法務』（弘文堂，2021年）122頁〔川合佑典〕は，宇宙資源に付与される権利の法的内容について作業部会が決めることではないとして「財産権（Property Rights）」という用語が用いられなかったと指摘する。

6 「軍用無線設備」免除条項の濫用防止をめぐる ITU ガバナンスの動向

青 木 節 子

〈要 旨〉

　周波数・軌道位置が逼迫する中で，2010 年代に入り，ITU 憲章 48 条で ITU 文書による規制からの免除が明記されている「軍用無線設備」の利用であることを理由に優先的に周波数を登録して国際的保護を確保した上で，それを，実際は汎用利用・商用利用するという問題が生じた。本稿は，無線通信委員会，世界無線通信会議，全権委員会議等で構成される独特な ITU ガバナンス制度の下でこの問題の解決のために取られた措置を記述する。

は じ め に

　人工物体の宇宙空間への導入や運用を中心とする宇宙活動に欠かせない無線通信の利用は，1865 年に万国電信連合として設立された世界最古の国際組織である国際電気通信連合（ITU）の憲章・条約・規則等が規律している。研究用として電波天文業務に初めて周波数を分配した 1959 年以降，1963 年の臨時無線主管庁会議，1971 年の宇宙通信世界無線主管庁会議等を経て，ITU は，各種の業務（固定衛星業務，移動衛星業務，地球探査業務，衛星間業務，宇宙運用業務等）にそれぞれの周波数帯を分配するとともに，その国際調整手続，国際登録方式等についての規則を整備していった[1]。1973 年には，ITU 全権委員会議（PP）で新たな国際電気通信条約（マラガ・トレモリノス条約）を作成し，宇宙無線通信用の周波数と静止軌道位置を「有限な天然資源」と規定し，その効果的かつ経済的な使用を通じた各国の公平なアクセスを義務づけた[2]。

　宇宙活動を実施する国が着実に増加し，かつ，20 世紀末に宇宙の商業利用が本格的に始動するに及び，静止軌道位置と周波数の逼迫が著しくなり，その獲得競争が激化した。その中で，衛星打上げの予定がないにも拘わらず周波

（1）　たとえば山本草二『宇宙通信の国際法』（有信堂，1967 年）81-112 頁。
（2）　国際電気通信（マラガ・トレモリノス）条約，1973 年 10 月 25 日署名，33 条 2 項。
　　当時の周波数帯および静止軌道利用条件は，「効果的かつ経済的」な使用を通じた「公平なアクセス」であり，ITU 憲章 44 条 2 項以降の「合理的」使用の条件は明記されていない。

数・軌道位置を申請，獲得しそれをリースして利益を上げる実行が 1990 年代に出現した。所謂「ペーパー衛星」の初期の形態である[3]。少し遅れて，より深刻な問題となったペーパー衛星問題（後年「あちこち衛星（hopping satellite)」ともよばれる）も顕在化した。それは，予定された打上げ計画がうまくいかないときに，既に別の静止軌道位置で運用されている他国・他企業の衛星を購入・リースし，優先的使用権を獲得した自国・自社の軌道位置に移動させて一定期間使用して使用実績を作り，獲得した軌道位置を守ろうとするものである[4]。ペーパー衛星問題を解決すべく ITU の無線通信部門（ITU-R）は一連の規則改正を行ったが，その途上で「軍用無線設備」の扱いという問題が浮上した。万国電信連合時代の万国無線電信条約（1906 年)[5]以来，軍用無線設備は，条約・無線規則等が定める周波数利用手続・制限からの自由を享有していたが[6]，これを逆手にとり，軍用衛星システムであると宣言して，自国の汎用・民生衛星について，ITU が定めるペーパー衛星対策手続の遵守を回避する傾向が顕在化したからである[7]。

　本稿は，従来，必ずしも規則が明確ではなかった軍用無線設備である宇宙システムを規律する ITU ガバナンスの動向を整理し明確化することを目的とする。そのため，第 I 節で ITU での周波数・軌道位置の配分・割当・登録手続における軍用無線設備の位置付けを概観し，第 II 節で宇宙の商用利用が非常な発展を遂げる中で生じた周波数獲得競争が軍用無線設備の ITU 規則免除条項を濫用する状況を検討する。その後，第 III 節で ITU が取った措置 ── 新たな決議を採択しそれを履行することで上記濫用問題が軽減されていった過程 ── を紹介し，最後に今後の課題について記述する。

（3）　See. e.g., J. C. Tompson, "Space for Rent: The International Telecommunications Union, Space Law, and Orbit/Spectrum Leasing," *J. Air L. & Com.*, Vol. 62 (1996), pp. 279-311.
（4）　たとえば，青木節子「宇宙の商業利用をめぐる法規制 ── 通信をめぐる問題を中心に」『空法』第 40 号（1999 年）9-11 頁。
（5）　万国無線電信条約，1906 年 11 月 3 日署名，1909 年発効。
（6）　同上，21 条。
（7）　See, e.g., ITU RRB, Document RRB 13-2/12-E (16 July 2013), pp. 13-17.

第 I 部　宇宙法規範の発展

I　ITU 文書における「軍用無線設備」免除条項

1　ITU 文書に基づく周波数・軌道位置の登録過程

　ITU 文書は，国際電気通信連合憲章（以下「憲章」），国際電気通信条約ならびに国際電気通信規則（ITR）および無線通信規則（RR）という 2 つの業務規則からなり，憲章，条約，規則はすべての構成国に対して法的拘束力をもつと規定される[8]。ITU 文書は技術革新等に合わせたその改正の頻度に特色があり，憲章すら時折改正される[9]。したがって，本稿でも各記述部分は，その当時に適用されていた規定を参照する。現行規定を記載する場合は，2022 年の PP での改正までを含む憲章・条約，2023 年の世界無線通信会議（WRC）の決議・勧告に基づく 2024 年版の RR を使用する[10]。

　宇宙活動については，ITU-R で行われる業務別の周波数分配，無線通信規則委員会（RRB）での RR 改正に向けての議論や混信事案についての審査，および当事国に向けた勧告などが重要である。RRB で承認された改正案は，3-4 年に 1 度開催される WRC で合意された場合に正式に採択される。ITU には，ITU-R のほかに電気通信標準化部門（ITU-T），電気通信開発部門（ITU-D）があり，3 分野を包括する ITU 全体の最高意思決定会議としての PP は 4 年に 1 度開催され，ITU 憲章・条約の改正ならびに重要な決議の採択・改正等を行う。

　ITU-R では，世界を 3 つの区域に分け[11]，RR に基づいて周波数帯を業務別に国際分配し，各国の情報通信主管庁は，概して国際的な周波数分配の範囲内で自国法に基づいて自国民に周波数を割り当てる[12]。衛星と地球局との間での電波通信は必要となる送信電力が大きくかつ電波が伝搬する範囲が広いため諸外国との電波干渉（混信）が問題となる。そこで，衛星の打上げを予定する国の主管庁は，使用予定の周波数が他国に対して有害な混信を与えず，また自国が受けないように RR に基づき周波数と軌道位置について技術的な調整を行う必要がある。これが国際調整と言われるもので，具体的には，衛星通信網

（ 8 ）　憲章 4 条 1-3 項。
（ 9 ）　一例として，1998 年の PP で，憲章 44 条 2 項が改正され，有限な天然資源の範囲が静止軌道からすべての軌道に拡大された。
（10）　ITU の文書集は https://www.itu.int/en/history/Pages/RegulationsCollection.aspx に格納。
（11）　RR, Nos. 5.1-5.3.
（12）　RR, Nos. S1.16-S1.18, Art. 5, Section IV Table of Frequency Allocations.

82

使用の計画概要を各主管庁から ITU に送付し[13]，続いて ITU が全主管庁にそれを公表して混信を及ぼしあうすべての主管庁間で周波数調整を行う。その後，各主管庁が衛星通信網の周波数割当結果を ITU に通告し，必要な国際調整が完了しているものは，無線通信局（BR）が管理する国際周波数登録原簿（MIFR）に登録される。MIFR に登録された軌道位置・周波数は，以後，「国際的な承認の権利」[14]を付与されるが，同権利は，「他国の主管庁が自国向け割当を行うにあたり，有害な混信を回避するよう留意する義務があることを意味する」[15]。有害な混信から保護される権利という意味で，RRB などではこれを「国際的な承認と保護の権利」とよぶことが多い[16]。

　登録された周波数が混信から保護される権利の意味や範囲の不一致が具体的に主管庁間または主管庁と BR の間で生じたときには，RRB が審査し紛争解決を図る。RRB での決定を次回の WRC に提出し，WRC で解釈の最終決定をおこない，順次 RR 等に反映していく。ITU では，このような動態的な過程を通じて，有害な混信を防止し[17]，有限な資源を合理的，効果的，経済的に利用する[18]国際的な周波数利用のガバナンスが維持される。

2　「軍用無線設備」の範囲と免除規定

　しかし，軍用通信の場合は，留保事項はあるものの，憲章をはじめとする ITU 文書の諸規則からの免除が明記されている。憲章 48 条は以下のように規定する。

　「1．構成国は，軍用無線設備（military radio installations）について，完全な自由を保有する。

2．もっとも，第 202 号（著者注：48 条 1 項をさす）の設備は，遭難の場合において行う救助に関する規定，有害な混信を防ぐためにとる措置に関する規定並びに使用する発射の形式及び周波数に関する業務規則の規定を，当該設備が行

---

(13)　これを事前公表資料（API）という。静止衛星については，その後，詳細な技術的諸元を記載した調整資料を ITU に送付する。

(14)　RR, No. 8.3.

(15)　*Ibid.*

(16)　See, e.g., ITU, *ITU-R: Managing the Radio-Frequency Spectrum for the World*, at https://www.itu.int/en/mediacentre/backgrounders/Pages/itu-r-managing-the-radio-frequency-spectrum-for-the-world.aspx.

(17)　憲章 45 条。

(18)　同上，44 条 2 項。

83

第Ⅰ部　宇宙法規範の発展

う業務の性質に従って，できる限り（so far as possible）遵守しなければならない。

3．第202号の設備は，また，公衆通信業務その他業務規則によって規律される業務に参加するときは，原則として（in general），これらの業務に適用される規定に従わなければならない」[19]。

　RRを含むいかなるITU文書も，どのような周波数帯が軍用目的で使用されているかをMIFRに記載することを明示的に要請しておらず，また，各国とも他の主管庁から周波数調整手続を求められたときには，憲章48条の援用であるとして調整を断ることが可能である。そのため，軍用無線設備に使用する周波数・静止軌道位置は，その利用にあたり，RRに基づく調整なしにMIFRに記載され，国際的な承認と保護を受けることが多い[20]。また，軍用無線設備は，他国の局に有害な混信を生じさせないようにすべての局を設置し運用する義務（憲章45条）や虚偽の識別信号等の伝送・流布を防ぐために有用な措置をとる義務（同47条）等の憲章上の義務を概ね免除されている。したがって，ジャミングやスプーフィング（なりすまし）等の悪意のあるサイバー行動も，ITU文書の枠組のみに基づいて評価した場合，必ずしも禁止されてはいないこととなる。しかし，遭難通報への応答および迅速に必要な措置を取ることは「絶対的な優先順位」にある義務（同46条）として軍用無線設備においても特に強化された努力義務の下にある（48条2項）。なお，ITU文書の規制免除は軍用無線通信に限定されるが，汎用設備についての免除の有無等については3項の規定からは必ずしも明確ではなかった[21]。この点は2015年のWRC（WRC-15）で明確にされ，2022年に開催されたPP（PP-22）で最終的な解決が図られた（後述）。

　「軍用無線設備」の定義は，憲章にもRRにもみられず，憲章時代以前も設備の定義が置かれたことはなかった。しかし，一連の条約・憲章の規定が一様であり，各国が一貫して広く捉えてきた国家実行が存在するため，定義なしでもその範囲は十分明確であるとされている[22]。事実，1906年の万国無線電信

---

(19)　PP-98において，「連合員（Members）」から「構成国（Member States）」と改正された。

(20)　See, e.g., ITU RRB, Document RRB15-2/16-E（22 June 2015）, pp. 17-18.

(21)　S.M. Mountin, "The Legality and Implications of International Interference with Commercial Communication Satellite Signals", *Int'l Law Studies*, Vol. 101（2014）, p. 138.

(22)　See, e.g., ITU RRB, Document RRB16-1/22-E（23 February 2016）, pp. 7-8.

84

6 「軍用無線設備」免除条項の濫用防止をめぐる ITU ガバナンスの動向

条約以来の一連の条約では，軍用無線設備の条約適用免除の規定文はほとんど変わっていない。より詳細には，1906 年，1912 年，1927 年の万国無線電信条約時代は，船舶通信を主目的としていたこともあり，「特に海軍軍用設備」（notamment, aux installations navales et militaires［1906 年条約の正文は仏語のみ］）についての例外規定とされ[23]，1932 年条約以降は「特に陸・海・空局に関する」無線電信「設備」（installations）と規定される[24]。第 2 次大戦後，憲章が採択される以前の 5 つの ITU 条約では，「特にその陸・海・空軍の軍用無線設備」に関する免除規定が全くの同文で置かれ，条の見出しも現行憲章と同じ「国防機関の設備」となる[25]。海上通信中心から陸海空軍の設備と明示的に拡大したこと以外は，軍用無線設備の国際電気通信規制体制からの免除の条件・内容が 1 世紀以上変わらないこと，RR には「局」の定義はあっても「局」を含む概念である「設備」の定義もないこと等から，RRB 等でも，「設備」の定義は不要であり，軍用無線設備とは軍用衛星網と地上局を含む軍用無線通信に用いる設備を広く解することが妥当とされている[26]。

II 21 世紀のペーパー衛星回避策

1 21 世紀初頭のペーパー衛星問題

周波数・静止軌道位置の利用における国際調整規則に従う義務を課されていない軍用無線設備について，2010 年代に顕在化した問題を具体的に検討するために，まず，20 世紀末期以降の ITU の周波数調整の状況を概観する。周波数帯と軌道位置は有限な天然資源であり，MIFR に登録された軌道位置と周波数の優先的使用権は，一定期間を超えて使用されない場合には，順番待ちをする他国の申請者に譲らなければならない。その期間は RR の改正により変動があり，1982 年の RR では 5 年（1990 年の改正で 3 年の延長可能）であったが，1990 年に打上げ予定がないにもかかわらず 6 つの静止軌道位置を獲得し，それを米国・ロシア等の企業にリースして 1 軌道について年間数百万ドルの利

---

(23) 1906 年条約 21 条，1912 年条約 21 条，1927 年条約 22 条参照。

(24) 1932 年条約 39 条。

(25) 1947 年条約 47 条，1952 年条約 48 条，1959 年条約 50 条，1965 年条約 51 条，1973 年条約 38 条，1982 年条約 38 条。1927 年条約の見出しもほぼ同一の「国防設備」であった。

(26) ITU RRB, Document RRB16-1/22E, *supra* note 22.

第Ⅰ部　宇宙法規範の発展

益を得るというペーパー衛星行為をトンガが行ったこともあり，その後の RR 改正では，軌道位置・周波数の優先的使用権延長期間は 2 年に短縮された。加えて，打ち上げ予定の衛星網の技術的詳細情報（9 項目），衛星製造者情報（4 項目），打上げ事業者情報（5 項目）の合計 18 項目すべてに十分な回答をし，打ち上げ計画の真正性を証明しない限り，延長は認められないこととなった[27]。

　その後，20 世紀末には，軌道位置（東経 29 度）の延長期間中に衛星打上げが実現しそうになかったフランスのユーテルサット社がその軌道位置に自社の他の衛星を移動させ，MIFR で周波数と軌道位置が保護されている期間内にその「利用が開始され」（bringing into use）[28]と BR に通知した。そのため，同社が軌道権益を失えば東経 29 度の利用が可能となる SES 社の本国ルクセンブルクとフランスの主管庁は RRB でユーテルサット社の軌道位置保持の方法の適否を争うこととなった。予定されている衛星以外の衛星が申請した軌道位置を使用して通信業務を行う場合，使用する周波数帯やその特性が同一ではなくなる蓋然性が高いからであり，RR の「使用開始」（bringing into use: BIU）の意味の明確化が RRB に要請されることになった。1998 年 7 月 14 日，12 月 8 日の 2 回とも RRB ではフランスの BIU の主張は認められなかったが[29]，ITU は執行権限をもつ国際組織ではなく，あくまでも 2 国間の調整を勧告する組織であるため，主管庁間の周波数調整を経てユーテルサット社は 2001 年に東経 28.5 度に 1989 年以来計画していた静止通信衛星を打ち上げた[30]。

　このような状況下，1994 年の PP では，ITU-R 内での協議に基づき，WRC-95，WRC-97 にペーパー衛星問題に対処する方策についての中間・最終の報告書を提出するよう BR 局長に求める決議 18 が採択[31]された。その結果，1997 年の WRC では，「一定の衛星通信業務に適用される主管庁の遵守行動（due diligence）」と題する決議 49[32]および「憲章に規定される原則適用におけ

（27）　ITU, Resolution 49 (WRC-97), Administrative Due Diligence Applicable to Some Satellite Radiocommunication Services (1997). WRC 毎に決議の実施状況と今後の実行案を盛り込んだ改訂版が採択されており，最新改訂は，Resolution 49 (REV. WRC-23) (2023).

（28）　1990 年採択の RR, Art. 11, S.1 No. 1042 (Orb 88).

（29）　青木・前掲注⑷9-11 頁。

（30）　Spacecraft Encyclopedia, "Spcecrafts Launched in 2001, 14) Eurobird", at http://claudelafleur.qc.ca/Spacecrafts-2001.html#Eurobird.

（31）　ITU, Resolution 18 (PP-1994), Review of the ITU's Frequency Coordination and Planning Framework for Satellite Networks (1994); A.L. Allison, *The ITU and Managing Satellite Orbital and Spectrum Resources in the 21st Century* (Springer, 2014), pp. 31-38. 81-82.

86

る遵守行動（due diligence）」と題する決議 80 が採択された[33]。決議 80 は，RRB に対して，RR の周波数割当の通知・登録規定部分を参照し[34]，憲章 12 条，44 条に規定する周波数帯と静止軌道位置の合理的，経済的，公平な利用を十分に遵守できる「手続規則」（rules of procedures）案を策定して次会期の WRC（WRC-99）に提案すること，および，WRC-99 での決定に従い，「憲章原則の適切な遵守行動」として，その手続規則を実施するよう要請する。「手続規則」とは，主管庁間で問題となっている案件について十分明確な規定が RR に存在しないときに作成する RR を適用するために必要な細則や実際上の手続を意味し，RR の解釈指針ともいえるものである[35]。

　決議 80 はその後，WRC-2000（決議 80（REV. WRC-2000）を採択）と WRC-07（決議 80（REV. WRC-07）を採択）で改訂された。後者が現行決議である[36]。2000 年の改訂は，RRB での手続規則の審議や勧告の作成において，憲章 44 条の原則に厳格に従う義務を強調し（2 項），2007 年の改訂は，各主管庁や ITU-R の関係組織がより積極的に決議 80 の検討・実施に関与するための考慮事項や行動準則を定める[37]。2007 年改訂に基づいて，WRC に対して RRB から決議 80 の実施状況が報告されることになった。その中に軍用無線設備問題も含まれていった[38]。

2　決議 80 の遵守行動

　2010 年代に入り，BIU 確保のためのペーパー衛星問題はいっそう悪化し，その手法の一環として憲章 48 条が濫用されるようになっていった。特に憲章

---

(32)　ITU, Resolution 49（WRC-97）, *supra* note 27.

(33)　ITU, Resolution 80（WRC-97）, Due Diligence in Applying the Principles Embodied in the Constitution（1997）; Allison, *supra* note 31, pp. 39-43. また，1998 年以降は周波数獲得に向けて各種の申請料を設定した。See, e.g., ITU RB, CR/245（27 October 2005）.

(34)　RR, No. S03, Nos. S11.30, S11.31, S11.31.2.

(35)　ITU, *Rules of Procedure*, at https://www.itu.int/pub/R-REG-ROP-2021. WRC ごとに新たな「手続規則集」が公表される。

(36)　WRC-12, WRC-16, WRC-20, WRC-23 においては Resolution 80（REV. WRC-07）が維持されている。

(37)　2 つの付属書を付して国際調整において各国が経験する困難の具体的な原因（早い者勝ちの周波数割当やペーパー衛星問題，静止軌道の使用実態を調べるモニタリング制度の不存在等 9 項目（付属書 1））や今後静止衛星を運用しようとする途上国への特別の配慮事項（付属書 2）などが記載される。

(38)　See, e.g., ITU RRB, Document RRB14-3/9-E（16 December 2014）, pp. 26-28.

第 I 部　宇宙法規範の発展

48条の援用とは宣言せずに「政府の戦略的目的」,「国防業務」という理由で割当後の周波数を非軍事利用の場合に必要な調整手続をせずにMIFRに登録し,実際は商用目的または軍民両用目的で使用しつつ,それを怪しんだ他国主管庁からの調整依頼を拒む事例が問題視されるようになった[39]。

　そこで,憲章48条濫用も含むすべてのペーパー衛星問題に有効な措置として,ITUでは決議49や決議80に基づく改善策を取り,かつ,WRC-12の決定に基づき,一定のペーパー衛星に対する妥協策も含んだRRの重要な改正を行った。たとえば,主管庁がMIFR登録に向けて通知を行った後7年間が経過するまでにBIUの報告がない場合には一定の手続を経て周波数帯・軌道位置を喪失すると決定し,延長期間は一切認めないこととなった[40]。また,かねてその内容が不明瞭であったBIUは「通知した軌道位置に割り当てられた周波数を送信または受信する能力を有するものとして静止軌道に配置された宇宙局が90日間継続して配置・維持されること」[41]と定義され,継続的使用が90日継続した後30日以内に,主管庁がBIUの事実をBRに通知するというルールが定められた[42]。他企業の衛星をリースして自社が確保した軌道位置で90日間使用した上でBIUの通知を行えば軌道と周波数の国際的な承認・保護を確保し続けられることになる,という意味では現状に照らした妥協といえる。しかし,その歯止めも用意されており,その後の軌道の実際の使用継続を確保するために,衛星の寿命終了や故障も含めなんらかの理由で登録した軌道上で衛星が運用されなくなったときには,主管庁は,衛星停波状態の開始後速やかに,かつ,遅くとも6カ月似内にBRに通知をしなければならないと規定した。使用停止の通知を行うならば最長3年間は使用停止期間について周波数・軌道位置の国際的な承認・保護を継続できる[43]。また,主管庁は,使用復帰(brought back into use: BBIU)後,可及的速やかにBRにその旨通知する[44]。

---

(39)　See, e.g., ITU RRB, Document RRB 13-2/12-E, *supra* note 7, pp. 13-17; ITU RRB, Document RRB 14-1/17-E (25 April 2014), pp. 9-11.
(40)　RR (WRC-12), No. 11.44.1.
(41)　*Ibid.*, No. 11.44B.
(42)　*Ibid.* BIUの開始日は,90日間の継続的使用が開始した日となる。*Ibid.*, No. 11.44.2.
(43)　*Ibid.*, No. 11.49.
(44)　*Ibid.* なお,使用停止からBBIUまでに6カ月間かからないときには,BRに停波を通知する必要はない。*Ibid.*

別の歯止めとして，MIFR に登録されている周波数が，BIU されず，または使用が終了しており，あるいは通知された周波数の特性等とは異なる周波数が用いられているということが「信頼できる情報」[45]源よりもたらされたときの紛争解決手続も RR. No. 13.6 にまとめられた。この手続に従い，BR は周波数登録のための通知をした主管庁からの説明を求めることになる。その結果により，BR は登録の抹消，修正，維持を決定する。主管庁が BR からの協議要求に 3 カ月応答しないときには，BR は協議の催促をし，その後 1 カ月にわたり応答がない場合には，BR は再び催促をする。さらに 1 カ月を経て，それでも応答がない場合には，RRB の決定後，BR は MIFR の登録を抹消する[46]。BR による協議要請は，特に憲章 48 条濫用問題に活用され，一定の有効性は認められたが，BIU が疑われはするものの，BR に応答し RRB の場で自国の立場を主張し続けるという形で登録維持の形式要件を満たす主管庁や，BBIU が期限内にできないときに不可抗力や途上国への特別の配慮を求める主管庁も存在し，必ずしも実態に合わせた MIFR の整理が円滑に進むわけではなかった[47]。

Ⅲ　憲章 48 条援用濫用に対する ITU の行動

1　憲章 48 条援用問題への本格的取り組み

RRB は，WRC-15 に提出する決議 80 の履行報告の中で，BR から BIU，BBIU や使用周波数特性の真正性についての照会（以下「RR No. 13.6 に基づく照会」）を受けた主管庁の中には，質問を受けた周波数帯は憲章 48 条の下で使用されていると回答し，それ以上の情報提供を拒む場合が少なくない旨を記載し，このような現象への対応策について WRC-15 での議論を要請した。同報告書によると，明示的に「憲章 48 条の援用」であると回答する国もあれば，「憲章 48 条」や「軍用無線設備」などの用語を用いることなく，周波数割当は「政府の戦略的な目的」のためになされていると回答してそれ以上の説明を渋る国もあるという。RR にはこの点についての明確な手続規則がないため，BR・RRB の双方が，従来，間接的な回答についても憲章 48 条の援用の一環

---

(45)　定義が置かれていなかったため，後にその意味について RRB で議論となった。

(46)　*Ibid.*, RR, No. 13.6 b）．

(47)　See, e.g., Setsuko Aoki, "Efficient and Equitable Use of Orbit by Satellite Systems," in *Proc. of IISL 2013* (Eleven, 2014), pp. 229-246.

第 I 部　宇宙法規範の発展

と認定し，それ以上明確な回答を求めてはこなかったという事情があった[48]。

　決議 80 履行報告書は，RR No. 13.6 に基づく照会プロセスに関する憲章 48 条援用問題について，以下の点を明確にするよう WRC-15 に要請した。すなわち，1) 主管庁は，RR No. 13.6 に基づく照会に対してこれ以上の手続を遮断するためには，「憲章 48 条」の援用であるということを明確に回答しなければならないか；2)「公的通信にのみ使用される局」であるという標識「CO」を付して申請された周波数のみが 48 条援用を主張できる無線局となるのか；3) 放送衛星業務用の局のように一般公衆の直接の受信を意図するタイプの無線設備に対して憲章 48 条の援用が許容されるのか（局の等級によりある種の局は憲章 48 条が援用不可となるのか）の 3 点である[49]。

　これに対して，WRC-15 では，主管庁が ITU 諸規則からの免除を享有するためには 2015 年 11 月 28 日以降は，憲章 48 条を明確に援用することが必要であると判断するとともに，その限りにおいて，局の等級や業務の種類等にかかわらず「軍用無線設備」すべてに対して免除規定が適用されると決定した[50]。したがって放送衛星システムであっても軍用無線設備として 48 条の援用下に置くことが可能である。

　その後，WRC-19 に向けて RRB が提出した決議 80 の履行報告書には，前回の WRC での判断のみでは不十分であり，現状 RR No. 13.6 に基づく照会をされた途端に憲章 48 条の援用であると宣言して調査を逃れる国や，軍事利用に用いていないにもかかわらず割当周波数を 48 条援用のものとして MIFR に登録する国に対して，BR は有効な手段をもたないという懸念が表明された。WRC-19 では，軍事利用に係る問題は無線周波数管理を超えると判断し，PP-22 において憲章 48 条問題について必要な措置を取ることが決定された[51]。

　RRB は，PP-22（2022 年 9 月 26 日～10 月 14 日）の開催に先立ち，PP-22 で，①憲章 48 条を援用して割り当てた周波数は，軍事用途にのみ使用されること，②したがって，民生利用または汎用利用には使用しないこと，③「信頼できる情報」によると MIFR に登録されている周波数が軍事用途のみに使用されて

---

(48)　ITU, Document 14-E (30 June 2015), pp. 12-13.

(49)　*Ibid.*, p. 13.

(50)　ITU BR, CR/389 (29 January 2016), p. 8.

(51)　ITU BR, CR/477 (31 May 2021), pp. 43-44. 2010 年以降の軍用無線設備に基づく調整の実態については，see, e.g., ITU BR, Document 4A/851-E (13 September 2022), Annex 1.

90

いない蓋然性が高いときには，BR および RRB が憲章 48 条援用国に明確な説明を求め，軍事用途以外にも使用されていたと決定した場合には，RR の規制手続すべてを適用可能とすること，④憲章 48 条援用の有無にかかわらず，軍用無線設備に割り当てられた周波数は，MIFR に登録されていない限りは国際的な承認を得て，有害な混信からの保護の権利を主張することはできないこと，の 4 点を確認するよう要請した[52]。

2　決議 216 の履行による憲章 48 条問題の軽減

　PP-22 では最終日に，RRB の要請した 4 点の確認を含む 8 項目の決議 216（「国防機関のための軍用無線設備に割当てられた周波数の使用[53]」）を採択した[54]。加えて，同決議では，軍事専用に用いられなくなった場合の憲章 48 条援用の取消と，その後は BIU，BBIU を含むすべての RR 規則に従って周波数利用を行うことが求められている。真正の軍用利用であることを疑われた構成国とRRB，BR の間の紛争解決措置もいっそう具体化された[55]。

　BR では，その後，決議 216 に基づく憲章 48 条援用の問題解決への取り組みを開始した。そのため，RRB が WRC-23（2023 年 11 月 20 日〜12 月 15 日）に向けて決議 80 の履行状況の報告書づくりを行った際，2023 年 4 月時点から，決議 216 により包括的に憲章 48 条援用問題に対する解決策は与えられており，今後はそれを実施するので，WRC-23 において追加的な措置を求めないとする報告書案を作成した[56]。報告書案は，文言の修正もなく WRC-23 への報告書とされた[57]。

お わ り に

　決議 216 は，憲章 48 条援用に絡んだ RRB 内での紛争解決のための枠組を

---

(52)　ITU PP, Document 63-E（13 July 2022），p. 3; ITU BR. CR/491（19 September 2021），pp. 44-45.
(53)　日本語公定訳では，ITU 憲章 48 条の見出し "national defense services" は「国防機関」と訳されているので，その訳に倣った。
(54)　ITU, Resolution 216（Bucharest, 2022）.
(55)　*Ibid.,* paras. 2-8.
(56)　ITU RRB, Document RRB 23-2/2-E（3 April 2023），pp. 32-33.
(57)　ITU, Document 50-E（10 July 2023），pp. 36-37.

第 I 部　宇宙法規範の発展

提供しており，憲章 48 条援用の真正性を疑う国や BR と憲章 48 条援用国との間の不一致を解消することも以前に比べ容易になった。特に，一国が要請する周波数調整に対して，憲章 48 条を援用してそれを拒否するためには，当該周波数は MIFR に登録されていなければならないことが前提条件として明確化されたことは有益であったと評価されている[58]。しかし，決議 216 採択の際に，憲章 48 条援用の真正性について ITU がもつ検証メカニズムは不十分なものであるとして BR から課せられる説明責任に強い抵抗を示す国もあり[59]，今後「信頼すべき情報」についての手続規則の詳細化や，BR と構成国それぞれの証拠の呈示の仕方などの細則が決議 216 の改正とそれに伴う RR の改正という形で必要とされることが予想される。

軍用無線設備についての ITU 規則適用免除は，現実の必要性からのもので，今後も維持されるべきものである。憲章 48 条 2-3 項に規定するように，軍用無線設備はその他の無線設備と同様に，可能な限り ITU 諸規則に合致して行動することが求められており，軍用無線設備であることにより，憲章，条約，RR の精緻な周波数管理・利用制度を無視して行動することが許容されているわけではない。構成国の国防上の要請と周波数の合理的，効果的，経済的な利用の実現との微妙なバランスをとり続けるためには，経済的利益のために軍用利用を騙り，国際的な承認と保護を得る周波数・軌道位置を獲得するというやりかたは強く批判されるべきである。

宇宙システムとしての軍用無線設備をめぐる規範については，ITU ガバナンスに依拠するとともに，国際宇宙法からの具体的な制度構築がなされる必要があり，その目的での 21 世紀半ばに向けての国際宇宙法の発展が期待される。

---

(58)　ITU RRB, Revision 1 to Document RRB23-2/24-E（13 September 2023），pp. 32-34.
(59)　決議に付したイランの宣言。ITU PP, Revision 2 to Document 199-E（14 October 2022），pp. 28-29.

7 政府間衛星機関の民営化と通信に対する 衡平なアクセスの確保

石井由梨佳

〈要　旨〉

　本稿は，政府間衛星機関（ISO）の民営化以降，国際公役務としての衛星通信提供がなされているかを，国際電気通信衛星機構（INTELSAT）と国際移動通信衛星機構（INMARSAT）を例として検討する。これらは民営化によって衛星通信企業と国際組織に分かれたが，衛星通信企業の活動の規律についての国際組織の権限及び義務の射程については当事者間の見解の相違がある。この点は特にインテルサット社とインマルサット社がISOから承継した周波数の利用をめぐり問題になった。本稿では問題の所在を説明した後（第Ⅰ節），これらの事例に照らして各々の組織が衡平なアクセス原則を維持できているかを評価する（第Ⅱ，Ⅲ節）。

は じ め に

　本稿は，政府間衛星機関（ISO）の民営化以降，国際公役務としての衛星通信提供がどのような制度において確保されているかを，国際電気通信衛星機構（INTELSAT）と国際移動通信衛星機構（INMARSAT）を例として検討する。最初に問題の所在を説明するために，関連する制度の整理を行い本稿の問題関心を示す（第Ⅰ節）。次いでINTELSAT（第Ⅱ節）とINMARSAT（第Ⅲ節）について，具体的な事例に照らした検討を行う。

Ⅰ　問題の所在

1　政府間衛星機関の提供する国際公役務

(1)　衛星通信と国際公役務

　ISOとは(1)衛星の打上げ，登録，管理，衛星サービスの経営（衛星サービスの提供，収益の管理），及び(2)国際電気通信連合（ITU）への軌道と周波数の登録を行う国際組織である[1]。

　ISOによる衛星通信役務の提供は国際公役務（国際的公共事務，international public service）の一形態として捉えることができる。国際公役務とは，国際的

第 I 部　宇宙法規範の発展

利益の存在を前提に，国際社会の生活関係を基盤として生じた行政事項を多数国が一元的に処理するために行われる事務を指す。山本草二はこのような役務を，地域的統合などの要素，事項別規律といった専門職能的要素，行政目的の設定と実現のための過程といった時間的要素によって，「国家の伝統的な管轄権の基盤」であった領域主権に基づく秩序を転換させるものとして位置付けている[2]。

　衛星通信の提供を国際公役務として行った方が望ましい理由は複数ある。第1に，軌道と周波数は有限かつ希少な資源であり，その利用は他の国を排除して行うことになるので，国際的管理に基づいて実施した方が紛争を回避できる。第2に，衛星通信については地球規模において衡平に役務を提供する必要がある。第3に，衛星通信技術を持つ国は限られているので，発展途上国にもそのような役務を提供するために国際協力が必要である。なお，第2，第3の点に関しては，1961年の国連総会決議1721（XVI）が「実際的である限りにおいて，地球規模で無差別的に，全ての国が衛星による通信を利用できるべき」と明記している[3]。これは宇宙衛星通信に対する衡平なアクセス（the principle of equitable access）の原則を謳ったものである[4]。

　米国は1962年に制定した通信衛星法において，世界平和と理解に貢献するグローバル通信ネットワークの一部として，他国と連携し，商業通信衛星システムを設けることが米国の政策であると明記している[5]。米国はその方針に従いネットワーク参加する会社としてCOMSATを設け，1964年のINTELSAT暫定制度の設立を主導した。そして参加国間で締結した協定が1973年に発効したことにより，同組織は国際法上の法人格を持つ恒久的なものとなった[6]。続いて海事衛星を所轄する組織として1979年にINMARSATが設立された[7]。

（1）　概要については，青木節子『日本の宇宙戦略』（慶應義塾大学出版会，2006年）98頁；Patricia K. McCormick, "Neo-Liberalism: A Contextual Framework for Assessing the Privatisation of Intergovernmental Satellite Organisations," in Patricia McCormick and Maury J. Mechanick（eds.）, *The Transformation of Intergovernmental Satellite Organisations*（Brill, 2013）, p. 1.

（2）　山本草二「国際行政法の存立基盤」『国際法外交雑誌』67巻5号（1969年）1頁。

（3）　UNGA Res. 1721 (XVI), 20 December 1961, D, Preamble.

（4）　通信衛星組織の設立と運用に関する課題については，山本草二『宇宙通信の国際法』（有信堂，1967年）120頁参照。

（5）　Communications Satellite Act, Pub. L. 87-624, Article 102 (a).

(2) ISO の民営化と RIISO

INTELSAT と INMARSAT の組織構造は，後者が前者をモデルとしたこともあり共通している。いずれについても，民営化前は政府間合意と事業者間の合意の二層構造が取られていた。事業者間の合意は，各々の参加国から1つの通信事業者（PTO）が構成員となる。意思決定は政府間合意に基づいて設立された政府間組織（総会，理事会）で行い，財政的出資は PTO が行うものとされた。

これに対して，民営化以降は，衛星通信企業と，企業を監督する政府間組織（残余国際衛星通信組織，RIISO）に分かれた。衛星通信企業名と区別するため，以下では INTELSAT の RIISO については ITSO，INMARSAT のそれについては IMSO の略称を用いる。両者とも RIISO の役務は協定で定め，両者の関係は公共役務合意（PSA）で規律する。PSA は，衛星通信企業の設立地国法上の契約である。そして衛星の利活用，増資等といった，運営についての判断は専ら衛星通信企業が行う。RIISO は企業が無差別の公共アクセス提供義務等といった RIISO についての協定及び PSA 上の義務を遵守しているかどうかを監視する[8]。

民営化のときに国際組織部分を残す必要があるかは，INTELSAT と INMARSAT のいずれの場合についても，問題となった[9]。一方では，政府間組織は残さず完全民営化するという方法があった。そうしたとしても普遍的な通信サービスの提供は可能であるし，ISO を残しておくと反競争的になって他の民間事業者が不利になるとする立場である。他方で，ISO に強い監督権限を与える，あるいは少なくとも ISO が民営化された事業体に対して独立した監督を行うことを求める立場があった[10]。そのようにして全ての国に対して通

（6） Agreement relating to the International Telecommunica tions Satellite Organization "IN-TELSAT", *United Nations Treaty Series* ［UNTS］Vol. 1220, p. 22. 条約の構造については山本草二『インテルサット恒久協定の研究』（国際電信電話株式会社，1973 年）参照。

（7） Convention on the International Maritime Satellite Organization （INMARSAT), con-cluded on 3 September 1976, UNTS, Vol. 1143, p. 106.

（8） Maury J Mechanick, "The Role and Function of Residual International Intergovernmen-tal Satellite Organisations Following Privatisation," in Patricia McCormick and Maury J. Mechanick （eds.), *The Transformation of Intergovernmental Satellite Organisations* （Brill, 2013), p. 175.

（9） Ibid.

（10） Ibid.

第Ⅰ部　宇宙法規範の発展

信への衡平なアクセスを制度的に確保しようとするものである。このような議論を経て採用されたのは，民営化前に ISO に与えられていたものよりは狭いものの，政府間組織である RIISO が企業に対する監督権限と責任を持つという形態である[11]。具体的な方式は第Ⅱ節と第Ⅲ節で詳述する。

2　軌道と周波数の配分
(1)　国際電気通信連合（ITU）における調整

軌道と周波数の調整は ITU が担っている[12]。もっとも ITU は軌道枠と周波数を配分しているのではなく，その任務は有害な干渉の防止にとどまる。上述の通り，衛星通信については衡平なアクセスが認められるべきだという原則がある[13]。さらに限られた天然資源である軌道と周波数を効率的かつ経済的に使用しなくてはならない要請もある[14]。他方で，宇宙空間の利用は自由が原則であり[15]，国際機関の管理に服するものではない[16]。

これらを踏まえ，ITU では次のような制度で周波数の調整がされている。第 1 に，ITU は無線通信部門（ITU-R）の世界無線通信会議で周波数や衛星軌道の利用方法に関する無線通信規則を検討し，改正を行う。無線通信規則は法的拘束力を持つ。第 2 に，高高度プラットフォーム局（HAPS），第 5 世代移動通信システム等の新たな無線通信システムを確立する場合には，世界無線通信会議で，規則策定と電波の物理的な特性を踏まえた調整を行う[17]。

なお，2010 年代半ばから各国や EU は第 5 世代通信（5G）の環境整備を進めており，ITU も 2015 年にこの通信システムに求められる標準仕様を出すなどして規則整備を進めている[18]。5G は高周波数帯を利用した超広帯域伝送を

---

(11)　Ibid.

(12)　Francis Lyall and Paul B Larsen, *Space Law: A Treatise* (Routledge 2017), p. 225; 青木・前掲注(1) 105 頁参照。

(13)　Constitution and Convention of the International Telecommunication Union〔ITU Constitution〕, Article 1(1)(d), concluded on 22 December 1992, entered into force on 1 July 1994, UNTS Vol. 1825, p. 331.

(14)　ITU Constitution, Article 1(1)(b)(c), 44 (2).

(15)　Treaty on Principles Governing the Activities of States in the Exploration and Use of Outer Space, including the Moon and Other Celestial Bodies〔OST〕, Article 1, concluded on 27 January 1967, entered into force on 10 October 1967, UNTS, Vol. 610, p. 205.

(16)　ITU の権限の性質については，山本・前掲注(4) 71 頁も参照。

(17)　近年の課題については菅田洋一「無線通信の国際規律を巡る対立構造」『情報通信政策研究』第 4 巻第 1 号（2020 年）145-158 頁も参照。

96

含む，高速かつ大容量の通信を行うシステムであり，Cバンド（周波数帯）が
それに適しているとされる。

ITUは1959年以降，宇宙通信用周波数の登録を受理している。ITUへの
APIの提出から通告までは国の主管庁が行う。すなわち，無線通信事業者が新
たな通信設備の運用を希望する場合には自国の主管庁に対して申請を行う。主
管庁はITUに対し，事前公表資料（API）を提出する。その後，必要に応じて，
主管庁は関係国の主管庁と技術的な調整を行い，最終的にITUへ通告を行う。
ITUは提出された内容を審査し，承認された場合は，国際周波数登録原簿
（MIFR）に登録する。ITUは登録情報の審査と一元的管理を行う。

ITUの登録は先願主義である。ただし，一国が恒久的に軌道枠を占有する
ことは認められておらず，API提出から7年以内に打ち上げがなければその
枠は失効することになっている[19]。もっとも，申請国自体の使用予定あるい
は実績を求める明文規則はない。軌道枠の確保をするために期限付きで他の衛
星を移動させることは認められている。それから，発展途上国の要請により，
静止軌道における固定衛星業務については各国に少なくとも1つの静止軌道
位置と周波数を割当てている[20]。

(2) ISOに対する周波数の割り当て

衛星打上げについての規制，各国の電気通信事業法に基づく通信の認可，周
波数割当，ITUへの軌道と周波数の申請手続の開始要件は各国法による。周
波数オークションによる割当や周波数の2次取引を認めている国は多い[21]。
ISOが保有する衛星に関しては，ISO構成国のうち1国の主管庁がITUに登
録申請をする。INTELSATとINMARSATでは，それぞれ米国と英国がその
役割を担った。民営化後は，米国，英国において，インテルサット社とインマ

---

(18)　International Mobile Telecommunications-2020 (IMT-2020 Standard) 〈https://www.itu.
　　　int/rec/R-REC-M.2150〉.
(19)　この背景には，1995年，トンガがペーパー衛星を申請し，かつ，その枠をIntelsatな
　　　どに売却しようとした事案がある Jannat C Thompson, "Space for Rent: The International
　　　Telecommunications Union, Space Law, and Orbit/Spectrum Leasing," *Journal of Air Law
　　　and Commerce*, Vol. 62 (1996) p. 279.
(20)　以上の関連規則については小塚荘一郎＝佐藤雅彦編著『宇宙ビジネスのための宇宙法
　　　入門（第3版）』（有斐閣，2024年）87頁〔青木節子〕参照。
(21)　周波数オークションについては米国が1994年に実施し，それ以降，OECD加盟国は
　　　概ね実施している。日本における議論状況については砂田篤子「周波数オークション導入
　　　をめぐる議論」『調査と情報』1217号（2023年）参照。

第 I 部　宇宙法規範の発展

ルサット社の周波数割当をそれぞれ再認可した。また新規の割当を得るためには，両国が ITU へ申請登録することにした。ただし ITSO 協定上あるいは IMSO 協定上，申請国にはそれぞれの企業の衛星通信役務を阻害しない義務が課されている。また両協定上，各加盟国は民営化後の企業がその役務を果たすことができるように措置を取る義務を負う。

　なお ITSO は無線通信規則の改訂を行う世界無線通信会議などの ITU の手続きへの参加を通じて，この周波数帯を確保していることも特記に値する。2019 年には ITU が C バンドの全面的な配分を検討しようとしていたところ，共通遺産の軌道上の特定の周波数を制限しうる決定を阻止したという[22]。

3　問題の所在

　本稿の問題関心は ISO の民営化以降，衡平なアクセスを確保する原則がどのようにして維持されているかにある。衛星通信企業の活動の規律についての RIISO の権限及び義務の射程については争いがある。一方では RIISO の加盟国は衛星通信企業の役務提供を確保する義務を負う。他方で企業には自らの利益を最大化する要請があるし，周波数帯の配分は領域主権の下で認められる。そこで役務の国際公益性からくる要請と，企業利益や役務提供国の政策とが一致しないとき，両者は実践においてどのように調整されているかという問題が生じる。これはインテルサット社とインマルサット社が ISO から承継した周波数を加盟国でオークションにかけようとした際にとりわけ問題になった。以下ではこれらの事例を手掛かりにして冒頭の問いに答えることを試みる[23]。

II　国際電気通信衛星機構

1　民営化前の構造

　INTELSAT の当初の構造は以下の通りである。1971 年，一部の先進国（11 カ国）が署名する INTELSAT 協定と指定事業体（PTO）が署名する運用協定

---

[22]　ITSO, AP-39-13E W/08/20, para. 16 参照。ITSO の総会資料は会員登録後に ITSO のウェブサイト〈https://itso.int〉において閲覧できる。

[23]　この論点を提起するものとして，上記の先行研究の他，小塚荘一郎「衛星通信における市場競争と公共性：インテルサットの歴史から」情報通信法学研究会・通信法分科会報告資料（2021 年 3 月 15 日）〈https://www.soumu.go.jp/main_content/000738467.pdf〉も参照。

が採択された[24]。その基礎には，指定事業体（career's career）と国内の国際通信事業者（common career）の区別があった。なお当時，米国を除いて国内通信事業者は国営だった。財政拠出に関しては，各 PTO の業務使用割合に応じて理事会が決定した額を PTO が負担する。コムサット社が当初 6 割を拠出し，その後も 4 割を維持するとした[25]。

INTELSAT では単一性が原則とされた。すなわち，INTELSAT 加盟国は，INTELSAT とは別の ISO に参加することも可能である。しかし，組織が INTELSAT の周波数帯や軌道位置の利用と技術的両立しており，INTELSAT が別組織により著しい経済的損害（significant economic harm）を被らないことが総会で認定されなくてはならないとされた[26]。もっとも，1984 年の時点で，米国は INTELSAT 以外の系統の通信衛星システムを許可することが国益に沿うという判断をし，「著しい経済的損害」の解釈を実質的に変更することを試みるようになった[27]。1997 年にはこの調整メカニズムは廃止になった。

また，INTELSAT は商業的基礎に基づき無差別で衛星通信サービスを提供することとした[28]。すなわちその役務は公益のためになされるものの，経済的な対価が得られることが必要とされた。

1972 年，米国連邦通信委員会（FCC）がオープンスカイ政策（Open Sky Policy）を承認したことにより，コムサット社以外の民間事業者も衛星通信サービスに参入するようになる[29]。また，冒頭に述べたように，海底ケーブル事業との競合や米国以外の加盟国の通信事業の民営化が進んだ。そして 2000 年，米国が「国際電気通信の円滑化のための市場開放等に関する法律」（ORBIT 法）を制定し，これによって INTELSAT と INMARSAT の完全民営化がなされることになった[30]。

---

(24)　Agreement relating to the International Telecommunications Satellite Organization 'INTELSAT'［INTELSAT Agreement］, concluded on 2 August 1971, entered into force in 12 February 1973, UNTS, Vol. 1220, p. 21.

(25)　Operating Agreement, Article 4.

(26)　INTELSAT Agreement, Article 14 (d) .

(27)　青木・前掲注(1) 111 頁。

(28)　INTELSAT Agreement, Article 3 (a) .

(29)　経緯について，青木・前掲注(1) 110 頁参照。

(30)　Open-Market Reorganization for the Betterment of International Telecommunications Act, 114 Stat. 48, Pub. L. 106-180, 17 March 2000, https://www.congress.gov/106/plaws/publ180/PLAW-106publ180.pdf.

第 I 部　宇宙法規範の発展

2　民営化後の構造

(1)　組 織 構 造

　民営化以降の組織構造は，基本的に ITSO 協定とワシントン DC 州法上の契約であるところの PSA によることになった[31]。ITSO は次の構造を持つ。まず締約国総会がある。これは組織の統治機関であり，現在 149 の ITSO 加盟国で構成され，通常 2 年に 1 度，通常年次総会を開催する。締約国総会は，2 つ以上の加盟国間，または，ITSO と 1 つ以上の加盟国との間の協定に関連する紛争を解決する法律専門家パネルを選出する。執行機関は，ITSO の法的代表者である事務局長が率いており，締約国総会に責任を負う。事務局長は，インテルサット社による公共通信役務の提供を監督する。また，23 カ国の代表者で構成される諮問委員会は，事務局長から要請された事項について諮問的な助言を行う。ITSO 協定は発効から 12 年後以降，すなわち 2013 年以降，総会の決定により終了する[32]。しかし，その決定はまだなされておらず，ITSO は存続している。

(2)　ITSO とインテルサット社の権利義務

　ITSO は，インテルサット社による PSA の履行と，中核的な原則の実現を確保する。ITSO 協定上の中核的な原則は，インテルサット社がグローバルな接続を確保すること，ライフライン接続を確保すること，無差別にアクセスを提供することである[33]。そして，ITSO 加盟国は，インテルサット社が中核的原則を達成するために，適用される国内手続及び関係する国際条約に基づき，透明性，無差別，及び競争上中立な方法で必要な行動をとる義務を負う[34]。

　PSA にはインテルサット社が「どの国または地域も他の国または地域と接続できる能力を提供することにより，グローバルな接続性とカバレッジを維持」する義務，「インテルサットシステムへの非差別的なアクセスを提供」する義務などが規定されている[35]。また ITSO はインテルサット社による公共

---

(31)　Public Service Agreement between The International Telecommunications Satellite Organization and Intelsat, 18 July 2001, INTELSAT Assembly of Parties, Record of Decisions of the Twenty-Fifth (Extraordinary) Meeting, AP-25-3 (27 November 27 2000) (Attachment No. 3) [ITSO-Intelsat PSA].

(32)　ITSO Agreement, Article 21.

(33)　Ibid., Article 3.

(34)　ITSO Agreement, Article 11 (c).

(35)　ITSO-Intelsat PSA, Article 2.

役務義務の履行を審査および評価する権利を有する。そのために同社はITSO に対して年次報告書その他の報告義務を負う[36]。

ライフライン接続（Lifeline Connectivity Obligation, LCO）の維持とは，インテルサット社が民営化前と同じ質，価格で，衛星サービスを提供することである[37]。インテルサット社はLCO利用者である事業者との間でLCO契約を締結する。その条件としては，価格が2000年の水準を上回らないこと，LCO のための通信容量を他に使用しないこと，災害等の一定の状況における価格削減を保障することがある[38]。これまでに少なくとも12カ国の事業者がLCO 契約を締結したとされる[39]。契約期間は12年間（すなわち2013年終了）で更新はされない。

ITSO協定は，元来米国に有利な構造を有している[40]。協定が明示的にそのように規定していたわけではないが，米国が比較的強力な宇宙活動に関する規制法を有していたことが要因である。インテルサット社は米国企業であり米国法に服する。民営化前はINTELSAT協定上，調達は国際公開入札で行いその規則は組織の理事会が決めることになっていた。民営化後はその制約がなくなり，インテルサット社が自律的にその活動を決定することになった。

民営化以降，ITSOとインテルサット社はその事業運用に関して対立している。対立の根幹にはインテルサット社がITSOは終了するべきだと主張していることがある。すなわち同社は，ITSOは技術の発展に対応しておらず，ITSO の監視は不要であるという立場をとっている[41]。さらに2020年，インテルサット社は，160億ドルの負債を抱え，連邦破産法第11章の適用を申請した。同社は同年5月以降，ITSOに財政拠出することを拒否した。PSAに規定されている以上の資金をITSOの活動に提供する義務はないとしたのである[42]。これに対してITSOは，インテルサット社が破産申請以降，PSAとITSO協定を遵守していないこと，そして組織存続は総会が決定することを確認している[43]。

---

(36)　Ibid., Article 3.
(37)　Mechanick, *supra* note (1), p. 187.
(38)　Ibid., pp. 187, 199.
(39)　Lyall and Larsen, *supra* note (12), p. 340.
(40)　Ibid., p. 337.
(41)　ITSO, AP-39-13E W/08/20, para. 4 参照。
(42)　Ibid., para. 5 参照。

第Ⅰ部　宇宙法規範の発展

以上の状況を踏まえ，本稿では ITSO の存続を巡る対立の詳細には立ち入らず，INTELSAT から承継した周波数の利用を巡る争いに焦点を当てる。

3　ITSO とインテルサット社との C バンドの利用を巡る対立

(1) 共通遺産周波数の意義

上記の中核的原則を実施するため，ITSO は民営化前に INTELSAT が登録した軌道と周波数帯を「共通遺産周波数」(Common Heritage frequencies) としてそれを ITSO が所轄するものと協定に定めた[44]。2000 年の第 25 回総会において，総会は ITSO に割当てられていた周波数帯を米国と英国の主管庁 (Notifying Administration) に移転をすることを決定した。同年，米国と英国の主管庁はインテルサット社に当該周波数帯を使用することを承認した[45]。さらにITSO 協定は(1)事務局長は ITSO を代表して，締約国の共通遺産から生じる全て問題を検討し，締約国の見解を主管庁に伝達するものとし，(2)総会は，締約国の共通遺産に関する問題を検討するものと規定している[46]。米国と英国はITSO に毎年周波数の使用状況を報告する義務を負う[47]。

その後，民営化前の INTELSAT に割り当てられた周波数と米国，英国への割り当てとの区別が不明確になるという懸念があった。そこで 2008 年の第 32回締約国総会 (AP-32) は割当て及びネットワークに特別なシンボルを導入することを決定した。すなわち，周波数が共通遺産であることを明確にするため，ITU レジストリにおける締約国共通遺産の軌道上の位置および関連する周波数割当てのラベルを修正するように ITU に求めた[48]。これを受けて ITU-BRは共有遺産周波数に関して MIFR に注記をつけ，その周波数の管理に関してITSO 協定の適用があることを表示した[49]。

そして 2006 年，ITSO は FCC に対して，インテルサット社が 3 つの中核的原則を遵守することを，認可の条件にするよう申し立てた[50]。そのような条

---

(43)　Ibid., para. 6.

(44)　Ibid., Article 1 (1). 以下の共通遺産周波数を巡る動向についての記述は IAC-22-8E
　　　W/05/19, 29 April 2019 による。

(45)　FCC, 00-287, 8 August 2000 〈https://docs.fcc.gov/public/attachments/FCC-00-287A1.
　　　pdf〉.

(46)　Ibid., Article 10 (j), Article 9 (d)(ix).

(47)　Ibid., Article 12 (e).

(48)　ITSO, IAC-22-8E W/05/19, para. 11.

(49)　Ibid., para. 12.

102

件を付すことが，米国の ITSO 協定上の義務であるとしたのである。2008 年，FCC は通信法に基づき[51]，ITSO 協定を履行するために，インテルサット社は ITSO との PSA を維持すること，いかなる団体も ITSO との PSA 上の義務を履行しない限りインテルサット社の承継団体（a successor-in-interest）とみなされないことを，認可の条件として追加した[52]。

このような経緯もあり，インテルサット社破産後の処理について，ITSO は協定 12 条(c)(ii)を 2007 年に新たに採択した。同規定は 2017 年発効した。この規定は，インテルサット社，あるいは将来共通遺産周波数枠を利用する団体がその割当てを放棄した場合，ITSO 協定が定める以外の方法でそれを使用した場合，あるいは破産を申請した場合に，主管庁はその周波数の割当を，ITSO が中核的原則を遵守させられることを約する PSA に同意した団体にのみ許可すると定める[53]。

(2) 次世代 5G サービスの展開とその後

2020 年，次世代 5G サービスの展開を加速させるために，FCC は一部の C バンドを再配分することを決定した。これは，2014 年以降パブリックコメントの募集などを経て規則を改正したものである[54]。具体的には，3.7 ～ 4.2GHz の周波数帯を次世代の地上固定・移動ブロードバンドサービスに利用できるようにするとした。そのために 2018 年以降，新規の申請を凍結し，280MHz 以下の C バンドを開放して 5G 通信のために利用できるようにしている。FCC は新しい 5G の周波数オークションを 2021 年 2 月以降実施している[55]。

ITSO は FCC のこのような規則改正や周波数の配分について懸念を表明している。まず，対象になっている周波数帯は，共通遺産周波数帯の一部である。それらを ITSO 協定 12 条(c)(ii)によることなく再配分することは米国の ITSO 協定上の義務に反する。そして上記の決定によってインテルサット社が現在使

---

(50)　FCC, DA 08-444, IB Docket No. 06-137, File No. SAT-MSC-20060710-00076, 21 February 2008〈https://docs.fcc.gov/public/attachments/DA-08-444A1.pdf〉.

(51)　Communications Act, Section 316 (a).

(52)　FCC, *supra* note (50).

(53)　ITSO Agreement, Article 12 (c)(ii). 発効につき Article 15 (d)参照。

(54)　2014 年，Notice of Inquiry の公表があり 2018 年 7 月に改正規則案が公表された。2020 年 3 月に規則が制定された。"Expanding Flexible Use of the 3.7 to 4.2 GHz Band," FCC 20-22, 35 FCC Rcd 2343 (released 3 March 2020), 85 Fed Red 22804 (23 April 2020)。

(55)　Report and Order and Order of Proposed Modification - GN Docket No. 18-122〈https://www.fcc.gov/5G〉.

第Ⅰ部　宇宙法規範の発展

用している米国に隣接する区域における周波数帯等に直接，間接の影響が出るため，インテルサット社の中核的原則の遵守が難しくなるという[56]。これに対して，インテルサット社は，計画は共通遺産周波数帯には影響がないのでITSOの見解は認められず，ITSOはCバンドの再配分にいかなる役割も果たすべきではないという見解を表明している[57]。このやり取りがなされた後，インテルサット社は再建のため，同社が保有するCバンドをFCCに譲渡しFCCから48.7億ドルを受領するという計画を破産裁判所が2021年に承認している[58]。

　ここではまずITSO条約上，米国が国内で周波数帯の再配分を行うことはできるかを確認しておく。ITSOが周波数帯の割当について米国に移管したこと，米国の措置によって中核的原則の実施が妨げられないことに鑑みれば，この点は肯定されるべきである。共通遺産周波数をインテルサット社以外の企業に配分する際にはITSO協定12条(c)(ii)の制約には服することになるが，この点は現時点では問題になっていない。

　仮にITSOが終了した場合に残された問題は，途上国への通信役務提供を制度的に担保することはできるかという点である。確かにITSOがなければ途上国への無差別的な役務提供についての制度的な担保はなされない。しかし民間事業者が通信の提供を行う実践が確立しているのであれば，冒頭に述べた衡平なアクセス原則の実現を国際公役務として行わなくてはならない理由は残っていないとも考えられる。

Ⅲ　国際移動通信衛星機構

1　民営化前の構造

INMARSATは移動通信衛星（MSS）を促進させることで，海難救助，海運

---

(56)　このやりとりについてはインテルサット社がFCCに提出した文書で示されている。WTB 18-122, June 26, 2020〈https://www.fcc.gov/ecfs/search/search-filings/filing/10626006821958〉.

(57)　Ibid.

(58)　Intelsat SA, 20-32299, U.S. Bankruptcy Court, Eastern District of Virginia, Order Confirming Chapter 11 Plan（Re: related document(s)3891 Amended/Modified Chapter 11 Plan filed by Intelsat S.A.）（Bullock, Nathaniel）（Entered: 12/17/2021）〈https://cases.stretto.com/intelsat/〉; U.S. Bankruptcy Court, Bankruptcy Petition #: 20-32299-KLP〈https://www-a.vaeb.uscourts.gov/servecal/files/megadkt/723198.html〉.

の効率化に資することを目的として設立された。1976年，国際海事機関（IMO）の主導によって INMARSAT 設立協定が採択され，1979年に発効した。1988年海上人命安全条約（SOLAS 条約）の改正によって，1992年より INMARSAT が「海上における遭難及び安全に関する世界的な制度」（GMDSS）を提供することが決定した。船舶は GMDSS を通じて付近の海難救助調整センターや他の船舶と通信することができる。GMDSS は船舶や航空機の運航，海賊対処，災害救助活動の際に不可欠であるし，船舶の効率的な運行管理にも資する。1994年，INMARSAT は名称を IMSO に変更した。

INMARSAT についても単一性の原則が維持されている。すなわち，周波数など干渉がなく技術的両立性が保持され，経済的に著しい損害を与えないならば別個システムは許容される[59]。しかし1991年総会において，システム参入の条件が大幅に緩和された。他方で，INMARSAT は加盟国の指定事業者が利用状況に応じて出資することになっており増資が容易でなかった[60]。総会は1996年，基本要素（Essential Elements）を採択し，政府間組織としての性格を維持することを原則とした。しかし，市場の要請として公正な競争をする必要性も認められていた。

1998年，INMARSAT の民営化が決定した。民営化の主な背景は次のとおりである[61]。第1に，移動通信を提供する民間の競合企業が台頭してきたことである。そのため，INMARSAT が享受していた免税，主権免除，その他の特権を剥奪して加盟国の事業者が対等に競争できるようにしたいという，米国等を始めとした先進国の要請があった。第2に，投資株式の価値を最大限に高め，株式を自由に売買できるようにし外部資本を獲得する必要があった。そのため投資者の有限責任と理事会という通常の統治の形態が望ましいとされた。

---

(59)　INMARSAT Agreement, Article 8.

(60)　青木・前掲注(1) 114 頁；David Sagar, "The Privatization of Inmarsat - Special Problems," *International Organisations and Space Law, Proceedings of the Third ECSL Colloquium, Perugia, Italy, 6–7 May 1999* (1999) p. 129 〈https://adsabs.harvard.edu/full/1999ESASP.442..127S〉.

(61)　青木・前掲注(1) 114 頁；David Sagar and Patricia K McCormick, "Inmarsat: In the Forefront of Mobile Satellite Communications," *The Transformation of Intergovernmental Satellite Organisations* (Brill, 2013) p. 42.

第 I 部　宇宙法規範の発展

2　民営化後の構造

民営化後の構造は次のとおりである[62]。まず，インマルサット社が衛星運用，サービス提供，経営を担う。政府間組織である IMSO は，インマルサット社が PSA に基づいてサービスを提供しているかを監督する役割を担う。PSA は英国法によって規律される[63]。

インマルサット社の事業は，英国法に基づいて登録された持株会社と事業会社によって実施される。旧 INMARSAT の全資産と商業事業は事業会社に移管される。旧 INMARSAT 加盟各事業者は，持株会社の普通株式を保有し，有限責任を負う。インマルサット社は 2005 年にロンドン証券取引所に上場した。これは，米国の 2000 年 ORBIT 法において新規株式公開（IPO）を求めることが定められていたことによる。

IMSO によるインマルサット社のコントロールは次のようになされる[64]。まず，IMSO はインマルサット持株会社の特別株を保有する。GMDSS やその他の公役務の義務に関連する覚書や定款の特定部分の変更に拒否権を持つ。1 事業者の保有株式は発行済み資本の 15 ％に制限される。ただし，米国のみ，既存の株式（約 22 ％）を維持できる。このようにして，IMSO は ITSO がインテルサット社に対して持っているより強い監視権限をインマルサット社に対して持つ。

インマルサット社役務の内容は次のとおりである[65]。まず，GMDSS 衛星通信サービスの提供（特に SOLAS 条約，ITU 無線規則で定められている範囲）である。ただし，2008 年 IMSO 条約改正で SOLAS 条約，ITU 無線規則の参照部分は削除され，IMO の法的枠組みで実施することになった。また，無差別原則，専ら平和的目的での利用，途上国に妥当な考慮を払って，全ての地域を網羅すること，公平な競争に沿う形で運営することが明記された。

海域における通信役務の提供としては，次のことが定められた。まず，GMDSS は民間事業者によって維持され，利益が出ないとしても，同じ水準の

---

(62)　青木・前掲注(1) 119 頁参照。

(63)　The International Mobile Satellite Organization and Inmarsat One Limited and Inmarsat Two Company［IMSO-Inmarsat PSA］, Section 17.1〈https://imso.org/wp-content/uploads/2024/04/Public-Service-Agreement-Inmarsat-English.pdf〉. その他，IMSO の基本文書は ウェブサイト〈https://imso.org/about/#basic〉から閲覧できる。

(64)　Sagar and McCormick, *supra* note (61), p. 50.

(65)　IMSO-Inmarsat PSA, Section 2.

ものを，利用者の費用において提供する[66]。ただし，他の事業者が GMDSS を提供することができる場合には，その限りではない。IMSO 協定 6 条は，加盟国は IMO が承認した GMDSS 役務提供者が役務を提供できるように自国法に沿って適切な措置をとることを定める。この提供者はインマルサット社に限定されない。2020 年 12 月，米国のイリジウム社が GMDSS システムを構築することになった。同社は 2018 年に IMO の承認を受け，2019 年に IMSO と PSA を締結している[67]。

IMSO は IMO の船舶長距離識別追跡（LRIT）の調整役を担う[68]。IMSO は各国の LRIT データセンター団体と LRIT 役務合意を締結する。また，IMSO が各事業者との PSA を実施することによって GMDSS を監視することになっている。

これに関連して IMSO と事業者との協力体制も特記に値する[69]。まず，公共役務委員会（PSC）を設け，IMSO と事業者との協議の場を設けている。委員会は特に事業者の IMSO に対する義務の履行に関連する事項について情報と意見を交換することである。それから衛星またはネットワークに障害が発生した場合などの不測事態に備えて，事業者が 1 時間以内に必要な海上遭難および安全サービス（例えば遭難警報，捜索救助（SAR）調整通信，海上安全情報（MSI）放送）を復旧できるようにすることを目的として，IMSO と事業者が共同して定期的に訓練演習を実施している。さらに事業者は障害などが発生して役務の停止をする場合には IMSO に報告する義務がある。IMSO はそれらの報告記録を保管し，必要に応じて追加の情報を求めることができる。

3 IMSO とインマルサット社との C バンドの利用を巡る対立

C バンドを巡る対立は IMSO についてもある。しかしこちらについてはイ

---

(66) IMSO-Inmarsat PSA, Article 2.1.3

(67) Public Service Agreement between The International Mobile Satellite Organization and Iridium Satellite LLC［IMSO-Iridium PSA］, available at 〈https://imso.org/wp-content/uploads/2024/04/Public-Service-Agreement-incl.-Letter-of-Compliance-Iridium-English.pdf〉.

(68) IMSO Convention, Article 4. LRIT とは船上に搭載した通信機器によって定期的に自国籍のデータセンターに位置情報等を通報し，それらをデータセンター間で国際的に交換するシステムである。

(69) IMSO, GMDSS Training, available at 〈https://imso.org/our-work/gmdss/gmdss-training/〉.

第 I 部　宇宙法規範の発展

ンマルサット社に監督することが時代に適合していないという評価はない。加盟国及びインマルサット社が IMSO の役務の国際公益性を認めている点が，ITSO とは異なる。

このことを示す例が IMSO とオランダ政府との対立である。オランダ政府は，2014 年にインマルサット社が使用していた C バンドを含む周波数帯を再配分する計画を 2014 年に公表した。2022 年に周波数オークションを実施する予定であった[70]。これに対して，インマルサット社はその計画の差止めを求めた。主張の根拠として，計画が実施されるとオランダ北部のブーラム（Burum）の基地局を経由する通信が提供できなくなり[71]，ひいては Inmarsat が広範囲にわたり船舶等への通信提供ができなくなるので，オランダが IMSO 協定 6 条に違反することを挙げていた[72]。これに対して，オランダ政府は，IMSO 協定 6 条が，各国法に従いなされることを定めていると主張した[73]。2021 年 6 月 30 日のロッテルダム行政裁判所の決定では，インマルサット社の訴えが認容された。その理由の一つとしてオランダ政府が同社が国際社会を代表して提供する役務の特別な性質を看過していることを挙げている[74]。

IMSO について ITSO のような対立が生じていないのは，上記のように RIISO の権限が ITSO よりも広く設定されていることと，移動体に対する国際公役務の公益性が争われていないこと，IMSO と企業の協力体制が確立していることが要因の一つと考えられる。

お わ り に

2000 年代に INTELSAT と INMARSAT を民営化する際に，RIISO を残しておいたのは，主にはそれがなければ衛星通信にアクセスできない発展途上国らの利益のためである。しかし本稿では衛星通信市場の発展により，設立国の

---

(70)　これは次世代 5G サービスに備えて周波数帯を再配分することを加盟国に義務付ける EU 指令によるものである。EU Directive 2018/1972, Article 54.

(71)　ブーラム基地の概要について Inmarsat, Press Release, available at 〈https://www.inmarsat.com/content/dam/inmarsat/corporate/documents/corporate/news/2021/Inmarsat_Burum_Infographic_Landscape_NL.pdf.coredownload.pdf〉.

(72)　Rechtbank Rotterdam, June 30, 2021, para. 9, 〈https://uitspraken.rechtspraak.nl/inziendocument?id=ECLI:NL:RBROT:2021:6106〉.

(73)　Ibid., para. 14.

(74)　Ibid., para. 24.

法政策が，RIISO 協定上の企業に役務を果たさせる加盟国の義務に抵触する場合があること，そして RIISO の存続が問題になる局面があることを示した。民間事業者が全世界規模の通信ネットワークを構築しようとしている今日，通信役務提供を市場競争に委ねても地球規模の衡平なアクセスは確保できるだろう。さらに新規参入の事業者が収益を出すためには，既に市場を押さえている旧 ISO 企業との公正な競争の確保が課題である。衛星通信事業で収益を上げるためには相応の規模が必要なためである。特に民間事業者が全世界規模の通信ネットワークを構築しようとしているため，ITSO に関してはその存続が適当かは検討の余地がある。民間事業者が宇宙開発を主導する NewSpace 時代における RIISO の意義がどのように変容するか，今後の展開が注目される。

〔付記〕本研究は科研費基盤研究 (B)24K00207 の成果の一部である。

第Ⅱ部　宇宙の安全保障

8　宙対地兵器の構想と宇宙利用の安定性

福 島 康 仁

〈要　旨〉

　本稿は宙対地兵器の構想が宇宙利用の安定性に与えてきた影響を分析・考察する
ものである。これまで実際の宙対地攻撃はもちろんのこと宙対地兵器の宇宙配備が
確認されたこともない。そのため軍備管理や宇宙安全保障という観点において，宙
対地兵器への関心や議論は低調なものにとどまってきた。だが，国家による宙対地
兵器の構想は宇宙開発利用の黎明期から存在し研究・開発が断続的に試みられてきた。
宙対地兵器として使用し得る部分軌道爆撃システムが地上配備されていた時期もあ
る。こうした構想の存在は対宇宙兵器の研究・開発，実験，配備や軍備管理条約の
提案といった形で対峙する国家による軍事的・外交的対応を引き起こしてきた。加
えて，ミサイルを迎撃する宙対地兵器は対衛星兵器としてのデュアルユース性を有
することから，宙対地兵器を研究・開発する国家においては，軍備管理交渉の方針
を策定するにあたり重大な考慮要因となってきた。

は じ め に

　宙対地（space-to-earth/space-to-ground）兵器とは，地球上の目標を攻撃する
ための宇宙配備型兵器である。宇宙配備型の対地，対艦，対空兵器であり，攻
撃対象には大気圏内を飛翔するミサイルが含まれる。宇宙配備とは月その他の
天体を含む宇宙空間への配置を指し，地球を回る軌道に乗らず宇宙空間を一時
的に通過するのみである弾道飛行は該当しない。

　これまで実際の宙対地攻撃はもちろんのこと宙対地兵器の宇宙配備が確認さ
れたこともない。宙対地兵器を実用化するにあたっての技術面や費用面での課
題はたびたび指摘されており[1]，宙対地兵器の配備や使用が差し迫っている
という状況にはない。

　そのため軍備管理や宇宙安全保障という観点において，宙対地兵器への関心
や議論は宙対宙（space-to-space）兵器や地対宙（earth-to-space）兵器に比べて

（1）　古くは下記を参照。池田文雄『宇宙条約の解説』（国際電信電話株式会社，1967 年）
　　47-48 頁。

第Ⅱ部　宇宙の安全保障

低調なものにとどまってきた[2]。関連する先行研究も戦略防衛構想（SDI）を除けば少ない[3]。だが，国家による宙対地兵器の構想は宇宙開発利用の黎明期から存在し研究・開発が断続的に試みられてきた。宙対地兵器として使用し得る部分軌道爆撃システム（FOBS）が地上配備されていた時期もある。

着目すべきは，宙対地兵器に関する構想の存在が当該国家の軍備管理政策に影響を与えると同時に，対峙する国家の軍事的・外交的反応を引き起こしてきたことである。2020年代に入っても国家による宙対地兵器の研究やFOBSの発射試験が行われており，宙対地兵器の問題は現在進行形である。宙対地兵器の問題を理解することなしに，宇宙の軍備管理や宇宙安全保障の全体像を理解することはできない。

こうした問題意識に基づき，本稿では宙対地兵器の構想が宇宙利用の安定性に与えてきた影響を分析・考察する。具体的には，まず，国家による宙対地兵器の構想を冷戦期までと冷戦後に分けて振り返る。その上で，宙対地兵器の構想が宇宙利用の安定性に与えてきた影響を分析するとともに，今後の課題を考察する。

Ⅰ　宙対地兵器の構想

1　冷戦期まで

宙対地兵器に関する構想は宇宙開発利用の黎明期から存在していた。敵味方の相互作用に起因する戦闘空間の外延的拡大が陸から海そして空へと進んできたという歴史的経緯を踏まえれば[4]，宇宙空間に兵器を配備して各種目標へ

（2）　宇宙の軍備管理に関する議論において，宙対宙，地対宙，宙対地という分類は3つのベクトルアプローチと呼ばれる。宙対宙兵器は宇宙配備型の対衛星兵器であり，地対宙兵器は陸海空配備型の対衛星兵器である。Benjamin Silverstein, Daniel Porras, and John Borrie, "Alternative Approaches and Indicators for the Prevention of an Arms Race in Outer Space," *Space Dossier*, File 5 (May 2020), pp. 25-28; Almudena Azcárate Ortega, and Sarah Erickson, "OEWG on Reducing Space Threats: Recap Report," United Nations Institute for Disarmament Research (February 2024), pp. 21-22.

（3）　SDIに関する最新の先行研究としては下記がある。Aaron Bateman, *Weapons in Space: Technology, Politics, and the Rise and Fall of the Strategic Defense Initiative* (The MIT Press, 2024).

（4）　長尾雄一郎，石津朋之，立川京一「戦闘空間の外延的拡大と軍事力の変遷」『戦争の本質と軍事力の諸相』（彩流社，2004年）105，108頁。

114

の攻撃に使用するという発想が生まれることに驚きはない。第2次世界大戦の終了から間もない1946年に米空軍の委託でダグラス・エアクラフト社のプロジェクト・ランドが作成した報告書では，ミサイルの誘導や着弾観測，敵地の気象観測に衛星を利用することに加えて，衛星そのものを目標に落下させて対地攻撃に用いる可能性への言及がみられる[5]。

そして，衛星が実用化され宇宙開発利用が幕開けした1950年代末から1960年代初めにかけて，米ソは衛星の軍事的可能性を包括的に検討する中で宙対地兵器を議論の俎上に載せた。ソ連がスプートニク1号の打上げに成功した1957年10月には米空軍が有人宇宙機（X-20ダイナソア）の開発計画を開始した[6]。同計画には弾道飛行のみならず軌道を周回するタイプが含まれており，地上目標をあらゆる方向から核攻撃する能力を持たせることが検討された[7]。翌1958年に国家安全保障会議が策定した「宇宙空間に関する米国の予備的政策」にも，将来あり得る軍事利用の1つとして爆撃衛星（bombardment satellites）が盛り込まれた[8]。これは地球上の目標を攻撃する無人・有人の衛星である[9]。

ただし，米国はX-20のプログラムを1963年に中止するなど，爆撃衛星の開発を本格化させることはなかった[10]。その背景には，軌道から核弾頭が偶発的に落下する事故を懸念したことや，戦略爆撃機や大陸間弾道ミサイルといった他の核兵器運搬手段を上回る費用対効果を得られる見込みがないという判断があったといわれる[11]。

一方のソ連は1957年から爆撃衛星の検討を開始したとされる[12]。1960年

---

(5)　RAND, *Preliminary Design of an Experimental World-Circling Spaceship* (May 1946), pp. 9-11.

(6)　GlobalSecurity.org, "X-20 Dyna-Soar," at https://www.globalsecurity.org/space/systems/x-20.htm.

(7)　Braxton Eisel, "The FOBS of War," *Air & Space Forces Magazine* (June 1, 2005), at https://www.airandspaceforces.com/article/0605fobs/.

(8)　The Aerospace Corporation, "National Security Council, *Preliminary U.S. Policy on Outer Space*, NSC 5814/1, August 18, 1958," p. 8, at https://aerospace.org/sites/default/files/policy_archives/NSC-5814-1%20Space%20Policy%20Aug58.pdf.

(9)　*Ibid.*

(10)　Eisel, *supra* note (7).

(11)　*Ibid.*; 池田・前掲注(1) 47-48 頁。

(12)　Clayton K. S. Chun, "Shooting Down a 'Star': Program 437, the US Nuclear ASAT System and Present-Day Copycat Killers," *The CADRE Paper*, No. 6 (April 2000), p. 7.

第Ⅱ部　宇宙の安全保障

には同年から 1967 年にかけての宇宙計画をソ連は法制化したが，セルゲイ・コロリョフ（Sergei Korolev）が作成した草案にはレーダー偵察や対衛星（ASAT）攻撃のみならず対地攻撃に使用する軍事衛星船（military satellite-ships）の開発計画が盛り込まれていた[13]。1961 年にはニキータ・フルシチョフ（Nikita Khrushchev）首相が宇宙飛行士を他の積み荷に置き換えて望む場所に着陸させることができると述べ，軌道から核攻撃する能力の潜在的保有を示唆した[14]。

　地球を周回する軌道に加えて天体に対地兵器を配備する可能性も同時期に議論された。1960 年に米空軍の弾道ミサイル師団宇宙計画分析局が作成した軍事月基地計画の研究報告書で，月面に配備し得る戦略システムの例として月配備型地球爆撃システムが挙げられた[15]。これは月に地球上の目標を攻撃するミサイルを配備するという構想である。その狙いはソ連による先制核攻撃を逃れられる核報復能力を獲得することにあったと考えられる。

　これらの宙対地兵器は実用化されなかった一方で，FOBS についてはソ連によって地上配備にいたった。FOBS は軌道投入後，地球を完全に一周する前に軌道離脱して地上目標を攻撃する兵器である[16]。FOBS は原理上，地球を何度も周回する多軌道爆撃システム（MOBS），すなわち爆撃衛星としても運用可能である。

　1962 年にフルシチョフは FOBS について公の場で言及し，「我々は北極上空だけでなく，反対方向にもミサイルを発射できる。（中略）グローバルロケットは，海洋やその他の方向から発射でき，その方向に警戒施設を設置することはできない。グローバルミサイルが存在すれば警戒システム全般は重要性を失

---

(13)　法制化された宇宙計画は機密解除されていないため，コロリョフの提案がどこまで反映されたかは定かでない。Asif Siddqi, *Sputnik and the Soviet Space Challenge* (University Press of Florida, 2003), pp. 239-240.

(14)　Central Intelligence Agency, "Foreign Broadcast Information Service, Soviet 'Orbital Rockets,' Radio Propaganda Report, August 3, 1965," p. 2, at https://www.cia.gov/readingroom/docs/DOC_0005460045.pdf.

(15)　The National Security Archive, the George Washington University, "Directorate of Space Planning and Analysis, Air Force Ballistic Missile Division, *Military Lunar Base Program (c) or S.R. 183 Lunar Observatory Study (u), Volume 1: Study Summary and Program Plan*, April 1960," p. I-1, at https://nsarchive2.gwu.edu/NSAEBB/NSAEBB479/docs/EBB-Moon03.pdf.

(16)　米国は，FOBS は地球を完全に一周せず軌道配置とみなされないため，核兵器を搭載している場合でも宇宙条約に違反しないとの立場であった。Nicholas L. Johnson, *Soviet Military Strategy in Space* (Janes Information Group, 1987), p. 135.

う。グローバルミサイルは，対抗措置を講じるために必要な時間内に発見することはできない。」とその優位性を説明した[17]。ソ連は同年にFOBSの研究・開発を始め複数回の発射試験を経て，1968年までにはR-36Oとして地上サイロへの配備を始めたとみられている[18]。

1979年にはFOBSの撤去・破壊を規定する第2次戦略兵器制限条約が米ソ間で署名された。同条約は未発効にとどまったがソ連は1983年にFOBSを退役させた[19]。ソ連がFOBSを退役させた背景には，他の核兵器運搬手段に比して費用対効果に劣るという判断があったと考えられる。FOBSは弾道ミサイルに比して命中精度が劣り，かつ軌道投入と離脱に追加の燃料が必要であり大陸間弾道ミサイルよりも弾頭が小さくなることから，地下サイロといった硬化目標の攻撃には有効ではないとみられていた[20]。さらに早期警戒衛星によってFOBSは発射直後に探知され得るようになったことや，FOBSよりも奇襲攻撃に向いており残存性が高い潜水艦発射型弾道ミサイルが実用化されたことも影響したとみられている[21]。

なお，米国もFOBSに関心をもっていたものの，1965年に数年にわたって実施した研究の中止を決定した[22]。中国もソ連を模倣して1965年にFOBSである東風6号の研究を始めたが，1973年に技術的問題で断念している[23]。

よく知られている通り1980年代には，弾道ミサイルの迎撃を目的とする宙対地兵器の研究・開発が米国によって本格的に行われた。米国のロナルド・レーガン（Ronald Reagan）大統領は1983年に国民に向けて演説し，今世紀末までに実現することはできないかもしれないと断ったうえで，対弾道ミサイル（ABM）条約上の義務に合致した形で，戦略核ミサイルによる脅威を排除する

---

(17) Federation of American Scientists, "R-36O / SL-X-? FOBS," at https://nuke.fas.org/guide/russia/icbm/r-36o.htm.

(18) Johnson, *supra* note (16), pp. 131-136.

(19) Federation of American Scientists, *supra* note (17).

(20) Robert Preston, Dana J. Johnson, Sean J. A. Edwards, Michael D. Miller, and Calvin Shipbaugh, *Space Weapons Earth Wars*（RAND Corporation, 2002）, p. 12; Johnson, *supra* note (16), p. 132.

(21) Preston, Johnson, Edwards, Miller, and Shipbaugh, *supra* note (20), p. 12; Johnson, *supra* note (16), p. 133.

(22) Paul B. Stares, *The Militarization of Space: U.S. Policy, 1945–1984*（Cornell University Press, 1985）, pp. 103-104.

(23) Federation of American Scientists, "DF-6," at https://nuke.fas.org/guide/china/icbm/df-6.htm.

第Ⅱ部　宇宙の安全保障

という究極の目標を達成するための長期的な研究・開発計画を策定する方針を表明した[24]。翌1984年にレーガン大統領は「国家安全保障決定指令」第119号を通じてSDIの開始を指示した[25]。

1987年にキャスパー・ワインバーガー（Caspar Weinberger）国防長官が承認した戦略防衛システム（SDS）の第1段階アーキテクチャーには，ミッドコース段階で迎撃する陸上配備型インターセプターに加えて，弾頭やデコイが分離される前のブースト段階およびポストブースト段階で迎撃する宇宙配備型インターセプター（SBI）が盛り込まれた[26]。SBIは低軌道に配置され，弾頭の直撃による運動エネルギーで迎撃する計画であった[27]。さらにSDSの第2段階以降のアーキテクチャーとして宇宙配備型レーザーと宇宙配備型中性粒子ビームも構想されていた[28]。

付言すればソ連も1970年代後半に，大陸間弾道ミサイルを迎撃する宙対地兵器の検討を行ったことがある[29]。だが，ソ連国防省は技術的に困難であると判断し，本格的な研究・開発に移行しなかった[30]。

2　冷　戦　後

冷戦後も宙対地兵器に関する国家による取り組みは続いてきた。1989年末には米ソ間で冷戦終結が宣言されたが，SDIがただちに中止されたわけではな

---

(24)　The Ronald Reagan Presidential Library and Museum, "Address to the Nation on Defense and National Security, March 23, 1983," at https://www.reaganlibrary.gov/archives/speech/address-nation-defense-and-national-security. ABM条約は1972年に締結され同年中に発効した。同条約第5条には宇宙配備型ABMシステムやその構成部分を開発・実験・展開しないことを約束するとの規定がある。

(25)　Federation of American Scientists, "The White House, *Strategic Defense Initiative*, National Security Decision Directive Number 119, January 6, 1984," at https://irp.fas.org/offdocs/nsdd/nsdd-119.pdf.

(26)　Defense Technical Information Center, U.S. Department of Defense, "Strategic Defense Initiative Organization, Report to Congress on the Strategic Defense System Architecture, January 1988," p. 1, at https://apps.dtic.mil/sti/tr/pdf/ADA195476.pdf; Donald R. Baucom, "The Rise and Fall of Brilliant Pebbles," *The Journal of Social, Political and Economic Studies*, Vol. 29, No. 2 (Summer 2004), pp. 146-147.

(27)　Defense Technical Information Center, *supra* note (26), p. 7.

(28)　*Ibid.*, pp. 10-11.

(29)　Dwayne A. Day and Robert G. Kennedy III, "Soviet Star Wars," *Air & Space Magazine* (January 2010), at https://www.smithsonianmag.com/air-space-magazine/soviet-star-wars-8758185/.

(30)　*Ibid.*

い。翌1990年にはブリリアント・ペブルズがSDSの第1段階アーキテクチャーの基本システムに選定された[31]。当初構想されていたSBIは個々の大型衛星に複数のインターセプターを搭載する計画であったが、ブリリアント・ペブルズは安価な小型衛星にそれぞれ単発のインターセプターを載せることで費用とシステム全体の脆弱性を低下させることができると見積もられた[32]。ジョージ・H・W・ブッシュ（George H. W. Bush）大統領は1991年にSDIから「限定的弾道ミサイルに対するグローバル防衛」に取り組みを縮小したが、ブリリアント・ペブルズの研究・開発は継続した[33]。

　ウィリアム・クリントン（William Clinton）政権発足後の1994年には、ブリリアント・ペブルズの要素技術（小型衛星を実用化するための小型画像センサーや軽量ソーラーパネル）を実証するために、弾道ミサイル防衛局が航空宇宙局と共同で月探査機のクレメンタインを打上げた[34]。たが、同年にクリントン大統領は米国本土を対象とする国家ミサイル防衛ではなく海外に展開する部隊や同盟国の防衛を目的とする戦域ミサイル防衛を優先すると決め、ブリリアント・ペブルズの研究・開発を中止した[35]。

　21世紀に入るとジョージ・W・ブッシュ（Geroge W. Bush）政権がSBIに関する取り組みを再開しスペース・テスト・ベッドと呼ばれる実証機の打上げを目指したが[36]、バラク・オバマ（Barack Obama）政権は関連する取り組みを中止した[37]。つぎのドナルド・トランプ（Donald Trump）政権は2019年に発表した「ミサイル防衛見直し」でSBIの概念と技術に関する検討を実施すると表明したものの[38]、ジョセフ・バイデン（Joseph Biden）政権が2022年に

---

(31)　Lawrence Livermore National Laboratory, "Brilliant Pebbles," at https://www.llnl.gov/archives/1980s/brilliant-pebbles.

(32)　Baucom, *supra* note ㉖, pp. 147-149.

(33)　*Ibid.*, p. 171.

(34)　National Aeronautics and Space Administration, "Clementine," at https://science.nasa.gov/mission/clementine/.

(35)　Lawrence Livermore National Laboratory, *supra* note ㉛. ただし、北朝鮮による弾道ミサイルの開発進展を受けてクリントン政権は1990年代末に国家ミサイル防衛と戦域ミサイル防衛を同列に扱う方針に転換した。神保謙「弾道ミサイル防衛（BMD）と日米同盟 ── 日米共同研究の政策過程と同盟の『戦略調整』」『国際安全保障』第29巻第4号（2002年3月）48頁。

(36)　"U.S. to Study Possible Space-Based Defense," *Reuters*（October 18, 2008）, at https://jp.reuters.com/article/us-to-study-possible-space-based-defense-idUSN17333392/.

(37)　Peter L. Hays, *Space and Security: A Reference Handbook*（Abc-Clio Inc., 2011）, p. 74.

第Ⅱ部　宇宙の安全保障

発表した「ミサイル防衛見直し」には SBI に関する記載が含まれなかった[39]。他方で議会は 2023 年末成立の 2024 会計年度国防授権法を通じて，国防省に対して同会計年度に SBI に関する独立した分析を然るべき連邦政府出資研究開発センターに行わせたうえで報告書を議会に提出するように求めた[40]。

　米国は陸上の目標を攻撃する宙対地兵器についても冷戦後に構想している。1997 年に旧宇宙コマンドが策定した「2020 年に向けた宇宙コマンドのビジョン」では宇宙配備型のグローバルな精密打撃能力への言及があり，宇宙配備型指向性エネルギー兵器でイラク周辺を攻撃している図が掲載されている[41]。翌 1998 年に同コマンドが策定した「長期計画 ―― 2020 年に向けた宇宙コマンドのビジョンの実施」では，文民指導部が宇宙から武力を用いることが国益にかなうと判断した場合に備えることが計画の目的であるとしたうえで，有翼型宇宙作戦機や宇宙配備型レーザーといった構想が列挙されている[42]。

　冷戦後に宙対地兵器に関連する取り組みを行ってきたのは米国だけではない。米国防省の分析によれば，中国の政府系学術コミュニティは少なくとも 2006 年以降，陸海空の目標を攻撃する宇宙配備型運動エネルギー兵器に関する航空宇宙工学の研究（再突入方法，ペイロードの分離，運搬手段，ターゲティング目的の軌道変更など）を開始している[43]。また，中国は冷戦期に FOBS の開発を断念したが，2021 年に FOBS の発射試験を成功させた。米国防省によれば，同試験は極超音速滑空体を FOBS に搭載して打上げた世界初の事例となった[44]。さらに，国有企業の中国電子科技集団傘下で電子戦装備を開発する研究所は，極超音速対艦ミサイルが探知されないように米空母打撃群の対空レーダーに対して低軌道上の衛星群から妨害波を発信するという机上検討を実施したと，2024 年に報じられている[45]。

---

(38)　U.S. Department of Defense, *2019 Missile Defense Review* (January 2019), p. 9.

(39)　U.S. Department of Defense, *2022 Missile Defense Review* (October 2022).

(40)　National Defense Authorization Act for Fiscal Year 2024 (December 2023), sec. 1671.

(41)　U.S. Space Command, *Vision for 2020* (February 1997).

(42)　U.S. Space Command, *Long Range Plan: Implementing USSPACECOM Vision for 2020* (March 1998), pp. 64-70.

(43)　Defense Intelligence Agency, U.S. Department of Defense, *Challenges to Security in Space: Space Reliance in an Era of Competition and Expansion* (April 2022), p. 18.

(44)　National Space Intelligence Center and National Air and Space Intelligence Center, U.S. Department of Defense, *Competing in Space*, Second Edition (December 2023), p. 13.

II　宇宙利用の安定性に与えてきた影響

1　対宇宙兵器の研究・開発，実験，配備

　これまで見てきたとおり宇宙開発利用の初期から現在まで国家によって宙対地兵器が構想されてきた。こうした構想の存在が宇宙利用の安定性に与えてきた影響の1つは対峙する国家が対宇宙兵器の研究・開発や実験，配備を行う誘因となってきたことである。地球上の作戦を情報面で支援する宇宙システム（例えば情報収集や通信，測位といった機能を提供するもの）の存在も相手方が対宇宙兵器の研究・開発や実験，配備を行う誘因となるが，宙対地兵器は地球上の目標に直接損害を与えることから情報支援機能とは比較にならないくらい強い懸念を対峙する側に抱かせる。

　米国が1960年代にASAT兵器を配備したのは，ソ連が核搭載型爆撃衛星を配備する事態に備えるためであった。1963年にジョン・ケネディ（John Kennedy）大統領はソ連が宇宙に核兵器を配置する事態への予防的対応としてASAT能力を可能な限り早い時期に開発することを承認した[46]。これを受けて空軍は1964年に核弾頭を用いる直接上昇型ASAT兵器（プログラム437）の運用を始めた[47]。同年，ソ連へのけん制と国民への安心供与を目的としてリンドン・ジョンソン（Lyndon Johnson）大統領は，米国の安全保障を脅かす兵器を搭載している恐れのある衛星を迎撃するASAT能力を開発したと公表した[48]。プログラム437にはFOBSの迎撃も期待されたが，能力が限定的であったことから1975年までに米国は配備を終了した[49]。

　ソ連は米国が弾道ミサイルを迎撃する宙対地兵器を配備する場合に備えて，ASAT兵器の研究・開発，実験を行った。関連する研究をソ連は1970年代後半に始めていたが，米国によるSDIの開始を受けて取り組みを加速させた[50]。

---

(45)　Stephen Chen, "China Lab Simulates Attack on US Warships Using Space Weapons, Hypersonic Missiles," *South China Morning Post* (January 19, 2024), at https://www.scmp.com/news/china/science/article/3249028/china-lab-simulates-attack-us-warships-using-space-weapons-hypersonic-missiles.

(46)　Stares, *supra* note ⑫, p. 88.

(47)　Chun, *supra* note ⑫, p. 18.

(48)　*Ibid.*, pp. 21-22.

(49)　*Ibid.*, pp. 27-31.

第Ⅱ部　宇宙の安全保障

ソ連は 1987 年にレーザー兵器（ポリウス・スキフ）の要素技術を軌道上で実証しようとしたが打上げは失敗した[51]。さらに，冷戦後にロシアや中国が地上配備型 ASAT 能力を保持してきた背景には，米国が地球上での作戦を情報支援するために宇宙システムの利用を活発化させてきたことのみならず，SBI の研究を放棄していないことへの警戒感があるとみられている[52]。

　加えて，宙対地兵器の構想が宇宙利用の安定性に与える影響としては，ASAT 兵器としてのデュアルユース性がある。米国は SDI の一環として計画していた SBI は技術的に ASAT 兵器と不可分であると結論付けていた[53]。

2　宇宙の軍備管理

　国家による宙対地兵器の構想は宇宙の軍備管理にも多大な影響を与えてきた。前述のとおり，1950 年代末から 1960 年代初めにかけて米ソは衛星が有する軍事的価値を包括的に検討する中で衛星を核兵器の運搬手段として使用する可能性を検討した。衛星などから核攻撃を受けるという懸念を排除するために，1963 年には核兵器をはじめとする大量破壊兵器を運ぶ物体を地球周回軌道に乗せたり天体に設置したりすることを慎むことを求める国連総会決議 1884 号（第 18 会期）が全会一致で採択された。さらに 1966 年に採択され翌年発効した宇宙条約には第 4 条第 1 項として同決議に基づく規定が盛り込まれた[54]。これは米ソが，宇宙空間に配置された核兵器による ASAT 攻撃に加えて対地攻撃という脅威を事前に除去する必要性で合意したことを意味する。

　また，米国のレーガン大統領は ABM 条約の義務に合致する形で SDI を進めると発表したが，ソ連は SDI への対抗として ASAT 兵器の研究・開発，実験のみならず宇宙の軍備管理を利用しようとした。ジュネーブ軍縮会議に 1985 年に設置された宇宙空間における軍備競争の防止に関する特別委員会では SDI が議論の焦点となり，ソ連は SDI が ABM 条約に違反するとともに ASAT 兵器としても使用可能であると指摘し，新たな軍備管理条約の必要性を主張した[55]。ソ連はさらに，米国との 2 国間協議で ASAT 兵器の禁止を提案

---

(50)　ソ連は SBI が地上目標への攻撃に使用されることも懸念していた。Day and Kennedy, *supra* note (29).

(51)　*Ibid.*

(52)　Silverstein, Porras, and Borrie, *supra* note (2), p. 27.

(53)　Bateman, *supra* note (3), pp. 135-139.

(54)　池田・前掲注(1) 34-35 頁。

したが，前記のとおり米国は SBI と ASAT 兵器は技術上不可分であるとの認識でありソ連の提案を受け入れることはなかった[56]。

　冷戦後における宇宙の軍備管理に対しても宙対地兵器の問題は顕著な影響を与えてきた。2000 年代以降，ロシアと中国がジュネーブ軍縮会議で宇宙空間における兵器配備・配置などを禁ずる条約案（CD/1679，CD/1839，CD/1985）を提出してきた背景には，ブッシュ政権が 2001 年末に ABM 条約からの脱退を通告し翌 2002 年に脱退するとともに SBI に関する取り組みを推進したことがあると指摘されている[57]。

おわりに

　本稿では宙対地兵器の構想が宇宙利用の安定性に与えてきた影響を分析・考察した。これまで見てきたとおり MOBS として用い得る FOBS を除いて宙対地兵器は配備にいたったことがない。だが，そうした構想の存在は対宇宙兵器の研究・開発，実験，配備や軍備管理条約の提案といった形で対峙する国家による軍事的・外交的対応を引き起こしてきた。加えて，ミサイルを迎撃する宙対地兵器は ASAT 兵器としてのデュアルユース性が存在することから，宙対地兵器を研究・開発する国家においては，軍備管理交渉の方針を策定するにあたり重大な考慮要因となってきた。

　宙対地兵器の問題は過去の話ではない。中国による 2021 年の FOBS 発射実験や地上目標を攻撃する宙対地兵器の研究に対して，米国は警戒感を示している。2022 年にロイド・オースティン（Lloyd Austin）国防長官は，同省の防衛政策委員会に対して中露による FOBS と宙対地兵器の潜在的開発が米国の抑止と戦略的安定性にいかなる影響をもたらし得るかを審議するように求め，同委員会は米国による対応の選択肢を検討するとともに太平洋戦域を想定した机上演習に参加した[58]。同委員会は得られた結果を国防長官に報告することとなっている。すでに米国は中国が宇宙基盤の情報収集能力や指揮・統制能力を

---

(55)　日本国際問題研究所軍縮・不拡散促進センター「宇宙空間における軍備管理問題」（2008 年 3 月）53 頁。

(56)　Bateman, *supra* note (3), pp. 135-139.

(57)　Jana Honkova, "The Russian Federation's Approach to Military Space and Its Military Space Capabilities," George C. Marshall Institute（November 2013), p. 9; 日本国際問題研究所軍縮・不拡散促進センター・前掲注(55) 72-73 頁。

第Ⅱ部　宇宙の安全保障

向上させていることを念頭に敵対的な宇宙利用を拒否する方針を公にしているが[59]，中国などによるFOBSや宙対地兵器の研究・開発，実験は米国が対宇宙兵器の取得を一層進める誘因となる可能性がある。加えて，米国がSBIに関する構想を放棄しない限り，中露は予防的措置として対宇宙兵器を維持するとともに外交的けん制として宇宙空間での兵器配置などを禁止する条約案を提案し続けると考えられる。

（58）　U.S. Department of Defense, "Readout of Defense Policy Board Meeting"（September 9, 2022）, at https://www.defense.gov/News/Releases/Release/Article/3154338/readout-of-defense-policy-board-meeting/.

（59）　U.S. Department of Defense, *Space Policy Review and Strategy on Protection of Satellites*（September 2023）, pp. 10-11.

124

9　GNSS のジャミングと欺瞞の規制と国家責任の法構造
── 測位機能保証のための法的・技術的・軍事的視点から

大河内美香

〈要　旨〉

　本稿は，GNSS に対するジャミングと欺瞞の規制及びかかる妨害により生じた損害についての国家責任の法構造を考察する。GNSS の妨害は，軍事行動の攻撃防御両面で有意である一方，事業活動における事故原因となる。測位に依存する船舶運航に危険をもたらす妨害に対し，技術的な抗堪性強化と軍事的な対応が成果をあげる一方，妨害の違法性について国家間で共通の理解は得られず妨害の規制と国家責任体系は規範形成の途上にある。本稿は，測位機能，妨害事案，責任体系の検討を通じ，違法な妨害，損害，帰責を繋ぐ因果関係が，管理・監督の注意義務違反により損害を発生させた国家に責任を帰属させる基礎にあることを把握した。妨害の規制と国家責任の法構造は，技術的，軍事的視点を包摂しつつ，相当の注意義務，因果関係，国家への行為と責任の帰属，責任減免事由の内容の具体化により規制の標的を明確にして違法化することで構築されるとの結論に至った。

は じ め に

　本稿は，全地球測位衛星システム（Global Navigation Satellite System）（以下「GNSS」という。）の測位機能に対するジャミング（jamming）と欺瞞（spoofing）（併せて「妨害」という。）の規制と，妨害に起因した損害についての国家責任の法構造を考察する。

　GNSS は，上空約 20,000km の軌道上の人工衛星から無線周波数にのせた測位信号を送信して地上の受信機に受信させ，受信機がその位置を把握するシステムである[1]。GPS（Global Positioning System）の名で知られるものは，1970年代に米軍が戦闘機支援システムとして開発した NAVSTAR（Navigation Satellite Timing and Ranging）を原型とする人工衛星群を指す。軍事行動の支援を端緒とした GPS は現在も，対反乱（counter-insurgency/COIN）や対テロ作戦等の低強度武力紛争における軍事的意義を維持している[2]。GNSS が現代の電

（1）　久保信明『図解よくわかる衛星測位と位置情報』（日刊工業新聞社，2018 年）24 頁。
（2）　S. Ricciardi and C. Souque, "Modern Electromagnetic Spectrum Battlefield from EMS Global Supremacy to Local Superiority", *Prism*, Vol. 9, No. 3 (2021), p. 132.

第Ⅱ部　宇宙の安全保障

子戦において精密誘導兵器や無人航空機（Unmanned Aerial Vehicle/UAV）の運用と敵軍の測位機能の遮断等，攻撃防御行動の両面で機能することから，妨害は一律には違法化されていない。指揮統制や情報通信に用いる装備をC4ISR（Command, Control, Communications, Computers, Intelligence, Surveillance and Reconnaissance）又はサイバーを加えたC5ISR装備として運用することが期待される中，妨害の規制に対し国家間で理解を共有することは容易でない[3]。GNSSが軍事行動の支援を本来任務とする以上，妨害の法規制も軍事的な脅威との関係で定義されるからである。

　またGNSSの妨害の問題は，測位衛星から地上への無線周波数信号の送信という仕組みに内在する技術的脆弱性からも規定される。GNSSの機能保証において，地上の受信機が微弱な信号を追尾しつつ偽造の信号を排除する技術は，測位の抗堪性の向上において重要な意味を持つ[4]。技術開発によるGNSSの抗堪性強化の尽きたところから妨害の法規制が始まるとも言える。

　さらにGNSSは航空機やタンカーの運航，海底油田開発等の安全管理に必須のインフラでもある。現在，社会経済活動を支えて稼働しているGNSSには米国のGPSの他，ロシアのGLONASS，EUのGalileo，中国のBeidou，日本の準天頂衛星みちびきがあり，妨害に対する厳しい規制も求められる[5]。周波数干渉の防止は国際電気通信連合（International Telecommunication Union/ITU）が周波数帯の分配を通じて担うが，GNSSの妨害は通信法上も問題となっている[6]。

（3）　防衛省『令和4年版防衛白書』（2022年）は電子戦での戦闘行為を電子攻撃，電子防護，電子戦支援に大別し攻撃防御両面でのジャミングと欺瞞の有意性を説く。C5ISRについて U.S. Army Combat Capabilities Development Command, C5ISR Center, at https://c5 isrcenter.devcom.army.mil/activities/ (as of October 30, 2024).

（4）　J. S. Warner *et al.*, "GPS Spoofing Countermeasures", *Vulnerability Assessment* (Los Alamos National Laboratory, 2007)；P. Misra and P. Enge（測位航法学会訳）『精説GPS 基本概念・測位原理・信号と受信機』（松香堂書店，2010年）66頁。抗堪性について，これを特定の衛星が機能しない場合でもシステム全体として機能を維持する能力等として詳説するものは福島康仁「安定的な宇宙利用の確保に向けた日米の取り組み：鍵を握る抗たん性の強化」（日本国際問題研究所，2014年）3頁。

（5）　S. M. Mountin, "The Legality and Implications of Intentional Interference with Commercial Communication Satellite Signals", *International Law Studies*, Vol. 90 (2014), p. 129；久保・前掲注(1)55頁。

（6）　P. Sands and P. Klein, *Bowett's Law of International Institutions* (Sweet & Maxwell, 2009), p. 106；L'institut de droit international, *Annuaire de l'institut de droit international*, Tome 50-I (1963), p. 413；山本草二『宇宙通信の国際法』（有信堂，1967年）3頁。

加えて国際宇宙法上，国家は「月その他の天体を含む宇宙空間の探査及び利用における国家活動を律する原則に関する条約」（以下「宇宙条約」という。）6条により宇宙活動が同条約に従って行われることを確保する国際的責任を負い，非政府団体の活動は国家の許可及び継続的監督を必要とすることが明定される。打上げ国は同7条により宇宙物体（構成部分を含む。）が地球上で他国（又は自然人等）に与える損害について国家責任を負う。この責任は「宇宙物体により引き起こされる損害についての国際的責任に関する条約」（以下「宇宙損害責任条約」という。）2条も明記するとおり無過失責任である。一方，国家責任体系と，国家と被害者間の国内の責任体系の不連続性や，非政府団体（宇宙活動実施主体）に対する国家の監督と国家への行為帰属の重層性から，管理に係る国家の注意義務や国家責任の帰属の問題は残る[7]。

以上の議論状況から，本稿はGNSSの妨害の規制と国家責任の法構造を，技術的及び軍事的視点を含む統合的な法規範形成の過程にあるものとして考察する。考察の手法は，Iにて船体艤装を例にGNSSの機能を確認し，その機能過程から妨害の問題の焦点を把握する。次いでIIにてGNSSの妨害事案から妨害の違法性判断の基礎を検討し，IIIにて測位機能妨害の規制と地表損害に係る国家責任の法構造を，技術的，軍事的，法的視点から考察して妨害の違法性判断と国家責任の基礎を析出する。

I　GNSSの意義と問題の焦点

GNSSの意義を，その機能過程に着目して確認し，妨害の規制と国家責任の問題の焦点を整理する。

1　GNSSの意義と機能

GNSSは，位置（position），移動（navigation），調時（timing）の信号として複数の測位衛星が時刻と自身の位置の情報を無線周波数にのせて送信し，これ

（7）　人工衛星や無線通信への攻撃と国家責任の争点について青木節子「宇宙資産に対するサイバー攻撃に適用可能な国際法の検討」『国際法外交雑誌』115巻4号（2017年）7頁。小塚壮一郎・藤野将生・北永久「測位衛星システム（GNSS）から提供される情報の過誤と民事責任」『情報法制研究』2号（2017年）3頁は位置情報の誤謬により「受信者が損害を被った場合に，どのような法的責任がいずれの当事者に発生するかという法律問題」を扱う。

第Ⅱ部　宇宙の安全保障

を地上の受信機が受信して各衛星から届いた時刻情報の差分と位置情報から受信機の位置，速度，時刻を計算により知ることができるシステムである[8]。この機能過程は，測位衛星（スペースセグメント）が信号を発し，地上局（主制御局と監視局）（コントロールセグメント）が衛星を管理し，受信機（ユーザセグメント）が信号を受信する3部門の作用から構成される。

　GPS開発当初，米軍は無線周波数の妨害を防ぐため暗号による欺瞞防止機能を備えた軍用高精度測位サービスと，100mまで精度を落とした民生用標準測位サービスに分離する選択利用制を用いたが，2000年にこれを廃止し民生用途が拡大した[9]。現在は測位衛星群の覆域が拡大して6機の可視衛星による高精度測位が実現し，軍民両用技術として広く利用されている。

　かかる測位機能の妨害とは，測位信号を送受信する周波数帯への故意の干渉をいい，測位衛星から受信機への正規の周波数信号の到達を妨害するために同一周波数帯の信号を強力に発して受信機による受信を妨害する行為がジャミングである。また偽の信号を生成し送信して受信機に位置を誤解させる精巧な妨害を欺瞞という。信号の送受信によって測位機能が正常に動作する安全な状態から，機能を喪失して危険な状態へ遷移させる行為が妨害であり，法規制の対象はセグメント間の送受信の妨害である[10]。測位衛星から地上局と受信機への送信妨害をダウンリンク・ジャミング，地上局から測位衛星への指令の送信妨害をアップリンク・ジャミングに大別できる[11]。妨害行為は非物理的（ノンキネティック又はサイバー）攻撃であるが，測位機能の喪失により移動体が航路を逸脱し他の物体と衝突する等の物理的損害を生じ得る[12]。

　信号の送受信妨害に対する法規制の現状は，軍事行動を含む統合的な規範形

（8）　宇宙航空研究開発機構，みちびき at https://www.jaxa.jp/countdown/f18/overview/gps_ j.html (as of December 23, 2024); Misra and Enge・前掲注(4) 27 頁。

（9）　US Department of State, White House, "Statement by the President regarding the United States' Decision to Stop Degrading Global Positioning System Accuracy"（May 1, 2000），at https://1997-2001.state.gov/global/oes/space/000501_clinton_gps.html（as of October 30, 2024）.

（10）　青木・前掲注(7) 3 頁。

（11）　久保・前掲注(1) 6 頁。

（12）　J. Bhatti and T. E. Humphreys, "Hostile Control of Ships via False GPS Signals: Demonstration and Detection", *Journal of the Institute of Navigation*, Vol. 64, Issue 1（2017），p. 51. 正規の信号を記録し遅延させて送信し受信機を混乱させる妨害行為はミーコニング（meaconing）という。

成には至らず，周波数使用に伴う技術的脆弱性の克服を骨子とする。とくに危険物を輸送するタンカーや超大水深の油田を掘削する船舶は標識を欠く海上でGNSSの位置情報に依存し，位置情報の誤謬による事故を防ぐため船体艤装の技術基準により測位機能保証を図っている。具体的には測位信号にしたがって船位を表示する電子海図情報表示装置（ECDIS）やGPS航法装置，船舶の位置や針路を表示する船舶自動識別装置（AIS），位置情報に従い船位を保持する自動船位保持システム（DPS）の安全性を，国際海事機関（IMO）が技術基準の指針を作成，推奨して向上させている[13]。技術基準は法的拘束力を欠くが「海上における人命の安全のための国際条約」等改正時に条約に導入されて強制化され国内法を介して履行される。GNSSの機能が技術的に担保される仕組みである。

2　GNSSの妨害の問題の焦点

　GNSSの妨害の規制と国家責任の問題は，測位機能の技術的性質と軍事的意義に起因して技術的，軍事的，法的視点から異なる意味を持ち，かつ複数理論領域に広がるため，問題を定義し，問題が完結する範囲を画定する判断に困難を伴う[14]。よって問題の焦点を絞るため，禁止すべき妨害行為を特定する事前の法規制の場面と，国家に賠償責任を帰属させる事後救済の場面に分けて論じる。

　まず事前の法規制について，国連宇宙空間平和利用委員会が築く宇宙法体系によれば，主権行使の判断基準を禁止規範と許容規範のいずれに置くかにより，ジャミングの権利を議論の始点に据え得る一方[15]，GNSSの民生用途の拡大は妨害の規制論も有力にしている。IMOを中心とした船体艤装の技術基準の確立による測位機能保証の仕組みは1で概観した。

　さらに無線周波数使用の法体系では，ITUの世界無線通信会議による国際無線通信規則が，有害な混信の防止や周波数帯の分配を規律する。ITUの任務に照らせば妨害を規制して周波数使用の秩序を安定させることが望ましいも

---

(13)　青木節子「宇宙開発利用と国際法」『論究ジュリスト』19号（2016年）25頁。船舶設備につき村田航「Dynamic Positioning System 自動船位保持装置」日本マリンエンジニアリング学会誌53巻4号（2018年）86頁。

(14)　サイバー攻撃と個別法分野につき中谷和弘「サイバー攻撃と国際法」『国際法研究』第3号（2015年）86頁。

(15)　山本・前掲注(6) 245頁。

第Ⅱ部　宇宙の安全保障

のの，周波数帯の分配や有害な混信の防止の技術問題に注力することで国際協力が成立した面も否定し難い。1980 年代の冷戦期，東西両陣営間のジャミングが深刻化した際も妨害の規制は実現しなかった[16]。ただし ITU も 2013 年の宇宙活動の透明化と信頼醸成に係る国連総会決議をうけて役割の強化に努める[17]。

　また武力紛争法上は，妨害により敵軍の測位機能を遮断して自軍を防御する正当性や他国領域内に危険を生じた場合の違法性の他，より上位概念ではサイバー攻撃の武力攻撃と武力行使該当性の基準も争点となり，戦争行為に係る国家の行動の自由への容喙は容易でない[18]。

　事後救済について宇宙条約と宇宙損害責任条約は，宇宙活動が高度の危険を内包し注意を尽くしても損害発生を排除し得ないこと及び被害救済の必要に鑑み無過失責任法制をとる[19]。その上で妨害に起因した地表損害を人工衛星の管理に伴う損害として国家責任に吸収し得るかは，宇宙物体により生じた損害の解釈と，妨害を生じさせた又は妨害による損害を防止しなかった国家への責任帰属が焦点となる[20]。

　ここに妨害の規制と国家責任の問題の焦点は，妨害の違法性判断と国家への責任帰属へ収斂する。

Ⅱ　GNSS の妨害事案

　船舶が，欺瞞された位置情報に従い航行しまた相互の位置を誤認すれば衝突のおそれが生じ，情勢不安定な海域では事態を悪化させ，さらに国家間の妨害の応酬は無線周波数使用の秩序や社会経済活動の混乱も招く[21]。妨害を規制し責任を明定するには，法規の構成要素となる規制すべき妨害行為，賠償すべき損害，責任主体を特定する必要がある。この要素に関連する事実を妨害事案

---

(16)　山本・前掲注(6) 247 頁。
(17)　ITU, Final Acts of the Plenipotentiary Conference (2018), p. 381, at https://ccdcoe.org/uploads/2019/10/ITU-181116-Final-Acts-of-PP18.pdf (as of October 30, 2024).
(18)　M. N. Schmitt, "Cyber Operations and the Jud Ad Bellum Revisited", *Villanova Law Review*, Vol. 56 (2011), p. 575.
(19)　山本草二『国際法における危険責任主義』(東京大学出版会，1982 年) 232 頁。
(20)　青木・前掲注(7) 8 頁；Schmitt, *supra* note [18], p. 577.
(21)　青木・前掲注(7) 2 頁。

から通観する。

　米国先端国防研究センターは，2016 年 2 月から 2018 年 11 月の間にロシア
とその占領地域や域外軍事施設の 10 か所から生じた 9,883 件の妨害事案のう
ち 1,311 件で船舶，航空機等の航行に影響を与えたと分析する[22]。2018 年 4
月と 5 月にイスラエルのベン・グリオン国際空港周辺では航空機が位置情報
を取得できず，国際定期航空操縦士協会連合会が航空情報（Notice to Airmen/
NOTAM）（以下「ノータム」という。）により空港周辺の航空機に警告した。イ
スラエルはロシア軍が自軍の安全のためにシリアのフメイミム空港から発信し
た妨害電波がベン・グリオン国際空港に波及したと把握したが，ロシアは否定
している[23]。

　また 2021 年 6 月 18 日には，黒海北西沿岸のオデーサ港停泊中の英軍対空
駆逐艦（IMO 4907878）とオランダ軍フリゲート艦（MMSI 244942000）がロシ
ア占領下のクリミア半島へ航行中であることが AIS 上に表示されたが，衛星
画像等から該船らが同港に停泊中であり欺瞞による船位の誤表示であることが
確認された[24]。

　さらにペルシア湾及びホルムズ海峡周辺海域では，UAV による攻撃，AIS
の欺瞞，GNSS の妨害の発生を米国運輸省海事局が警告している。米国沿岸警
備隊ナビゲーションセンター（US Coast Guard Navigation Center/NAVCEN）は
通報を 24 時間受付け，ジャミングの他，軍や他船になりすました交信に注意
を喚起する[25]。ボルチック国際海運協議会（BIMCO）も物理的攻撃の前段階
で通信や測位の妨害があることを警戒し，アラビア海等に展開する英国海運貿
易オペレーション（United Kingdom Maritime Trade Operations/UKMTO），米国
海軍第 5 艦隊戦闘監視室及び NATO 海運局（NATO Shipping Centre）への通報

---

(22)　Bhatti and Humphreys, *supra* note ⑿ , pp. 51; Center for Advanced Defense Studies,
　　Above Us Only Stars, Exposing GPS Spoofing in Russia and Syria (2019), p. 15.

(23)　*Ibid.,* p. 23.

(24)　R. Pedrozo, "Russia-Ukraine Conflict: The War at Sea", *International Law Studies*, Vol.
　　100 (2023), p. 14; H. I. Sutton, "Positions of Two NATO Ships were Falsified near Russian
　　Black Sea Naval Base", *US Naval Institute News* (June 21, 2021), at https://news.usni.
　　org/2021/06/21/positions-of-twonato-ships-were-falsified-near-russian-black-sea-naval-base
　　(as of October 30, 2024).

(25)　US Department of Transportation, Maritime Administration, MSCI Advisory, at https://
　　www.maritime.dot.gov/msci/2022-003-persian-gulf-strait-hormuz-gulf-oman-arabian-sea-
　　gulf-aden-bab-al-mandeb-strait-red (as of October 30, 2024).

第Ⅱ部　宇宙の安全保障

を推奨する[26]。同様に資源開発事業者団体の国際マリンコントラクター協会も GNSS の位置情報の喪失や DPS の異常について警報を発し NATO 海運局へ通報するよう推奨する[27]。

以上のように GNSS の妨害は種々の事業の安全を害する一方，原因行為の違法性の認定と責任主体の特定，被害国から加害国への損害賠償請求が広くなされる段階にはない[28]。妨害が UAV による攻撃等への対抗手段であり禁止する弊害がある上，妨害の消失により効果も消失する可逆性を有し行為主体や損害が不明確であることによる。この点，日本では原子力発電所等の重要防護施設への UAV の侵入阻止のため電波探知妨害装置の開発が進む[29]。「国会議事堂，内閣総理大臣官邸その他の国の重要な施設等，外国公館及び原子力事業所の周辺地域の上空における小型無人機等の飛行の禁止に関する法律」は，重要施設周辺での UAV の飛行を禁止し，警察官等による UAV の妨害や破損を可能にした。UAV が用いる信号に対するジャミングや欺瞞を用いて着陸させることが正当な防御措置となる[30]。UAV による攻撃という違法行為が先行することで，これに対抗する妨害を正当化する法構造を示す例である。なおイスラエルでは，ハマス，ヒズボラとの戦闘下で飛来する精密誘導兵器に対抗するため軍用周波数帯のジャミングを行ったことに伴い，ミサイル着弾地点近傍の市民への警告システムに支障を生じ対策を講じた例がある[31]。

---

(26)　国土交通省「ベストマネージメントプラクティス」，at https://www.mlit.go.jp/common/001242280.pdf（as of October 30, 2024）.

(27)　International Maritime Contractors Association, GPS systems-Warning of interference, at https://www.imca-int.com/information-notes/gps-systems-warning-of-interference/（as of October 30, 2024）.

(28)　1978 年に旧ソ連の原子力人工衛星コスモス 954 がカナダ上空で破砕され地表損害を生じた事案ではカナダから旧ソ連に対する 600 万カナダドルの損害賠償請求に対し旧ソ連は 300 万カナダドルを支払ったが，支払いの法的性質は特定されていない。事案の概要は Claim against the Union of Soviet Socialist Republics for Damage Caused by Soviet Cosmos 954, *International Legal Materials*, Vol. 18, No. 4 (1979), p. 899.

(29)　丸山康平「電波探知妨害装置」『三菱電機技報』93 巻 2 号（2019 年）35 頁。

(30)　澤田雅之「テロ敢行手段としてのドローンの脅威と対処方策」『警察政策研究』20 巻（2018 年）230 頁。S. Peterson and P. Faramarzi, "Exclusive: Iran hijacked US drone, says Iranian engineer", *Christian Science Monitor* (2011) は，イランが米国の UAV を欺瞞により捕獲したと主張する事案を紹介する。UAV がアフガニスタン国境を越えたか否かがイランの欺瞞の正当性を左右する点は青木・前掲注(7) 18 頁。

(31)　Israel Defense Forces, Home Front Command's Guidelines; B. Diakun, "War zone GPS jamming sees more ships show up at airports", Lloyd's List (2024).

9 GNSS のジャミングと欺瞞の規制と国家責任の法構造

以上の妨害事案から，妨害の違法性と正当性の斉一な分離と違法行為類型の定型化が困難であることを把握した。同時に妨害の違法性と国家への責任帰属の判断指標として，妨害に先行する違法行為，妨害を実行する国の意図，損害の有無，被害国による妨害への取組みやノータムによる損害回避は，規制すべき妨害の範囲を画して法規制の閾値を高めている。

Ⅲ　GNSS の妨害の規制と国家責任の法構造

GNSS の妨害の規制と国家責任の実現は，規制すべき妨害行為を違法行為類型に組込み，妨害により生じた損害の賠償責任を国家に帰属させることを意味する。この作業は，妨害行為の違法性と正当性の限界，損害の範囲，国家への責任帰属の各要素の判断指標を明確に定め，原因（妨害）から結果（損害と賠償責任）へ至る法過程で各要素を国家に連結させることを要する。よって，まず妨害に対する技術的，軍事的，法的取組みを通じて法規制が作用すべきところの閾値を把握して妨害の違法性判断の指標を求め，次いで国家責任の基礎となる国家への行為帰属の判断指標を求める。

1　GNSS の妨害に対する取組み

GNSS の妨害に対する取組みは十全な法規制に至らない一方，技術的脆弱性を低減し抗堪性を強化する取組みと妨害を脅威と捉えて軍事的に又は政府全体で測位機能を支える取組みが充実している。

技術的な取組みでは無線周波数通信の脆弱性を克服するための開発が進む[32]。静止衛星を用いて測位衛星の信号を補強するシステムの他，日本はみちびきの運用において地上局が測位信号に電子署名データを含め，受信機は信号の真正性を確認する（電子署名認証技術）。これらの技術的な取組みは測位の頑健さを向上させ妨害の法規制の閾値を高める。

軍事的な取組みでは，GNSS の妨害の脅威を排除して損害を防止する努力が重ねられている。米軍と NATO は主たる軍事的任務の 1 つに海上輸送路，チョークポイント及び商船の保護を挙げ，この輸送路をスロック（Sea Lines of

---

(32)　千野孝一・D. Manandhar・柴崎亮介「スプーフィングを対象とした民生用衛星測位システムの脆弱性軽減方法の開発」『第 12 回情報科学技術フォーラム』（2013 年）156 頁。

133

第Ⅱ部　宇宙の安全保障

Communication/SLOC）と名付けて自国の SLOC を守り敵の SLOC を破壊することを軍事的な目標とする[33]。運用上は軍民協力の枠組みを築き，船舶が AIS や GPS への干渉を受けた場合，NATO 海運局と NAVCENT へ，攻撃を受けた場合，UKMTO と米国海軍第 5 艦隊監視室へ通報する[34]。政府全体の取組み（Whole-of-Government Approach）では米国海事警告助言システム（US Maritime Alert and Advisory System）のもと，国務省，運輸省海事局，国防総省，国土安全省，情報機関等の政府機関と事業者が海事保安情報を共有し（Maritime Security Communications with Industry/MSCI），海事局が GPS の妨害情報を集約し警告を発する[35]。軍事的脅威の抜本的除去は困難ながら妨害事案によく対処する。

　法的取組みでは法規範による妨害の禁止に至らないが，測位機能の中断や劣化による危険を運用者が利用者に通知して損害発生を防ぎ損害回避の責任負担を利用者側に転換する法技術がある。ノータム，水路通報，米国の NANU（Notice Advisory NAVSTAR Users），日本の NAQU（Notice Advisory to QZSS Users）がこれにあたる。

　特筆すべき法的手当てとして宇宙条約 9 条が，宇宙活動を行う国家に対し他国への妥当な考慮と干渉のおそれがある場合の協議を義務付ける。同条は宇宙活動を安全に行う管理者たる国家の能力に注意義務を吸収し，妥当な考慮と協議の義務に具体化する。この点に関し，注意義務違反による有害な干渉とサイバー攻撃による有害な混信を連続的に把握する理論は妨害の違法化の輪郭を示す[36]。先行行為の法益侵害性が ── 被侵害法益の強度により違法性の程度を異にするものの ── 当該法益を守るためのジャミングの違法性を阻却するなら，有害な干渉に対抗するジャミングを違法行為類型から除外し得るからである[37]。

　以上，妨害と損害発生を防止するための技術的，軍事的，法的取組みが効果

---

(33)　R. B. Peele, "Maritime Chokepoints: Key Sea Lines of Communication（SLOCs）and Strategy", *Strategy Research Project*（US Army War College, 1997），p. 19.

(34)　NATO Shipping Centre, Electronic interference, at https://shipping.nato.int/nsc/page10303037; UKMTO, Contact Details, at https://www.ukmto.org/contact-us（as of October 30, 2024）.

(35)　US Department of Transportation, Maritime Administration, at https://www.maritime.dot.gov/msci-alerts（as of October 30, 2024）.

(36)　青木・前掲注(7) 12 頁。

(37)　山本・前掲注(6) 247 頁。

をあげている。これらの取組みは，宇宙損害責任条約に基づく賠償が人工衛星を攻撃した加害国でなく被害国によりなされる点に鑑みれば[38]，加害国か被害国かを問わず，宇宙活動や人工衛星の管理における相当の注意義務（due diligence）の内実を構成する実績となり，通知や協議の義務と並んで国家への責任帰属を分かつ判断指標となる[39]。

2　GNSS の妨害に係る国家責任

　測位機能は，測位衛星による信号の放送，地上局による監視，受信機による受信によって保証される。上述の技術的，軍事的，法的視点での機能保証の取組みをしてなお妨害により測位機能が喪失し損害が現実化した場合に，原因（妨害行為又はこれを防止する注意義務違反）の帰属する国家は損害賠償責任を負うか，たとえば地上局による測位衛星の監視を妨害して衛星の軌道を変更するアップリンク・ジャミングや自国の測位衛星から他国領域へ虚偽の信号を放送するダウンリンク・ジャミングによる地表損害に係る責任の有無が問題となる。
　宇宙活動についての国家責任の基盤は，無過失責任と非政府団体の活動の許可と継続的監督の義務である。これを測位機能妨害の場面に発現させ国家責任の基礎となる事実を示せば，妨害行為又はこれを防止する注意義務違反，損害発生，原因行為の帰属となる。この事実の存否の判断は理論上，原因行為の違法性判断が先行するが，実質的には妨害に起因した損害を賠償すべきか，いずれの国家が責を負うかの判断から遡る。その際，宇宙条約 7 条は宇宙物体等が他の当事国や自然人に与える損害を国家責任に直結させ，原因，損害，責任の範囲を合一にする。無過失責任法制のもと原因と結果以外の要素を捨象すれば，責任を主体に繋ぐ帰責要素は故意過失にかわり行為帰属となる。その結果，行為帰属を媒介に原因行為が責任主体を吸収するから，賠償すべき損害と責任の範囲を決定づけるものは因果関係となる[40]。最後に因果関係は，無過失責

---

(38)　青木・前掲注(7) 8 頁，中谷・前掲注(14) 88 頁。

(39)　M. N. Schmitt, "In Defense of Due Diligence in Cyberspace", *Yale Law Journal Forum*, Vol. 125（2015）が自国領域又は自国管理下の団体によるサイバー攻撃に係る相当の注意義務を扱う。サイバー安全保障分野への国家の相当の注意義務の適用につき管理（contrôle）に着目するのは S. Besson, *La due diligence en droit international*（Martinus Nijhoff, 2021), p. 269.

(40)　関口雅夫「宇宙物体により引き起こされる損害についての国際的責任に関する条約」『法学論集』23 巻（1981 年）52 頁，濱川今日子「宇宙物体により生じた損害に関する国際責任」『レファレンス』58 巻 3 号（2008 年）81 頁。

任の免除を認める宇宙損害責任条約 6 条のもと，請求国又は被害者の故意・重過失が競合する場合の責任の調整装置となる。無過失責任の免除が加害国と被害国の過失相殺を可能にするからである。

こうした国際宇宙法上の義務履行の構造は，国内法上の責任法制に完全には引き継がれないものの明瞭に発現する。日本は「人工衛星の打上げ及び管理に関する法律」（以下「法」という。），法施行規則及び「人工衛星の管理に係る許可に関するガイドライン」を整備し，法 53 条で人工衛星の管理に伴う衛星落下等損害を与えた場合の賠償責任を人工衛星管理者に課す[41]。宇宙活動の管理許可基準では法 22 条に従い法施行規則が人工衛星の構造基準（22 条）と管理の措置（23 条）を定め，ガイドラインが衛星の構造（6.2.），管理者の管理計画実行能力（6.3.），他の衛星の管理への干渉防止（6.3.1.）を要求する。加えて法 54 条は競合する原因となった天災等不可抗力を，責任と賠償額の減免において斟酌することを許す。法に基づく第三者損害賠償制度に関するガイドラインも衛星落下等損害に係る賠償責任について無過失責任法制をとりつつ（5.2.1.），天災等の不可抗力が競合した場合はこれを賠償責任の有無又は賠償額において斟酌できるものとする（5.2.2.）。

宇宙法と国内法の構造は，国家責任又は国内法上の損害賠償責任の基礎が，宇宙活動に係る国家の管理・監督の義務，その義務違反と損害発生の因果関係，因果関係上の不可抗力の競合による責任減免に関する判断を軸に形成されることを示す。この構造を宇宙法規範形成の動態から見れば，国家の管理・監督の義務が実体的義務となるだけの具体的内容が蓄積されていないこと，結果的に義務違反を内包する妨害の違法行為類型が未定立であることを特徴とする。かかる宇宙法体系特有の法規範形成の端緒は，管理・監督における注意義務の具体化や有害な干渉に該当する行為を「具体化した形で認定し，違法化する枠組を作る」[42]ことにあり，これは GNSS の妨害に対する実効ある規制と国家責任の堅固な礎石となる。

国家が注意義務を尽くして妨害と損害発生を防止したか否かの判断は，技術

---

(41)　行松泰弘「人工衛星の打上げ及び人工衛星の管理に関する法律（宇宙活動法）の概要について」『ジュリスト』1506 号（2017 年）40 頁，小松一郎『実践国際法（第 3 版）』（信山社，2022 年）171 頁。

(42)　青木・前掲注(7) 23 頁。サイバー安全保障と相当の注意義務につき中谷・前掲注(14) 82 頁。

開発と軍事的対処による測位の抗堪性と安全性の確立度に基底される。よって妨害の規制と国家責任の法構造は，技術的，軍事的視点を包摂しつつ，相当の注意義務，因果関係，国家への行為と責任の帰属，責任減免事由の内容の具体化により規制の標的を明確にして違法化することで構築されるとの結論に至った。

お わ り に

　本稿は，GNSS に対するジャミングと欺瞞の規制及びかかる妨害により生じた損害についての国家責任の法構造を考察した。測位機能妨害は，大規模事業の安全を損なう一方，軍事行動の攻撃防御両面で有意な戦闘行為となる。よって現時点で法規制による一律の違法化は達成されておらず，測位技術による抗堪性強化と妨害への軍事的対処が重ねられている。本稿は，測位の機能過程，妨害事案及び国家責任法体系の検討を通じ，規制すべき違法な妨害行為，損害，責任を繋ぐ因果関係が，管理・監督の注意義務違反により損害を発生させた国家に責任を帰属させる基礎にあることを把握した。その結果，妨害の規制と国家責任の法構造は，注意義務，因果関係，損害，責任の内容と限界を具体化し，これを統合して違法行為類型を形成することで構築されるとの結論に至った。

10　民間事業者の宇宙活動と武力紛争法の適用についての一側面 ──"reverse distinction"を中心に

飯 島 隆 博

〈要　旨〉

　近時の危機時や武力紛争時において，衛星や通信サービスを提供する民間事業者が重要な位置付けを有する。民間事業者の提供する民用サービスが攻撃の対象となり得る面と，民間事業者のサービスがハイブリッド戦争も含めた広義の軍事目的に利用されつつある両面が指摘される。

　民間事業者の活動と武力紛争法の宇宙領域における交錯事例として，デュアルユース衛星を念頭に置いた区別原則と「逆」区別原則に関する議論がある。米国等の宇宙政策における軍用・民用衛星サービスの統合の推進が，逆区別原則に抵触するのではないかという指摘があり，区別が「実行可能」かが問題になる。宇宙領域での活動において予見可能性が不十分である場合に，逆区別の問題に直面した民間事業者に予想される行動も踏まえ，予見可能性の向上や，民間事業者による規範形成に向けたコミットが図られるための取り組みが課題となる。

は じ め に

　2022年2月24日にロシア連邦がウクライナに対する「特別軍事作戦」を宣言して開始した侵攻及びこれに引き続く交戦状態（以下「ロシア＝ウクライナ戦争」という。）を契機に，危機時や武力紛争時において，衛星や通信サービスを提供する民間事業者の存在感が増している。民間事業者の提供する民用サービスが攻撃の対象となっている面に加えて，民間事業者のサービスが，ハイブリッド戦争も含めた広い意味での軍事活動に利用されつつある両面が指摘される。

　本稿では，ロシア＝ウクライナ戦争と民間事業者の活動について振り返った上で（Ⅰ），宇宙・サイバー領域における民間事業者の活動に関連する武力紛争法上の基本的概念について若干の確認をし（Ⅱ），特に宇宙領域における近時の指摘事例の一つとして，デュアルユース衛星を念頭に置いた区別原則（"distinction"）と「逆」区別原則（"reverse distinction"）に関する議論を紹介し，若干の検討を加える（Ⅲ）。その上で，民間事業者が逆区別の問題に直面する場合に予想される行動や，行動規範の形成に向けたコミットについて若干のみ検討す

10　民間事業者の宇宙活動と武力紛争法の適用についての一側面

る（Ⅳ）⁽¹⁾。

Ⅰ　近時の武力紛争時における民間事業者の 宇宙・サイバー領域での活動

　ロシア＝ウクライナ戦争に関連して，民間事業者の提供する民用の衛星や通信サービスが攻撃の対象となっている面と，民間事業者のサービスが，軍事活動や軍事目的に利用されているという両面で，危機時や武力紛争時における宇宙・サイバー領域での民間事業者の存在感が高まっている。簡単にそれぞれの例を紹介する⁽²⁾。

1　衛星通信に対する攻撃

　武力紛争の交戦国に役務を提供している衛星が攻撃された事例として，ロシアのウクライナへの全面侵攻の1時間前に，米国の衛星通信大手 Viasat 社が提供する KA-SAT ネットワークに対するサイバー攻撃により，消費者向け衛星ブロードバンドサービスが一部中断し，ウクライナで数千件，欧州全体で数万件の固定ブロードバンド顧客に影響があったという事例がある⁽³⁾。

　米国はこれがロシアによる攻撃であるとし，「悪意ある行動」として批判した⁽⁴⁾。EU もこのサイバー攻撃は「違法かつ不当なウクライナ侵攻の不可欠な部分を形成する」とし，サイバースペースにおける，責任ある国家の行動及び国家の意図に対する期待に反するとする声明を出した⁽⁵⁾。ただし，いずれ

（1）　本稿で示した見解は筆者個人のものであり，筆者が現在所属し又は過去に所属した機関，組織のものではない。

（2）　本文の事例のほか，民間事業者が侵攻関連の衛星画像データを，政府・軍への提供や一般公開をすることを通じて，国際的な世論形成を含めたハイブリッド戦争の一面を担っている事例等も見られる。

（3）　Viasat, Inc., "KA-SAT Network cyber attack overview," 30 March 2022, at https://www.viasat.com/about/newsroom/blog/ka-sat-network-cyber-attack-overview/.

（4）　US Department of State, "Attribution of Russia's Malicious Cyber Activity against Ukraine," 10 May 2022, at https://www.state.gov/attribution-of-russias-malicious-cyber-activity-against-ukraine/.

（5）　Council of Europe, "Russian Cyber Operations against Ukraine: Declaration by the High Representative on Behalf of the European Union," 10 May 2022, at https://www.consilium.europa.eu/en/press/press-releases/2022/05/10/russian-cyber-operations-against-ukraine-declaration-by-the-high-representative-on-behalf-of-the-european-union/.

139

第Ⅱ部　宇宙の安全保障

も国際法に違反するとまではしていない。これらの声明が，衛星を軍事目標と
できるという理解を示したのかや，その根拠を読み取ることは難しいと指摘さ
れる[6]。

2　衛星通信の軍民利用

別の類型として，米国 SpaceX 社が，ロシアによるウクライナ侵攻直後から，
衛星通信サービスである Starlink をウクライナ軍や市民に提供した事例がある。
Starlink システムはウクライナにおいて軍用・民用の双方で利用され，ウクラ
イナ軍の砲撃支援システムに Starlink システムが連結して各部隊間での連携が
取れたことが，ウクライナ軍がロシア軍に対応できた一つの要因であるとも評
価される[7]。

他方，のちに SpaceX は軍事目的利用に対して保守的な態度を取り始めてい
る。2023 年 2 月，Gwynne Shotwell 社長兼 COO は，米国連邦航空局・商業
宇宙輸送会議において，Starlink システムについて，攻撃的な（offensive）軍
事活動の支援における使用を制限した旨発言したとされる[8]。すなわち，
Starlink の一般的な商業契約では攻撃的な目的での使用は制限されており，ウ
クライナが Starlink を攻撃的な目的で使用したことは「SpaceX がサポートす
るつもりのなかった兵器化する用途」であり，「意図されておらず，いかなる
合意にも含まれない方法で活用した」ものであるため，少なくとも，ウクライ
ナ軍がロシア軍への攻撃に使うドローンなどの兵器を制御する利用から衛星通
信システムを遮断したことを示唆する発言をしたとされる。ただし，「ウクラ
イナ軍が通信用に用いることは認識しており，構わない」旨の発言もあったと
され，取扱いの詳細は不明である。

---

(6)　石井由梨佳「国際的武力紛争における軌道上人工衛星の保護」『国際法外交雑誌』122
　　巻 1 号（2023 年）61 頁参照。
(7)　内閣府宇宙政策委員会宇宙安全保障部会第 49 回配布資料 1「ウクライナ情勢を踏ま
　　えた安全保障分野における衛星データの利用」（片岡晴彦）8-9 頁参照。
(8)　CNN "SpaceX admits blocking Ukrainian troops from using satellite technology," 9
　　February 2023, at https://edition.cnn.com/2023/02/09/politics/spacex-ukrainian-troops-
　　satellite-technology/index.html.

Ⅱ　宇宙・サイバー領域における民間事業者の活動と武力紛争法

1　概要と適用法規

　宇宙やサイバー領域において，緊張時や武力紛争時に民間事業者が受動的・能動的な関与を強めている一方，参照すべき国家実行や法規範は，現状では十分かつ明確なものとは言いがたい。他方，武力紛争法（国際人道法）の適用に関する解釈やリステートメントが試みられてきた。ジュネーヴ諸条約第1追加議定書（API）4編1章が定める攻撃に関する規則は陸域に限定されているが（API 49条3項），規則の一部は慣習国際法上のものであり，宇宙空間を含め，戦闘行為の場所に関わらず適用があるという解釈が有力とされる[9]。また，宇宙活動やサイバー活動といった先端分野における武力紛争法の適用に関し，タリン・マニュアル[10]やオスロ・マニュアル[11]といった，既存の国際法を体系化した（*lex lata*）リステートメントが整備されてきた。近時は，平時と緊張時の宇宙での軍事活動に関する国際法のリステートメントとして MILAMOS プロジェクトがあり[12]，宇宙空間における武力紛争法に特化したリステートメントとしてウーメラ・マニュアルが公表されている[13]。

2　適用され得る武力紛争法の基本的概念

　以下では，近時の宇宙領域における民間事業者の活動に関係し得る武力紛争法の基本的な概念について簡単に確認する。

（9）　石井・前掲注(6) 50-52 頁参照。
（10）　「サイバー行動に適用される国際法に関するタリン・マニュアル 2.0」（Michael N. Schmitt, *Tallinn Manual 2.0 on the International Law Applicable to Cyber Operations* (Cambridge University Press, 2017)）。
（11）　「武力紛争法の選択的トピックに関するオスロ・マニュアル」（Yoram Dinstein and Arne Willy Dahl, *Oslo Manual on Select Topics of the Law of Armed Conflict* (Springer International Publishing, 2020), at https://link.springer.com/book/10.1007/978-3-030-39169-0.)。
（12）　Ram S. Jakhu and Steven Freeland (eds.), *The McGill Manual on International Law Applicable to Military Uses of Outer Space : Volume I – Rules* (Centre for Research in Air and Space Law, 2022), at https://www.mcgill.ca/milamos/.
（13）　「宇宙軍事活動とオペレーションの国際法に関するウーメラ・マニュアル」（Jack Beard and Dale Stephens, *Woomera Manual on the International Law of Military Space Activities and Operations* (Oxford University Press, 2024)）。

第Ⅱ部　宇宙の安全保障

(1) 区 別 原 則

　宇宙・サイバー領域における民間事業者の活動に，武力紛争時に大きく影響を与え得る法規範として，区別原則（"distinction"）がある。区別原則は，紛争当事者の義務として，文民たる住民及び民用物を尊重し及び保護することを確保するため，文民たる住民と戦闘員とを，また，民用物と軍事目標とを常に区別し，軍事目標のみを軍事行動の対象としなければならない原則である（API 48条参照）。区別原則は慣習国際法として確立していることに異論はないとされる[14]。

　軍事行動の対象とならない「民用物」とは，軍事目標以外の全ての物をいう（API 52条1項参照）。そして，「軍事目標」は，API上は主に機能に着目し，物については(1)その性質，位置，用途又は使用が軍事活動に効果的に資する物であって，(2)その全面的又は部分的な破壊，奪取又は無効化がその時点における状況において明確な軍事的利益をもたらすものに限る，と定める（「機能的選定基準」。API 52条2項）。

　主要な学説では，衛星を含めた宇宙システムや宇宙資産が機能的選定基準に基づき軍事目標と評価できれば，それに対する攻撃が許容される。例えばオスロ・マニュアルでは，軍事目標となる宇宙システムや宇宙資産の例として，宇宙能力を補強等するために用いられる商業宇宙システム（発射設備等），軍事行動に効果的に貢献する通信衛星システム（GPS衛星等）や商業用地球画像システム，軍事用ペイロードを搭載する衛星（デュアルユース衛星）を例示している[15]。ウーメラ・マニュアルも機能的選定基準に基づき，軍にサービスを提供する衛星及びその地上局は軍事目標とみなされる可能性があるとする[16]。

　なお，宇宙空間では物体が高速で動いており衛星攻撃がもたらす害が大きいこと，衛星の多額の打ち上げ費用を民間事業者が負担することもあること，多数の国が軌道を共有して活動していることなどに鑑みると，機能的選定基準よりも高い保護基準を設ける需要もあり得る。もっとも，衛星攻撃について高い保護基準を認める国家見解が出されていないことや，宇宙空間以外の領域にお

---

(14)　区別原則を定めたAPI 48条，軍事目標の選定基準を定めた同52条2項，攻撃の際の予防措置を定めた同57条，攻撃を受ける交戦国の予防措置を定めた同58条については，慣習国際法上も確立しているとされる。ただし，API 4編1章が定める規則が宇宙空間において適用されるかについては，条項ごとの評価が必要である（石井・前掲注(6) 52, 60頁）。

(15)　Dinstein and Dahl, *supra* note 11, p. 10, Rule 10 (4).

(16)　Beard and Stephens, *supra* note 13, p. 320, Rule 34 (2).

いても対象物が所在する空間や対象物の特性に基づく保護がなされた例も存在しないことから，衛星に関しても，慣習国際法上，機能的選定基準を充足すれば攻撃が許容されるとする見解が有力である[17]。

これらに照らすと，例えばウクライナ軍による軍事目的の用に供されたStarlink衛星や地上設備は，軍事活動に効果的に資する物で，無効にすれば明確な軍事的利益をもたらすものとして，区別原則に違反せずに攻撃の対象になる可能性がある[18]。

(2) 無差別攻撃の禁止・予防措置

ある物が軍事目標として攻撃が正当化される場合でも，具体的な攻撃方法として，無差別攻撃は禁止される（API 51条4項）。裏返しとして交戦国が攻撃をする際にとるべき予防措置があり（API 57条），攻撃の比例性や均衡性を満たす必要がある。

オスロ・マニュアルでは，宇宙活動における均衡性として，攻撃の結果として予測されるスペースデブリや衛星通信への影響を考慮すべきとするほか[19]，サイバーオペレーションにおける予防措置も定める[20]。ウーメラ・マニュアルも同様に予防措置や均衡性を定める[21]。

(3) 逆区別原則

各種原則の裏返しとして，攻撃を受ける交戦国にも求められる予防措置がある。特にそのうちの逆区別原則（"reverse distinction," 逆区別）が，主にデュアルユース衛星の活用等を念頭に議論される。

API 58条は，攻撃の影響を抑えるために，攻撃を受ける交戦国がとるべき予防措置を定める。すなわち，紛争当事者には「実行可能な最大限度まで」，①自国の支配下にある文民や民用物を軍事目標の近傍から移動させるよう努めること，②人口集中地域やその付近への軍事目標の設置を避けること，及び③自国の支配下にある文民や民用物を軍事行動から生ずる危険から保護するため

---

(17)　石井・前掲注(6) 69頁参照。

(18)　前述のSpaceXのShotwell氏による，攻撃的な目的でのStarlinkの使用は提供契約の射程外であり，攻撃目的の利用からシステムを遮断した旨の発言は，区別原則も意識された可能性がある。もっとも，区別原則における軍事目標は，その機能・用途が攻撃的（offensive）であるか否かにより判断されていない。

(19)　Dinstein and Dahl, *supra* note 11, p. 10, Rule 11 (2) and p. 13, Rule 14 (7).

(20)　Dinstein and Dahl, *supra* note 11, pp. 24-25, Rule 29.

(21)　Beard and Stephens, *supra* note 13, p. 334, Rule 37 and p. 337, Rule 38.

第Ⅱ部　宇宙の安全保障

にその他の必要な予防措置をとることが求められる。

　この趣旨は，武力紛争が必然的に非戦闘員に与える苦痛を軽減し，また，相手の軍が区別原則に基づき攻撃を軍事目標にのみ向けることを可能にするためであり，区別原則の裏側の帰結とされる[22]。

　API 58 条の文言上は紛争当事国のみに適用されるが，予防措置は平時にも実行されなければならない規範とされる[23]。例えば，建物の建設制限や危険地帯からの住民や家屋の退避などの予防的な行為も挙げられる。ウーメラ・マニュアル 41 条は，文言上明確に「武力紛争時及びその前」の予防措置を求める[24]。

　逆区別原則という，侵攻国ではない紛争当事国にも適用される慣習国際法がはらむ論点が，陸上で表面化した例として，アムネスティ・インターナショナルが，ロシア＝ウクライナ戦争においてウクライナ軍の防衛活動が逆区別原則に違反する旨の報告書を発表し，反発を引き起こした事例がある[25]。

Ⅲ　宇宙領域における逆区別原則に関する Koplow 論文とその評価

　法的・政治的な論点を有する逆区別原則について，宇宙領域における現状を検討するものとして，David Koplow 教授の論文がある[26]（以下「Koplow 論文」という。）。Koplow 論文は，主に，デュアルユース衛星を念頭に，米国が意図的に逆区別原則に違反する政策をとってきたのではないかと指摘する。以下，簡単に紹介した上で検討を加える。

---

(22)　David A. Koplow, "Reverse Distinction: A U.S. Violation of the Law of Armed Conflict in Space," *Harvard National Security Journal,* Vol. 13（2022），p 27.

(23)　Yves Sandoz, Christophe Swinarski and Bruno Zimmermann（eds.），International Committee of the Red Cross［ICRC］, *Commentary on the Additional Protocols of 8 June 1977 to the Geneva Conventions of 12 August 1949*［ICRC Commentary］（Martinus Nijhoff, 1987），p. 692, para. 2244.

(24)　Beard and Stephens, *supra* note 13, p. 357, Rule 41.

(25)　Amnesty International "Ukraine: Ukrainian fighting tactics endanger civilians," 4 August 2022, at https://www.amnesty.org/en/latest/news/2022/08/ukraine-ukrainian-fighting-tactics-endanger-civilians/. なお，反発を受けて「深い遺憾の意を表明」する声明を 3 日後に公表している（Amnesty International "Statement on publication of press release on Ukrainian fighting tactics," 7 August 2022, at https://www.amnesty.org/en/latest/news/2022/08/statement-on-publication-of-press-release-on-ukrainian-fighting-tactics/.）。

(26)　Koplow, *supra* note 22.

10　民間事業者の宇宙活動と武力紛争法の適用についての一側面

1　Koplow 論文の概要

(1) 統 合 の 例

Koplow 論文では，政府と民間の宇宙セクターの統合の一場面としてのデュアルユース衛星[27]について，その概要と武力紛争法上の含意について論じる。この統合には，物理的な統合（ホステッドペイロード等）と，契約・機能面による統合（情報機関が民間・中立の衛星機器やサービスの一部を軍事目的で利用することや，一定期間ごとに民用・軍用が全体的に切り替わるような場合）の２種類がある。

区別原則によれば，ホステッドペイロードであれば，攻撃者が，バス内の精緻な情報を取得し，軍用ペイロードのみを標的にする能力を持つ限り，区別攻撃が要請される。契約・機能面による統合においても，軍事目的の利用期間のみを特定して標的にする能力がある限り，区別攻撃が要請される。もっとも，これらの区別は現実には困難である以上，地上局を含む全体が，合法的な攻撃目標化する可能性があると指摘する[28]。逆に，衛星を打ち上げる側の国家も，意図的にペイロードを混載したり，軍事目的で機能の一部の利用や交互利用をすることで，逆区別原則に違反しているのではないかと指摘する[29]。

(2) 米国の政策要因

Koplow 論文は，米国が明白に官民の宇宙部門を交錯させる政策をとってきた主要な要因として，①危機時における迅速な対応能力の確保，②競争環境にある民間事業者を活用したコストの低減，③イノベーションの速度への対応，④軍や情報機関による調達を通じた自国の民間の宇宙産業の支援，⑤敵対者による行動の困難化，の５つを挙げる[30]。

５つ目が，武力紛争法上の区別・逆区別に関する批判に直接的に関連し得る。すなわち，現在は比較的少数の，無防備で，代替困難な米国政府の衛星や輸送機能が，国家安全保障に不可欠なサービスを提供しており，潜在的な敵国の

---

(27)　ここでの「デュアルユース」は，ある製品や技術が，同時に又は連続して，民間及び軍事目的の両方に役立ち，又は役立つ可能性があることを指す（Beard and Stephens, *supra* note 13, p. 321, Rule 34 (3)）。

(28)　ウーメラ・マニュアルも，軍用ペイロードを個別に攻撃することが実行不可能な場合，軍民混載の衛星バスは軍事目標として攻撃が許容されるとする（Beard and Stephens, *supra* note 13, p. 321, Rule 34 (4)）。

(29)　Koplow, *supra* note 22, pp 79-83.

(30)　Koplow, *supra* note 22, pp 84-91.

第Ⅱ部　宇宙の安全保障

ASAT 能力に晒されている。これらを防御装甲や高い機動性を確保する形で改修したり，反撃能力を保有させたりすることは，膨大なコストがかかる割に効果が低いと指摘する。

これに対し，宇宙安全保障を強化するための内在的な対応策として，米国の衛星アーキテクチャ全体を修正し，全体的なレジリエンス（復元力）を促進する方が有効であると指摘する。すなわち，国家安全保障に資する機能を多くのプラットフォームに分散させ，異なる軌道上で運用することで代替可能とし，多くの，小型の，消耗品としての，ネットワーク化された衛星に分散させる。この分散化に，急成長する民間宇宙部門や米国外の宇宙開発能力を利用し，何百，何千という新しい商業衛星が日常的又は必要に応じて政府の業務に利用可能になると，攻撃側は複雑な対応を求められ，コストがかかる。この事態を敵国が認識していれば，宇宙での攻撃を断念するだろうという予測に基づく事前抑止（"deterrence by denial"）の手段といえる。

⑶「実行可能性」に対する分析

このような米国政府のモチベーションの下で，統合が進む国家安全保障と民間の衛星システムを米国が分離して維持することは，武力紛争法の下で求められる「実行可能」（API 58 条）か否かが法的には論点になり得る[31]。

１つの立場は，分離は実行可能であるというものである。伝統的な宇宙活動はこれに親和的であり，国家責任集中原則のもと，高度に機密化された軍や情報機関の活動は，民間及び自国外の活動から明確に分離することが望ましく，実際に行われてきた。米国における軍・情報機関の活動が将来も大幅に民間に依拠することはなく，分離は実行可能であるという見方である。

他方，以前は国家安全保障と民間活動の厳格な分離が持続可能であったが，現在の環境下では，統合の深化が必須となる程度にまで至ったという主張もあり得る。この変化は，リモートセンシング，通信，打上げサービスなど，商業衛星と政府衛星の運用がより頻繁に交錯する分野では特に当てはまる可能性があると指摘される。

⑷ 米国政府の取り得る選択肢

以上を踏まえて，Koplow 論文は，米国が長年の宇宙活動で進めてきた国家安全保障における民間や多国間の統合と，逆区別原則の緊張関係に対し，取り

---

(31)　Koplow, *supra* note 22, pp 91-97.

得るオプションを論じる[32]。具体的には，①厳格分離をすること，②宇宙領域，特に人工衛星という特別領域において正面から国際的な法規範の変更を試みること[33]，③分離を断念し，自国の政府又は民間の宇宙資産が合法的な軍事目標化することを受忍し表明すること，④現状追認をし，法的整理との関係では「嘘」を述べること，があり得るとしている。

4点目は，現在，軍民の用途が混在している唯一の理由は，従来の軍用・民用衛星の分離を維持することが現在では経済的に不可能であり，新たな技術の導入を急ぐ必要による旨の主張である。宇宙におけるネットワークの統合は戦略的な軍事目的によるものではなく，統合によって敵対者による軍事行動が困難になっていることは副次的なものである旨を主張することが考えられるとする。ただし，Koplow論文は，そのような主張は実質的には嘘（lie）であるとする。

いずれにしても，デュアルユース衛星の利用は，民間・商業の衛星やネットワークが合法的な軍事目標となり，他国による戦術の模倣や，逆に武力紛争時に米国が敵国や第三国に対して逆区別違反を非難することとのダブルスタンダードは避けがたい旨を指摘する。

2　Koplow 論文に対する評価

このような主張に対しては，例えば2022年5月に国連軍縮部の宇宙脅威低減のためのオープン・エンド作業部会における報告でも議論がなされている。

国際赤十字の Dr. Wen Zhou 氏は，分離の必要性と，デュアルユース衛星が合法的な攻撃目標になり得ることを強調する[34]。

他方で，オーストラリア国立大学の Dr. Cassandra Steer 氏は，宇宙活動が高度に商業化され，半数以上の衛星が商業主体に帰属している実態を重視し，

---

(32)　Koplow, *supra* note 22, pp 105-113.

(33)　Koplow 論文の SSRN ドラフトでは，分析の中身はほぼ同様であるが，結論部分において "lawfare"（法律戦争）という枠組みにより，宇宙領域における逆区別原則の適用可能性について正面から議論をすることが考えられるとしていた（David A. Koplow, Reverse Distinction: A U.S. Violation of the Law of Armed Conflict in Space（March 23, 2021), at https://ssrn.com/abstract=3810975.）。もっとも，Koplow 論文においてはこの言及が削除されている。

(34)　Presentation by Dr. Wen Zhou（11 May 2022), at: https://documents.unoda.org/wp-content/uploads/2022/05/Presentation-by-Wen-Zhou-under-topic-3-at-the-first-session-of-OEWG-on-reducing-space-threats_11-May-2022.pdf.

第Ⅱ部　宇宙の安全保障

軍事目標との区別は実行不可能であるとして，Koplow 教授に反対し，軍事目標を民用物の背後に隠す背信的行為（API 37 条）に該当する場合に限り違法であると主張する[35]。

こうした議論を踏まえ，宇宙空間ではその性質上，軍用物と民用物を明確に分離することはできず，このような見解を支持する国家実行も見られないことを重視し，現状では軍民衛星の分離義務が確立しているとは言い難いという立場が有力とされる[36]。

いずれにしても，デュアルユース衛星も「軍事目標」に該当する限り合法的な攻撃目標になることには争いがない。また，仮にデュアルユース衛星が合法的な攻撃目標であったとしても，攻撃側に区別原則，無差別攻撃の禁止，均衡性，予防措置等が課されることにも変わりはない。

Ⅳ　民間事業者の行動 —— 補償と規範形成

1　民間事業者の予想される行動

民間事業者の活動が，合法・違法を問わず攻撃目標になる可能性が高まると，それに対する対応が問題になる。自前の防衛機能や反撃・先制攻撃機能といった自律的な対応にも限界がある民間事業者は，デュアルユースに積極的に与することにより政府の保護を受けることを選択し，逆区別を政府が遵守しない方向をむしろ望む場合もあり得る。

一方の考え方として，逆区別に違反した場合には保護される民用物としての地位を失い，合法的な攻撃目標に変容することから，衛星の所有者やオペレータである民間事業者の中には，国家安全保障サービスを提供するための政府との契約を拒否する者も存在するだろうという考えがある。

他方，民間事業者の中には，宇宙での戦争が勃発する確率は低く，仮に勃発しても自らの衛星が標的となる可能性は低いと考えて，平時における軍や情報機関との統合を歓迎する者も存在し得るという指摘がある。さらには，そもそも宇宙空間で戦争が勃発すると，完全に民用目的の衛星に違法な攻撃が行われる可能性を予測する事業者も存在し得るという指摘もある[37]。

---

(35)　Presentation by Dr. Cassandra Steer（11 May 2022）, at: https://documents.unoda.org/wp-content/uploads/2022/05/Steer_UN-OEWG-11-May-2022.pdf.

(36)　石井・前掲注(6) 73 頁参照。

ロシア＝ウクライナ戦争では Viasat 社に対する攻撃事例も見られたところ，敵対者による区別原則の遵守や，実際に民用物に攻撃がなされた場合の実効的な防御や損害回復について民間事業者が懐疑的であると，逆区別原則を重視せず，自国の政府や軍の費用と防衛能力により自らの活動にレバレッジをかける選択を積極的に望む可能性は高まりうる。

2　民間事業者の考慮要素

民間事業者が積極的に軍民の統合を選ぶかどうかの考慮要素の一部として，例えば，逆区別がなされないことによる，事業者利益の増加分と，事業者コストの増加分を比較して，主観的な見積もりとして前者が後者を上回るのであれば，民間事業者は逆区別を求めないことが予想される。

逆区別を行わないことで事業者が追加的に得られる利益としては，例えば，政府や軍による受注額があり得る。また，国防アーキテクチャに組み込まれ，防衛能力に係る一部のコストを政府が負担又は補償することで，自衛コストが軽減されることによる利益の増加もあり得る。

これに対して，逆区別を行わないことによる事業者コストの増加分として，例えば，敵対者からの攻撃による損失が考えられる。ここでは逆区別により民用物としてのラベリングやシグナリングをする場合と比べて，攻撃対象になる確率が上昇するかが論点になる。事業者によっては敵対者による民用衛星に対する違法な攻撃が行われる可能性を主観的に重視し，厳格分離を行う意味はないと考える可能性がある。

また，軍用と区別されていない目標に実際に攻撃がなされた場合に攻撃成功確率がどう変動するのかや，統合されたアーキテクチャやネットワーク全体に攻撃の影響が広がり，損害が増大するのか否かといった点も問題になる。

3　補償の要請
(1)　補償と予見可能性

逆区別に係る事業者利益とコストに係る金額は，政府により調整し得る。すなわち，平時における政府受注額の増加や補助金の支出や，実際に攻撃を受けたこと等による民間事業者の損失を政府が補填するコミット等により，事業者

---

(37)　Koplow, *supra* note 22, p. 102.

第Ⅱ部　宇宙の安全保障

の協力を仰ぐ可能性もあり得る。

ただし，当該補助・補填が，仮に違法ないし不当な逆区別（例えば，国家の責任ある行動とは評価しえない行動）を促進する目的や，違法ないし不当な逆区別の結果生じた損害・損失の補填だとすると，政府負担を通じて国民が違法ないし不当な行動の促進に寄与・負担しているのではないかという非難も起こり得る。

いずれにしても，不確実性の中で宇宙事業への参入を継続する民間事業者が，自国の政府や国際機関に対して要求する事項は，大別すると資金の補助（補助金やリスクが現実化した場合の損失補填）か，行動規範の明確化（予見可能性の向上）となる。仮に，資金の補助が前述の観点から望ましくないという評価を行うのであれば，政府による予見可能性の確保や行動規範の形成，また民間事業者にもそのような行動規範の形成へのコミットが望ましいという立場をとることになる。

⑵　米国の動き

他方，近時の米国の政府・軍の方向性は，基本的には厳格分離には向かっていない。2022年4月には，米国の宇宙コマンド（統合軍）が，新しい商業統合戦略を発表し，早期から業界と協力し，必要なサービス調達を行う方針を示している[38]。

また，民間からの軍事サービス調達に加え，武力紛争に巻き込まれたときに一定の補償を検討するという方向を明確に打ち出しているのに対し，民間事業者からは，歓迎である旨の発言がなされている[39]。

4　民間事業者による武力紛争時・安全保障に係る規範形成への関与

仮に，民間事業者が軍民一体化と補償を求める態度をとることが，宇宙における責任ある行動や，国民負担という観点から望ましくないという立場に立つ場合，もう一方のルートとして，規範形成や予見可能性の向上が重要になる。その観点から，現在の利益状況において，宇宙空間における平時の安全性や持

---

(38)　U.S. Space Command "Commercial Integration Strategy Overview," April 8, 2022, at https://www.spacecom.mil/Newsroom/Publications/Pub-Display/Article/2994773/commercial-integration-strategy-overview/.

(39)　Space News "As DoD grows more reliant on space industry, it needs to define the relationship," 22 September 2022, at https://spacenews.com/as-dod-grows-more-reliant-on-space-industry-it-needs-to-define-the-relationship/.

続可能性の問題にとどまらず，武力紛争時に関連する規範形成に対して，民間事業者がコミットをするインセンティブやモメンタムがあるという指摘をする論文もある(40)。

　同論文では，①軍事目標への攻撃に伴う付随損害，②誤認・誤解に基づく攻撃，③紛争時の意図的な攻撃の三つの場面で，あるべき規範が存在する旨指摘する。その上で，規範策定に向けたモメンタムと，海洋・航空領域など，他の領域の参考事例を挙げる。特に③紛争時の意図的な攻撃を防止する観点からは，商業衛星が合法的な攻撃目標になる基準を可及的に明確化することが重要になる。

　いずれにしても，民間事業者による規範形成への関与は，自国政府と連携した規範形成，国際的な規範形成，業界団体やコンソーシアムを通じた規範形成などが考えられるところ，衛星サービスの規範構築に向けたイニシアティブである CONFERS や，宇宙分野でのセキュリティ情報共有を担う Space ISAC の取り組みを例に，コンソーシアムの役割も大きくなっており，民間事業者の自発的な活動の意義も高まっていることが指摘される。

お わ り に

　本稿は，政府が防衛目的での民間事業者からのサービス調達をはじめとした統合を推進することや，民間事業者が関与することについての違法性や不当性について評価を加えるものではない。国家間の緊張関係が高まり，分断も進む中で，民間事業者が宇宙領域で安定的・継続的に事業を行う際の一つの現実的な対応として，軍事・防衛目的の調達に応じた上で，さらに政府に補償を求める行動は，経済合理性の観点から起こり得る。

　仮に，こうした動きが責任ある行動と抵触し得るという評価をする場合，攻撃からの民間事業者の保護と，民間事業者による国際法抵触への関与の懸念からの保護という二重の意味において，行動規範の明確化や予見可能性の向上が速やかに求められ，民間事業者のコミットを確保するインセンティブやイニシアティブが重要になる。

---

(40)　Robin Dickey "Commercial Normentum: Space Security Challenges, Commercial Actors, and Norms of Behavior," 23 August 2022, at https://csps.aerospace.org/papers/commercial-normentum-space-security-challenges-commercial-actors-and-norms-behavior/.

第Ⅲ部　新しい宇宙活動と課題

11　宇宙ベンチャーにおけるリスクマネジメントと
　　法務の役割

星　　諒佑

〈要　旨〉

　宇宙ベンチャーにおけるリスクは宇宙関連事業特有の事情と密接不可分であり，そのリスク評価に対しても影響を及ぼす。宇宙ベンチャーの資金調達の困難性，技術水準の確保及びその承継をめぐる問題，輸送機の打上げ等に必要な行政対応に関する問題等，一旦リスクが顕在化すれば事業の根幹に影響を及ぼすリスク項目が多々存在する。他方，宇宙ベンチャーにとってはいかに重大なリスクを孕んでいたとしてもリスクテイクせざるを得ない場面も珍しくない。係るリスク判断時のリスク評価プロセスは，当該事業者内部の観点，外部専門家の観点のいずれから行うか，定量評価，定性評価等複数の視点や指標が考えられるところ，本稿では，リスクマトリクスを用いて内部及び外部それぞれの観点からリスクを定量評価することにより，当該事業者の意思決定に資することができないかを検討する。また，このようなリスク評価に関与する法務人材は，その立ち位置に応じて役割や職責を果たしていくことが求められる。

は じ め に

　本稿では，わが国の宇宙ベンチャー[1]が課題に対し，宇宙ベンチャー法務部等の内部と外部法律事務所の観点からどのようにアプローチすべきかを検討する。まず，国内外の宇宙ベンチャーの現況を確認し，宇宙関連事業の性質に起因する資金調達の困難性，高度の技術水準の確保及びその承継をめぐる問題，輸送機の打上げ等に必要な行政対応に関する問題及びこれらのリスク，リスクが顕在化した場合の結果について検討する。いわゆる宇宙ビジネスにおいては，いかにリスクを抱えているとはいえリスクを取らざるを得ない状況は珍しくない。リスクテイクの判断にあたってはリスクに対する評価が必要であり，本稿では，リーガルリスクマネジメントにおいて用いられるリスクマトリクス図を用い，リスクレベルの定量評価を試みる。最後に，宇宙ベンチャーの課題に関し法務スペシャリストが担うべき役割や職責を検討する。

第Ⅲ部　新しい宇宙活動と課題

Ⅰ　宇宙ベンチャーの概況

　わが国の宇宙ベンチャーは近年約 100 社が台頭し[2]，宇宙機の開発製造事業，リモートセンシングデータを利活用した事業，通信事業，ロボット開発製造事業，宇宙ビジネスに関するコンサルティング，宇宙商社事業等，様々なビジネスが確立している。海に囲まれ，東側は太平洋であることからロケットの打上げに適した地理的環境にあるわが国は，種子島，和歌山，北海道に射場を有し，これらの射場からの打上げを予定する宇宙ベンチャーもみられる。また，サブオービタル機の製造開発事業，スペースデブリの除去事業も注目され，これらの事業者はルール整備の側面でも重要な役割を果たしている。

　海外では，依然として米国 SpaceX 社の動向が注目される。同社の小型衛星 Starlink は 4 年間で 3,564 機が打ち上げられ，メガコンステレーションの構築が着々と進行しており，2024 年 10 月には，打上げ後地上に帰還する大型輸送機スターシップを地上のアーム設備でキャッチすることにも成功する等，国内とは比較にならないスケールのミッションを実行し成功させている。2019 年から 2023 年の間に打上げられた人工衛星のうち，64 ％が Starlink 及び One

---

（ 1 ）　「宇宙ベンチャー」という用語は多義的ではあるが，本稿では主に宇宙関連技術を用い又は宇宙空間に関連する事業を営む中規模から小規模の事業者を総称して用いることとする。また，「宇宙ビジネス」という用語についても，宇宙機の開発製造事業，宇宙機を利用した事業，コンサルティング事業等多義的に捉え得るが，本稿では宇宙空間に関連する事業を広く示すものとして用いることとする。

　　なお，Bryce Tech『Start-up Space Update on Investment in Commercial Space Ventures』（2023 年）において，同レポートにおける「宇宙企業」は以下のように定義されている。

　　「Our definition of a space company is a business entity that provides space products or services, specifically one that:

　・Manufactures satellites, launch vehicles, or other space-based systems

　・Manufactures satellite ground equipment

　・Provides services that rely on these systems, such as satellite TV, radio, broadband, remote sensing, or in-space servicing, assembly, and manufacturing services

　・Provides analytic services based on data collected extensively from space-based systems, either alone or in combination with terrestrial systems」

　　また，「スタートアップ・ベンチャー」についても，以下のように定義されている。

　　「Our criterion for a start-up venture is a space firm that has received and reported seed funding or venture capital.」

（ 2 ）　経済産業省製造産業局航空機武器宇宙産業課宇宙産業室『国内外の宇宙産業の動向を踏まえた経済産業省の取組と今後について』（2024 年 3 月）。

156

Web 衛星であり，使用された輸送機も同社が有する Falcon9 が最多である[3]。同機は日本の宇宙ベンチャーによる人工衛星の打上げの選択肢でもあるが，近時は他社の輸送機による打上げも選択肢として挙げられる。

世界的な投資状況に関しては，2022 年は 422 社（人）の投資家により 123 社の宇宙ベンチャーの資金調達案件に参加し，合計 154 件の取引が実施されている。投資家の約 4 分の 3 がベンチャーキャピタルであり，2000 年以降は，1875 社（人）の投資家が 1389 件の資金調達案件に参加する等，多くの宇宙ベンチャーに対する投資案件と実績が見受けられる[4]。

II　宇宙ベンチャーが抱える課題

宇宙ベンチャーは「宇宙空間を舞台とすること」，「スタートアップであること」による課題を抱えている。本稿では特に，資金調達をめぐる課題，技術水準とその承継に関する課題，行政対応に関する課題を取り上げる。

1　資金調達

宇宙ベンチャーといっても他業界のベンチャー企業と同様，資金調達を繰り返して事業へ投資することで事業を継続成長させており，事業への投資ができなければ成長も止まり，会社経営自体が立ち行かなくなる可能性がある。特に宇宙機を製造開発する宇宙ベンチャーは多額の初期投資を要し，初期投資の原資を獲得するため投資家や金融機関に対し成長可能性を示そうとしても，その時点では宇宙機自体が開発されておらず，十分な説明が困難となることもある。また，宇宙機の開発後にそれがどのように収益化するのか予測が困難で，収益化までに 10 年単位の期間を要するケースもある。そのため，投資家としては収益可能性を一旦度外視し，当該宇宙ベンチャーの将来性や事業が社会に及ぼす影響を考慮して投資判断をせざるを得ない側面があると考えられる。融資については回収可能性の判断にあたり，当該宇宙ベンチャーの財務状況，将来の収益・利益予測等が考慮されるほか，代表取締役の個人保証等の担保を付すことが一般的である[5]。

（3）　Bryce Tech『Smallsats by the Numbers 2024』（2024 年 3 月）。
（4）　Bryce Tech『Start-up Space Update on Investment in Commercial Space Ventures』（2023 年）。

第Ⅲ部　新しい宇宙活動と課題

　いずれにしても，宇宙ベンチャーの資金調達は，多額の初期投資が必要であること，事業の収益化までに長期間を要することという特殊性があり，これらが宇宙ベンチャーの資金調達を困難せしめる要因の一部となっている。

　これに対し宇宙ベンチャーは，補助金や第三者の業務を受託することにより資金を調達している。本稿執筆時点では，2024 年 7 月に公募開始された宇宙航空研究開発機構（JAXA）宇宙戦略基金が注目されており，これは「市場の拡大」「社会課題解決」「フロンティア開拓」を出口として，「輸送」「衛星等」「探査等」分野において設定された技術開発テーマに沿って，民間企業や大学等を支援する事業である。また，地方公共団体による宇宙ビジネス支援[6]も行われ，公募の上審査を経て補助金が交付される仕組みがあり，これらの支援を得て事業の初期投資原資の一部を確保することも考えられる。もっとも，このような補助金や支援は審査に合格する必要があること，技術研究開発の原資としては活用し得るものの，あくまで研究目的であり必ずしもその後の事業運営自体を支援するとは限らないことから，宇宙ベンチャーがマネタイズに失敗した場合のリスクまで軽減，払拭することはできず，依然として高い資金調達リスクに晒されている。

2　技術レベルの確保と承継

　宇宙機の製造開発を行っている宇宙ベンチャーにおいて特に問題となり得るが，宇宙機に関する技術やノウハウを持つ人材を確保し情報漏洩を防止しつつ，いかに社内で蓄積，承継させていくかが課題となる。特許権を保有するか否かを問わず，技術自体を有していてもノウハウに乏しいこともあり，ノウハウ含む自社技術を一定水準に高め，技術を承継する将来の技術者を確保し，情報漏洩を防止し，それらを可能とする体制を整備していく必要がある。

(1) 技術情報（秘密情報）の取扱い

　宇宙ベンチャーが自社限りで技術を高めノウハウを蓄積し，技術水準を一定水準に維持することは人的資金的リソースに鑑みて困難な場合がある。そこで，他の事業者や研究機関，大学等と共同研究を行うことで技術水準を高め，ノウハウを獲得することを企図することは珍しくない。

---

(5)　宇宙機の製造開発事業に関し融資するのであれば，当該宇宙機を担保とすることも考えられる。

(6)　いばらき宇宙ビジネス支援事業補助金等。

共同研究では，当事者間において研究目的の達成に必要な情報（主として技術情報）が相互に提供されることが想定されることから，当事者間で秘密保持義務が課されるのが通常である。共同研究が終了した後であっても，情報の利用や第三者提供等を防止するため，契約終了後も一定期間は秘密保持義務を存続させることもある。係る存続期間をどのように設定するかは個別に検討されるが，一般的には情報価値がどの程度の期間で陳腐化するかを基準として定めることが多い。例えば，インターネット関連事業（SNS，ソーシャルゲーム開発運営等）においては情報がアップデートされる速度が早く，日々新たなサービスが開発されその頻度も高いことから，1年前の情報が公知となり情報価値がなくなっていることも珍しくない。他方，宇宙関連事業は10年単位のプロジェクトも珍しくなく，情報の陳腐化には相当の期間が必要であるとして，長期間の存続条項が設定されることもあり得る。

(2) 知的財産権の取扱い

共同研究契約においては，共同研究により生まれた成果物の知的財産権に関する取扱いが定められる。具体的には，知的財産権の帰属主体，持分割合，他方当事者へのライセンス条件，出願等の手続に関する条項が規定される。いずれにしても，公平性の観点から当事者双方にメリットのある契約内容とする必要があり，特にスタートアップの観点からは，知的財産権が共同研究という建前で一方当事者に独占されることのないよう注意を払う必要がある。

この点，スタートアップと共同研究を実施する場合の知的財産権の取扱いに関し，公正取引委員会による調査結果[7]によると，「共同研究の成果に基づく知的財産権の一方的帰属の要請」として以下の例が挙げられている。

（7） 公正取引委員会『（令和4年12月23日）スタートアップをめぐる取引に関する調査結果について』参照。

　なお，公正取引委員会はスタートアップの取引慣行に関する実態調査を行い，その実施報告書（令和2年11月27日付）において，秘密保持契約，技術検証契約，共同研究契約，ライセンス契約，出資契約に関する問題事例等を公表している。また，これを受け公正取引委員会及び経済産業省により「スタートアップとの事業連携に関する指針」が策定され（令和3年3月29日付），同指針を改正し「スタートアップとの事業連携及びスタートアップへの出資に関する指針」（令和4年3月31日付）が策定されている。指針においては問題事例及び独占禁止法，競争政策上の考え方や問題の背景，解決の方向性が示されており，宇宙ベンチャー側はもちろんのこと，宇宙ベンチャーと共同研究，業務提携等を行うことを検討している事業者側においても，競争法上の問題を回避するため有益である。

第Ⅲ部　新しい宇宙活動と課題

> C社は，スタートアップとの共同研究において，当該スタートアップ側の貢献があるにもかかわらず，投入する技術はC社のものだけであると主張して，当該共同研究の成果に基づく知的財産権をC社のみに帰属させることを要請した。
>
> D社は，スタートアップとの共同研究において，D社の知的財産ポリシーを理由に，スタートアップ側の貢献を考慮することなく，当該共同研究の成果に基づく知的財産権をD社のみに帰属させることを要請した。
>
> E社は，スタートアップとの共同研究において，当該スタートアップ側の貢献があるにもかかわらず，当該共同研究の費用をE社が負担することを理由として，当該共同研究の成果に基づく知的財産権をE社のみに帰属させることを要請した。

　これを宇宙ベンチャーの例に置き換えると，宇宙技術を保有するものの実務への転用ノウハウや広報力に乏しく収益化に課題を持つ宇宙ベンチャーが，大企業はじめ宇宙ビジネスに参入することを検討している事業者と共同研究を実施することで，宇宙ベンチャーはノウハウや広報力，経済的支援を獲得し，事業者側は宇宙ビジネスへ参入する機会を獲得することを企図する場合で，契約上，共同研究中に発生した成果物に関する知的財産権が事業者に一方帰属すると定められたというケースが考えられる。宇宙ベンチャーの観点からは，最低限，知的財産権は当事者双方に均等持分により共同帰属[8]するとした上で，他方当事者へライセンスを行う等定めておく必要があるし，事業者の観点からも，宇宙ビジネスへ参入する機会を獲得するという目的からすれば知的財産権を一方的に取得する必要はなく，競争法上のリスク低減のためにも，持分割合はともかく少なくとも共同帰属とすべきように思われる。

　また，いかに技術を保護したとしても，社内で承継できなければ当該宇宙ベンチャーの技術力は衰え，サービス価値も発揮できなくなる。特にスタート

―――――――――――――

(8)　当事者双方が均等持分を有する以上，当該権利の処分には相手方の同意が必要となり，知的財産権を完全に自由に取り扱うことができない点には留意が必要である。

160

アップにおいては，特定のエンジニアに業務やノウハウが集中することが珍しくなく，特定のエンジニアが持つ技術がサービス価値を左右することも少なくない。このような主力となるエンジニアが退職すれば技術運用や実装に支障が生じることから，重要人材の退職リスクを軽減するための一手法として，高い給与水準の設定やストックオプションを付与し，事業へのコミットメントを高めることが一般的に行われている。しかし，資力の乏しいベンチャーにおいて高い給与水準を設けることは困難な場合があり，また，ストックオプションについても権利行使に至るまでのハードルを考慮する必要がある[9]。特にわが国における宇宙ベンチャーの上場は事例も少なく，エンジニアからみてストックオプションが真にインセンティブとして機能するかどうかは慎重に検討する必要がある。さらに，ノウハウや技術に関する秘密情報が競業他社等の第三者に漏洩することにより，技術の承継に支障が生じる事態もあり得る。係るリスクは従業員（特にエンジニア）の退職後に顕在化する可能性が高く，情報管理体制の整備，競業避止義務や秘密保持義務等を定めた書面を退職時に確実に取得する等の措置が肝要である。

3　行政対応

　わが国の宇宙活動法のもとで人工衛星等を打ち上げる場合，同法に基づく許可を得る必要がある。許可の判断過程において考慮される要素は『人工衛星等の打上げに係る許可に関するガイドライン』[10]に記載されているとおりであるが，申請前に主務官庁担当者と協議を行い，必要な情報を事前に共有，整理した上で申請に至るのが実務である。スケジューリングや事前調整の失敗は許可申請ひいては許可の取得を困難あるいは不可能ならしめ，宇宙機による収益化ができなくなるおそれがある。主務官庁との協議開始が遅れたり，必要な情報の共有が十分になされていない場合等には係るリスクが顕在化するため，許可申請を含む手続を行う際は，打上げを含めた全体のスケジュールを管理し，可能な限り早期に担当窓口まで連絡の上，必要な情報の共有やスケジューリング，不足情報の整理等を行う必要がある。

---

(9)　一般的には，上場申請がなされたことがストックオプションの行使条件とされ，行使可能となる時点も権利付与から期間を要することが多い。

(10)　内閣府宇宙開発戦略推進事務局『人工衛星等の打上げに係る許可に関するガイドライン』。

第III部　新しい宇宙活動と課題

発生頻度

5	10	15	20	25
4	8	12	16	20
3	6	9	12	15
2	4	6	8	10
1	2	3	4	5

結果の重大性

4　リスクの事業存続に対する影響

　上記リスクが宇宙ベンチャーの事業存続に対する影響について，リスクマネジメントの観点から，本稿ではリスクマトリクス図を用いて定量評価することを試みる。なお，リスク評価はそれ自体が目的ではなく，評価の結果を踏まえいかなる対応を行うかが肝要である。また，本稿における検討は個別具体的事象や背景を前提とせず，あくまで宇宙ベンチャーのリスクに対しリスクマトリクスを適用した場合の検討例を示すものである。

⑴　リスク分析に用いる指標

　リスクマトリクスは，リスクの発生頻度とリスクが顕在化した場合の結果の重大性をそれぞれ縦軸と横軸としてマトリクス図としたものである。検討対象の位置付けによりリスクレベルを算出することができる[11]。

　例えば，事象Aに関しリスクaが想定されるとする。リスクの発生頻度は無視し得る確率であるとし，発生頻度を1と評価する。次に当該リスクが顕在化した場合の結果に着目し，修復が困難で重篤な結果が発生するものとして，結果の重大性を5と評価する。それぞれを乗じた数値が事象Aからもたらされるリスクaのリスクレベルであり，リスクレベルは5ということになる。また，事象Bに関しリスクbが想定されるとして，頻繁に発生するリスクであるとして発生頻度は5と評価し，リスクが顕在化した場合に事業に対し中程度の影響を与えるとして結果の重大性を3とした場合，事象Bからもたらされるリスクbのリスクレベルは15となる。

　このように，リスクの発生頻度と結果の重大性を乗じてリスクレベルを定量

---

[11]　便宜的に1から5までの数値を設定しているが，求められる精度に応じて増減することもあり得る。

的に算出することは一応可能[12]であり，本稿では，上記リスクマトリクスを使用し，宇宙ベンチャーの資金調達，技術レベルの確保と承継，行政対応に関するリスクについてそれぞれ検討を試みる。

後述するが，リスク評価結果の用途として，評価結果に基づきリスクテイクするかどうかの判断を行う場合と，一定の結論が既にありその根拠資料として評価結果を用いる場合とが考えられる。それぞれの用途における評価結果の価値は，評価結果を用いる主体が宇宙ベンチャー内部の者であるか外部法律事務所であるかにより若干の差異がある。

(2) 資 金 調 達

スタートアップにとって資金調達は至上命題であり，資金調達の失敗は事業の失敗に直結しかねない。特に，宇宙機の製造開発事業を営む宇宙ベンチャーは莫大な初期投資を必要とする一方，事業の収益化フェーズに至るまでに長期間を要するという課題を抱えている。また，例えば売上の確定がロケットの打上げ成功に依存しているケース[13]では，宇宙ベンチャー側から打上げ事業者のロケットの製造工程や打上げスケジュールをコントロールすることはできず，宇宙ベンチャーの事業存続自体がコントロールできない事象に依存せざるを得ない状況に置かれる場合も考えられる。

資金調達の失敗は，ベンチャーにおいては事業存続を不可能としかねず，結果の重大性は5と見積もっても差し支えないと考えられる。リスクが顕在化する発生頻度については，投資又は融資の機会は限定されているとはいえ，事業の収益化フェーズ前は常に資金需要に晒されていることから，発生頻度は少なくとも4程度を見積もって差し支えないものと思われる。これらを前提とすると，資金調達の失敗によるリスクレベルは20程度と見積もられる。

(3) 技術レベルの確保と承継

宇宙ベンチャーは保有する技術を活用して収益に繋げるものであり，技術水

---

(12)　実務上，発生頻度の検討にあたっては過去の事例や他社事例，発生件数等を参考とすることになるが，過去に類を見ない事象や独自の技術に伴うリスク等について発生頻度を検討しようとしても参考情報が不足し，評価が困難な場合がある。結果の重大性についても同様に，過去に顕在化したことのないリスクは理論上想定される被害の算出が可能であったとしても，あくまで理論上のものとして評価せざるを得ない。そのため，適切なリスクを取るためにリスクマトリクスを利用したにもかかわらず謙抑的に運用された結果，かえってリスクを取らない判断材料として用いられる可能性もあり得る。

(13)　業務提携契約において，宇宙ベンチャーが得られる提携費用が打上げを条件として発生するとされる場合等が考えられる。

第Ⅲ部　新しい宇宙活動と課題

準を維持，向上させ，社内で承継させていくことは事業の根幹をなすものといえる。

　仮に技術水準を維持できなくなれば，宇宙ベンチャーとしての存在意義に疑義が生じかねず，収益を上げ投資を得ることも困難となり事業存続自体に影響が生じることから，結果の重大性は 5 と見積もって差し支えないと考えられる。リスクが顕在化する発生頻度については，他の業界と比較して，他社技術の進歩により顧客が奪われる等の事象は（相対的に）生じにくいと考えられる。情報漏洩やリードエンジニアの退職により技術水準を維持できなくなるケースを考えると，発生頻度自体は 2 程度と思われる。これらを前提とすると，技術レベルの確保と承継に関するリスクレベルは 10 程度と見積もられる。

(4) 行 政 対 応

　宇宙機の製造開発を行う宇宙ベンチャーにとって，莫大な資金と時間を投資して製造開発した宇宙機が実際に打ち上げられるかどうかは事業の根幹に影響する。宇宙機を打ち上げるには人工衛星等の打上げ許可をはじめとした手続が必要であり，そのために主務官庁との調整が必要[14]となるのは前述のとおりである。

　仮に必要な許可等を得られない場合は事業存続自体が困難となることから，結果の重大性は 5 と見積もって差し支えないと考えられる。他方，リスクが顕在化する発生頻度については，当該リスクは許可申請に至るまでの主務官庁との調整，協議如何によりある程度軽減できること，リスクが顕在化するのは係る調整，協議が長期化，難航し，打上げ（納入）スケジュールに間に合わなくなるといった場面であることから，発生頻度は 3 程度と考えられ，これらを前提とすると，行政対応に関するリスクレベルは 15 程度と見積もられる。

Ⅲ　求められる法務の役割

1　法務部，社内弁護士

　一般的に，スタートアップは法務部や社内弁護士を採用して配置するリソー

---

(14)　宇宙機の製造開発に関わらない事業者は宇宙機の打上げ許可等の行政対応は求められないが，わが国の打上げ事情によっては国内での事業展開に支障が生じる可能性があり，何ら行政対応が必要ないというわけではない。わが国の宇宙政策全体に「協力」するという意味での対応（いわゆるロビー活動）は業界全体のためにも必要である。

164

スに乏しく，総務や財務経理担当者が法務業務を掛け持ちしている場合や，エンジニアが担当している場合すらあり得るところであるが，本稿では，宇宙ベンチャーに法務部（法務担当者）や社内弁護士がいる場合を想定して，宇宙ベンチャーの課題に対しどのように向き合うべきかを検討する。

　法務部や社内弁護士は，社内の事情（事業内容，財務状況等）に精通しているのは当然として，業界全体の構造，市況，事業者間のパワーバランス等も把握している，あるいは具体的に把握できる環境にあり，社外の弁護士等の専門家とは異なる観点から業務を遂行する立場にある。例えば，秘密保持契約を審査する場合で契約終了後の秘密保持義務残存条項の存続期間を検討する例でいえば，当該宇宙ベンチャーが扱う技術の内容，重要性，競合他社含む業界における位置付け等から情報の陳腐化までに要する期間を検討することになるところ，上記知見の有無[15]によって検討の具体性が異なってくる。

　リスクマネジメントの観点でも，先に検討したリスク評価をもとに一定レベル以上のリスクテイクの是非，対策の内容や是非を判断することになるが，この検討プロセスにおいても，社内事情や業界事情は検討要素として含まれてくる。また，リスクマネジメントの対象を選定するにも，上記事情に精通していることは有効である。例えば，宇宙機の打上げプロジェクトに関するリスクを事前把握することを想定する。ここでの検討対象は，抽象的な「打上げプロジェクトに関するリスク」ではなく，当該プロジェクトにおいて必要な工程に応じたリスク，例えば，宇宙機の開発製造に伴うリスク，打上げ契約に関するリスク，宇宙機の運用に伴うリスク等に分割して検討することになる[16]。係るプロセスはプロジェクトの全体像，関連する部門の役割や工程，近時の打上げ動向，打上げ事業者の状況等の知見がなければ正確に進めることが困難であり，法務部や社内弁護士であれば，仮に自ら知見を有していなくとも関連部門に迅速に確認することができる立場にある。

　留意すべきは，法務部や社内弁護士はあくまで宇宙ベンチャーの従業員にすぎず，宇宙ベンチャーのリスクテイクを許容する理由を構成しやすい立場にあ

---

(15)　宇宙専門チームを抱える大手法律事務所では宇宙ビジネスの知見も集積されていると思われるが，いずれにしても自社事情に最も精通しているのは社内の担当者である。
(16)　本稿の区分けでは必ずしも十分ではなく，実際にはより具体的，詳細に検討していくことになると思われる。宇宙機の製造開発に伴うリスクであれば，製造開発において第三者に業務を発注することに伴うリスク，製造開発費用の調達リスク，環境リスク等様々な要因がある。

第Ⅲ部　新しい宇宙活動と課題

ることである。ベンチャーのプロジェクトは往々にして実施を前提としている
場合が珍しくなく，いわば「後付け」でプロジェクト実施の妥当性を根拠付け
ることがある。係る事情は宇宙ベンチャーにも妥当すると思われ，一定レベル
以上のリスクを包含する事業の抑止力として謙抑的な機能を果たすことの期待
値が外部法律事務所よりも高くない場面は容易に想定される。そのため，後述
する外部法律事務所との連携が重要となってくる。

2　外部法律事務所

　宇宙ベンチャーの法律顧問となっているかどうかにかかわらず[17]，外部法
律事務所の観点からも当該宇宙ベンチャーの事業理解が重要であることに変わ
りはない。また，宇宙業界全体の構造，市況，パワーバランス等の理解は業務
遂行のため必要，有益であり，依頼者の信頼獲得の基礎ともなる。前述のとお
り，社内の法務部や社内弁護士はあくまで従業員であり，「リスクテイクする
方向性」の意向を持っている場合や，トップダウンにより「リスクテイクする
前提」で相談するケースもあり得る。その際に外部法律事務所に求められるの
は客観的な観点からの専門的助言であり，宇宙ベンチャーのリスクテイクに対
する抑止力となることである。

　外部法律事務所の観点から宇宙ベンチャーのリスク分析を行う場面としては，
投資家や事業者側から投資契約や業務委託契約，業務提携契約等を締結しよう
とする場面において，デューデリジェンスや契約審査を行う場合や，宇宙ベン
チャー側から打上げ契約等の契約審査，資金調達案件の対応を行う場合等が考
えられる。ただし，リスク分析を行うとはいっても，リスクマトリクスを用い
て定量的に分析するというよりも，依頼者が定量的なリスク評価を行った場合
は係る判断の正当性を客観的な観点から検証し，契約審査であれば問題となり
得る条項に関する法的リスクを指摘，修正し，生じ得る具体的な事象を依頼者
に説明した上で，リスクを取るか否かの判断を促すにとどめ，あえてリスクレ
ベルを数値化して明示して当該リスクを取ることが妥当か否かの助言までは行
うことはないものと思われる。

---

(17)　わが国の宇宙ベンチャー数や市場規模からすれば，利益相反となる可能性は他業種よ
　　りも（相対的に）高いように思われる。本稿では弁護士法や弁護士職務基本規程上求めら
　　れる対応については言及しないが，いずれにしても，宇宙ビジネスに精通する弁護士の増
　　加が望まれる。

166

もっとも，プロジェクト実施に関して宇宙ベンチャー側が既に一定の結論に達しており，その根拠資料としてリスクの定量評価結果を用いる場合，法務部と外部法律事務所とでは事情が異なる。法令違反がない限りはリスクテイクの上実施することが前提と宇宙ベンチャー側が考えているプロジェクトについて，法務部であろうと外部法律事務所であろうと，反対意見を述べたところで結論が変わらないのであれば，リスクレベルの評価結果が結論に影響を与えることはない。このような場面で求められているのは，宇宙ベンチャーがプロジェクトを実施するにあたり留意すべきリスクとその対応策を事前に検討し実装することであり，定量評価の結果は対応策の優先度を判定するために貢献することはあり得ても，基本的には高い価値は見込めない。

他方，プロジェクトの実施について宇宙ベンチャー内で意見が割れており，代表者がトップダウンで推進しようとしているものの法務部が反対意見を述べている等の事情がある場合，法律事務所による定量化された反対意見は高い価値を発揮する場合がある。宇宙ベンチャーに限らず，またベンチャーであろうと大企業であろうと，法務部の見解だけでは意思決定者（意思決定機関）の行動を変えることが困難であるとして，法務部の反対意見を補強あるいは正当化する資料として外部法律事務所の意見を用いる場面は通常あり得る。この場合，第三者による客観的な観点から，客観的に評価可能な資料（客観的に当該プロジェクトの危険性を示す資料）として，外部法律事務所のリスクの定量評価結果は重要な意味を持つ。

以上をまとめると，法務部，社内弁護士，外部法律事務所それぞれの立場でリスクの定量評価の結果を活用する場合に評価結果が持つ価値は，評価結果から演繹的に意思決定を行うのか，意思決定ありきで評価結果をその根拠資料として用いるのか，リスクテイクの方向性であるのか，リスクに対し消極的な方向性であるのかによって変わってくる。いずれにしても，リスクの定量評価自体は目的とはならず，評価結果がどのように活用されるかに注目する必要がある。

おわりに

わが国の宇宙ベンチャーは宇宙を舞台とするが故の課題もさることながら，スタートアップが共通して抱える課題を同様に有し，それらが事業存続の危機

第III部　新しい宇宙活動と課題

に直結するリスクを抱えている。係るリスクを重篤リスクとして抱えたまま事業を継続することは長期的には困難であり，経営者は個人としても相応のリスクを取らざるを得ない。他方でリスクを取らずに事業運営することもまた不可能であり，どの程度のリスクテイクを許容できるか検討することが肝要である。本稿で検討したようにリスクを定量化したとしても，数値が絶対視されるとかえって適切なリスクテイクが困難となるため，宇宙関連事業においてリスクを定量化すること自体がナンセンスであるという考え方もあり得るところである。

　いずれにしても，宇宙ビジネスはもはや「新しいビジネス」と呼ぶには相応しくなく，「ベンチャー」を建前としてどのようなリスクも取ることが許容される事業内容ではない。当該宇宙ベンチャーがどの程度のリスクを許容できるか，許容できない場合はどのように対応するかを具体的に検討していく必要があり，「将来性」というマジックワードに依存せず，他方で定量評価にも依存しすぎないというバランスの中で，リスクと向き合っていくことが求められる。

参考文献

小塚荘一郎・佐藤雅彦編著『宇宙ビジネスのための宇宙法入門（第3版）』（有斐閣，2024年）

第一東京弁護士会編『これだけは知っておきたい！弁護士による宇宙ビジネスガイド』（同文舘出版，2018年）

『ISO 31022:2020 Risk management － Guidelines for the management of legal risk』（ISO，2020年）

12　国際宇宙ステーションからの
衛星放出事業における法的課題

北 村 尚 弘

〈要　旨〉

　国際宇宙ステーションから衛星を放出する際には，①ロケットで超小型衛星を ISS まで打ち上げる，② ISS にある J-SSOD から超小型衛星を放出する，という 2 段階を踏むという特殊性がある。そこで，(i)②が「打上げ」に該当するのか，また，(ii) 放出された衛星の「打上げ国」がどこになるのかが，それぞれ問題となる。

　(i)については，宇宙条約等からは，当該衛星放出行為が「打上げ」に該当するのかは明らかではない。なお，少なくとも，現在の宇宙活動法においては，打上げ許可は不要である。

　(ii)については，これまでに放出された超小型衛星の登録状況に鑑みると，衛星開発機関の国籍国により登録されているといえ，衛星開発機関の国籍国が「打上げ国」であるとの考え方と親和性を有する。もっとも，登録がなされなかった場合にも，衛星開発機関の国籍国が「打上げ国」と言えるかについては，明らかではない。

は じ め に

　近年，人工衛星の需要の高まりとともに，衛星打上げ機会の需要も増加している。かかる需要に応じる形として，各国において小型ロケットの開発が進んでいるほか，大型ロケットにおける空きスペースを利用した相乗り打上げサービスなども行われている。そのような中で，日本独自の取組みとして，国際宇宙ステーション (ISS) からの J-SSOD による超小型衛星放出事業が挙げられる。

　もっとも，J-SSOD からの超小型衛星放出事業は，従来の打上げ事業と態様が異なることから，いくつかの法的課題もある。

　そこで，本稿では，当該事業に係る法的課題について，検討することとしたい。

I　J-SSOD とは

　ISS の「きぼう」日本実験棟 (JEM) には，CubeSat 規格（10cm×10cm×10cm）及び 50kg 級の超小型衛星を放出機構で打ち出し，軌道に乗せるための

169

第III部　新しい宇宙活動と課題

仕組みが備えられている。この衛星放出機構は，英語名である JEM Small Satellite Orbital Deployer の頭文字から，J-SSOD と呼ばれている。

CubeSat 規格の放出においては，繰り返し使用可能な，軌道上装填型衛星放出機構（JEM Small Satellite Orbital Deployer Resuppliable：J-SSOD-R）が 2020 年に導入されており，J-SSOD-R では，衛星は衛星打上げケースに搭載されて ISS まで輸送され，ISS 内においてクルーによって衛星放出機構ケースに装填される。

2018 年に，J-SSOD による超小型衛星放出事業の事業者として，Space BD 株式会社及び三井物産株式会社が選定され（なお，後者については，2019 年 12 月より三井物産エアロスペース株式会社が承継している。），JAXA がこれまで実施してきた市場調査，利用者開拓，利用者に対する技術支援，及び打上げ・放出までを，事業者が事業の主体者として自己資金により自ら運営することとされている。但し，打上げ・放出作業については，事業者が JAXA へ委託する形となっている。

II　衛星放出までの流れ

J-SSOD による超小型衛星放出までの流れは，以下のとおりである。

①超小型衛星を搭載した衛星搭載ケースを，ISS 向け輸送手段（「こうのとり」（HTV）等）により，船内貨物として打ち上げ，ISS まで輸送する。

②「きぼう」日本実験棟（JEM）において，宇宙飛行士により，衛星搭載ケースを，親アーム先端取付型実験プラットフォームに設置し，エアロックから船外の宇宙空間に搬出する。

③「きぼう」のロボットアームで，J-SSOD の親アーム先端取付型実験プラットフォームを把持し，衛星放出ポイントまで移動させ，宇宙飛行士又は地上管制官によるコマンド信号により，衛星を放出する。

なお，これまでに J-SSOD から放出された超小型衛星は，別表 1 のとおりであり，本稿執筆時点において，合計 86 機となっている[1]。

（1）　J-SSOD から放出された超小型衛星リスト，at https://humans-in-space.jaxa.jp/kibouser/provide/j-ssod/72631.html（as of October 27, 2024）。

170

Ⅲ 衛星放出行為の「打上げ」該当性

1 総論

通常,ロケットで衛星を打ち上げる場合には,地上から目的軌道までロケットで輸送のうえ,そこで衛星を切り離し,衛星を目的軌道に投入しており,これら一連の行為を「打上げ」行為として捉えていることが多い。

他方で,J-SSOD から超小型衛星を放出するまでには,下図のとおり,
① ロケットで超小型衛星を ISS まで打ち上げる
② J-SSOD から超小型衛星を放出する
という2段階を踏むことになるが,いずれの行為が「打上げ」となるのだろうか。特に,超小型衛星を宇宙空間に投入する役割を担うのは①ではなく②であるため,②が「打上げ」とならないだろうか。また,その場合,打上げ許可は必要とならないのか。

2 宇宙条約等からのアプローチ

では,J-SSOD からの衛星放出行為は,「打上げ」に該当するのか。

この点に関して,宇宙条約[2]等においては,「launch」(打上げ)とのワードは登場するものの,「launch」(打上げ)そのものについての定義は置かれてい

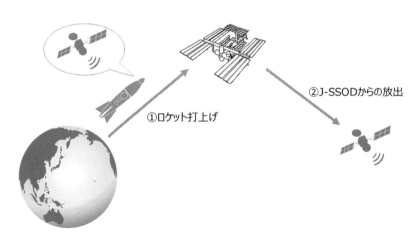

図1 J-SSOD から超小型衛星衛星を放出するまでのイメージ図(筆者作成)

第Ⅲ部　新しい宇宙活動と課題

ない。そのため，J-SSOD からの衛星放出行為が「打上げ」に該当するのかは明らかではない。

これは，宇宙条約等が制定されたのは 1960 〜 1970 年代であり，その当時は，地上からのロケット打上げしか想定されておらず，そもそも宇宙空間から衛星を放出する行為は想定されていなかったことによるものと思われる。

3　宇宙活動法からのアプローチ

(1) 打上げ許可の要否

では，日本の宇宙活動法[3]において，J-SSOD による衛星放出行為はどのように位置付けられているのだろうか。より具体的には，打上げ許可は必要となるのだろうか。

この点に関して，宇宙活動法においては，「①国内に所在し，又は日本国籍を有する船舶若しくは航空機に搭載された②打上げ施設を用いて人工衛星等の打上げを行おうとする者」は，打上げ許可を取得しなければならないものとされている（同法 4 条 1 項）。

まず，①については，J-SSOD が所在する「きぼう」日本実験棟（JEM）は，国内には所在せず，また，日本国籍を有する船舶又は航空機ではないため，要件を満たさない。

また，②については，「打上げ施設」とは，「人工衛星の打上げ用ロケットを発射する機能を有する施設」をいうところ（同法 2 条 4 号），J-SSOD はロケット発射機能を有さないため，「打上げ施設」には該当せず，要件を満たさない。

そのため，J-SSOD からの衛星放出行為について，打上げ許可は不要である。

(2) 宇宙活動法の見直しとの関係

なお，本稿執筆時点において，宇宙活動法の見直しが行われているため，その点にも言及しておきたい。

同法は，2018 年 11 月 15 日に施行されたものであるが，施行後 5 年を経過した場合において，施行状況について検討を加え，必要があると認めるときは，その結果に基づいて所要の措置を講ずるものとされている（同法附則 5 条）。これを踏まえ，現在，内閣府宇宙政策委員会のもとに，「宇宙活動法の見直しに

（2）　正式名称「月その他の天体を含む宇宙空間の探査及び利用における国家活動を律する原則に関する条約」。
（3）　正式名称「人工衛星等の打上げ及び人工衛星の管理に関する法律」。

関する小委員会」が設置され，見直しについての検討が行われているところである。

　もっとも，少なくとも筆者の知る限り，現在行われている議論において，宇宙空間からの衛星放出行為について打上げ許可の対象に含めるべきか否かの議論はされていない。そのため，今回の見直しは，上記結論に影響を及ぼすことはないものと思われる。

Ⅳ　衛星放出行為における「打上げ国」

1　総　論

　J-SSODからの衛星放出行為が「打上げ」に該当するかどうか明らかではないとしても，放出された衛星の「打上げ国」はどこになるのだろうか。後述のとおり，「打上げ国」の概念は，打上げそのものを行った国以外も含み，広義となるため，以下検討する。

2　「打上げ国」の責任

　宇宙条約7条において，「条約の当事国は，月その他の天体を含む宇宙空間に物体を発射し若しくは発射させる場合又は自国の領域若しくは施設から物体が発射される場合には，その物体又はその構成部分が地球上，大気空間又は月その他の天体を含む宇宙空間において条約の他の当事国又はその自然人若しくは法人に与える損害について国際責任を有する。」として，「打上げ国」の責任を定めている。

　そして，宇宙損害責任条約[4]2条は，「打上げ国は，自国の宇宙物体が地表において引き起こした損害，又は飛行中の航空機に与えた損害につき無過失責任を負う。」として地表における損害に対する無過失責任を定めるとともに，同条約3条は，「損害が，一の打上げ国の宇宙物体又はその宇宙物体内の人若しくは財産に対して他の打上げ国の宇宙物体により地表以外の場所において引き起こされた場合には，当該他の打上げ国は，その損害が自国の過失又は自国が責任を負うべき者の過失によるものであるときに限り責任を負う。」として，宇宙空間における損害に対する過失責任を定めている。

（4）　正式名称「宇宙物体により引き起こされる損害についての国際責任に関する条約」。

第Ⅲ部　新しい宇宙活動と課題

そのため，ある宇宙物体が第三者に損害を与えた場合には，賠償責任を負うのはどの国かという観点から，「打上げ国」がどこになるかが重要となる。

3 「打上げ国」の類型

では，「打上げ国」とは何か。宇宙損害責任条約1条(c)及び宇宙物体登録条約[5]1条(a)において，「打上げ国」とは，次の国をいうとされている。

(i) 宇宙物体の打上げを行い，又は行わせる国

(ii) 宇宙物体が，その領域又は施設から打ち上げられる国

そのため，上記を整理すると，「打上げ国」には，以下の4パターンがあることになる。

①打上げを行う国

②打上げを行わせる国

③自国領域内から打上げが行われる国

④自国施設内から打上げが行われる国

なお，②については，打上げを委託して，打上げ費用を支払う国を指すというのが，宇宙条約や宇宙損害責任条約の起草中の国連宇宙空間平和利用委員会（COPUOS）加盟国の合意であった[6]。この点に関連して，打上げを委託したのが，政府機関ではなく民間企業等であった場合に，その国籍国は，「打上げを行わせる国」となるか。運用企業の国籍国を「②打上げを行わせる国」とみなす学説も有力であるが，反対も強く，明確な答えはないのが現状である[7]。

上記を，J-SSODからの衛星放出行為について検討すると，

ISSまでロケットを打ち上げる国：①，③，④

J-SSODからの放出：④（但し，「打上げ」に該当するのか不明）

衛星開発機関：②（但し，反対説あり）

と考えることができるが，上記のみからでは，いずれの国が「打上げ国」となるのかは不明確である。

---

(5)　正式名称「宇宙空間に打ち上げられた物体の登録に関する条約」。

(6)　小塚荘一郎・佐藤雅彦『宇宙ビジネスのための宇宙法入門（第3版）』（有斐閣，2024年）48頁。

(7)　同上49-50頁。

174

4 登録国からのアプローチ

(1) 総 論

では，当該衛星の登録国から，「打上げ国」を特定することはできないだろうか。

宇宙条約8条において，「宇宙空間に発射された物体が登録されている条約の当事国は，その物体及びその乗員に対し，それらが宇宙空間又は天体上にある間，管轄権及び管理権を保持する。」とされている。そして，宇宙物体登録条約1条(c)において，「『登録国』とは，次条の規定により宇宙物体が登録されている打上げ国をいう。」とされており，「打上げ国」が宇宙物体を登録するものとされている。また，宇宙物体登録条約2条2項において，「地球を回る軌道又は地球を回る軌道の外に打ち上げられた宇宙物体について打上げ国が2以上ある場合には，これらの打上げ国は，（略）当該宇宙物体を登録するいずれか1の国を共同して決定する。」ものとされている。

以上を踏まえると，ある宇宙物体についての「登録国」は，当該宇宙物体についての「打上げ国」と考えることができる。

(2) 登 録 状 況

そこで，これまでにJ-SSODから放出された超小型衛星の登録状況について見ると，別表1のとおりとなっている[8]。

なお，日本では，「宇宙物体登録に係る届出マニュアル」が整備されており，それによると，J-SSODから放出された超小型衛星を登録する場合は，以下のとおりとされている[9]。

・新規宇宙物体として登録する。

・「Date of Launch」には，J-SSODからの放出日時を記載する。

・「Territory or Location of launch」には，「International Space Station（ISS）」と記載する。

・「Other information」（※通常は打上げ機関の名称を記載）には，① ISSまでの輸送手段を記載し，②「Date of launch」欄にはJ-SSODから放出が行われた日時を，「Territory or location of launch」欄にはその放出場所を記

（8） Online Index of Objects Launched into Outer Space, at https://www.unoosa.org/oosa/osoindex/search-ng.jspx?lf_id=（as of October 27, 2024）.

（9） 宇宙物体登録に係る届出マニュアル, at https://www8.cao.go.jp/space/application/space_activity/documents/manual-spaceobjt.pdf（as of October 27, 2024）。

第Ⅲ部　新しい宇宙活動と課題

載する旨を記載する。

(3) パターン別での検討

上記の登録状況をパターン別に整理すると，下表のようになる。なお，検討をシンプルにするため，衛星開発機関が複数国にわたるケースについては割愛している。

打上げ ロケット	放出行為	衛星開発 機関	登録国	具体例 （別表1に対応）
日本	日本	日本	日本	No. 1, 2, 3, 11, 14 〜 18, 33, 34, 41
日本	日本	日本	（なし）	
日本	日本	A国	A国	No. 7, 8, 9, 12
日本	日本	A国	（なし）	No. 4, 5
アメリカ	日本	日本	日本	No. 21, 37, 42, 44, 47 〜 49, 51, 61, 62, 64, 65, 67, 71
アメリカ	日本	日本	（なし）	No. 69, 72, 75, 76
アメリカ	日本	A国	A国	No. No. 10, 23, 27, 43, 53, 57, 58, 60, 63, 66, 70, 73, 74
アメリカ	日本	A国	（なし）	22, 24 〜 26, 28, 38, 50, 68

上表を見ると，登録されている事例については，ISS までのロケット打上げをした国，又は，J-SSOD から放出した国ではなく，衛星開発機関の国籍国により登録されている。これは，衛星開発機関の国籍国が，「②打上げを行わせる国」であるとの考え方と親和性を有する。

他方で，登録国となれば「打上げ国」となるが，衛星開発機関が民間企業である場合において，登録がなされなかったときに，衛星開発機関の国籍国が「打上げ国」となるのかは，不明である（前述3）。特に，衛星開発機関が複数（2か国以上）となる場合には，問題はより複雑になるものと思われる。

お わ り に

本稿では，(ⅰ)J-SSOD からの衛星放出行為の「打上げ」該当性，及び，(ⅱ)当該衛星放出行為における「打上げ国」について検討を行った。

(ⅰ)については，宇宙条約等が制定された当時には，そのような衛星放出行為

が想定されていなかったこともあり，「打上げ」に該当するのかは明らかではない。なお，少なくとも，現在の宇宙活動法においては，打上げ許可は不要である。

(ii)については，これまでJ-SSODから放出された超小型衛星の登録状況に鑑みると，衛星開発機関の国籍国により登録されているといえ，衛星開発機関の国籍国が「②打上げを行わせる国」であるとの考え方と親和性を有する。もっとも，登録がなされなかった場合であっても，衛星開発機関の国籍国が，「②打上げを行わせる国」と言えるかについては，不明である。

このように，上記2点については，明確な答えがないのが現状であるが，人工衛星の数は増加の一途を辿っており，いずれ，J-SSODから放出された人工衛星が第三者に損害を与える可能性も否定できない。その場合に，誰がどのように賠償責任を負うのかについて，今後，議論が活発化することを期待したい。

第Ⅲ部　新しい宇宙活動と課題

（別表1）

No.	放出 年月日	衛星開発機関	打上げ ロケット	登録国
1	2012.10.04	民間企業（日本）	日本	日本
2	2012.10.04	大学（日本）	日本	日本
3	2012.10.05	大学（日本）	日本	日本
4	2012.10.05	民間企業（アメリカ） 大学（ベトナム） 大学（スウェーデン）	日本	（なし）
5	2012.10.05	政府機関（アメリカ） 大学（アメリカ）	日本	（なし）
6	2013.11.19	大学（日本） 研究機関（ベトナム） 民間企業（日本）	日本	（なし）
7	2013.11.19	民間企業（アメリカ）	日本	アメリカ
8	2013.11.19	民間企業（アメリカ）	日本	アメリカ
9	2013.11.20	政府機関（アメリカ）	日本	アメリカ
10	2015.02.05	大学（ブラジル） 研究機関（ブラジル） 政府機関（ブラジル）	アメリカ	ブラジル
11	2015.09.17	大学（日本）	日本	日本
12	2015.09.17	大学（ブラジル） 政府機関（ブラジル）	日本	ブラジル
13	2016.04.27	政府機関（フィリピン） 大学（フィリピン） 大学（日本）	アメリカ	フィリピン
14	2016.12.19	大学（日本）	日本	日本
15	2017.01.16	大学（日本）	日本	日本
16	2017.01.16	大学（日本）	日本	日本
17	2017.01.16	民間企業（日本） 大学（日本）	日本	日本
18	2017.01.16	大学（日本）	日本	日本
19	2017.01.16	大学（日本） 大学（シンガポール）	日本	日本

12　国際宇宙ステーションからの衛星放出事業における法的課題

No.	放出 年月日	衛星開発機関	打上げ ロケット	登録国
20	2017.01.16	民間企業（日本） 民間企業（イタリア） 小学校（ブラジル） 民間企業（アメリカ）	日本	（なし）
21	2017.07.07	大学（日本）	アメリカ	日本
22	2017.07.07	大学（ガーナ）	アメリカ	（なし）
23	2017.07.07	大学（モンゴル）	アメリカ	モンゴル
24	2017.07.07	大学（バングラデシュ）	アメリカ	（なし）
25	2017.07.07	大学（ナイジェリア）	アメリカ	（なし）
26	2018.05.11	大学（コスタリカ） 非営利団体（コスタリカ）	アメリカ	（なし）
27	2018.05.11	大学（ケニア）	アメリカ	ケニア
28	2018.05.11	政府機関（トルコ）	アメリカ	（なし）
29	2018.08.10	大学（日本） 大学（ブータン）	アメリカ	ブータン
30	2018.08.10	大学（日本） 大学（フィリピン）	アメリカ	フィリピン
31	2018.08.10	大学（日本） 大学（マレーシア）	アメリカ	マレーシア
32	2018.10.06	大学（日本） 大学（シンガポール）	日本	日本
33	2018.10.06	非営利団体（日本）	日本	日本
34	2018.10.06	大学（日本）	日本	日本
35	2019.06.17	大学（日本） 研究機関（ネパール）	アメリカ	（なし）
36	2019.06.17	大学（日本） 研究機関（スリランカ）	アメリカ	（なし）
37	2019.06.17	大学（日本）	アメリカ	日本
38	2019.06.17	民間団体（シンガポール） 大学（シンガポール）	アメリカ	（なし）
39	2019.11.20	大学（日本） 政府機関（ルワンダ）	日本	日本
40	2019.11.20	大学（日本） 政府機関（エジプト）	日本	（なし）

第Ⅲ部　新しい宇宙活動と課題

No.	放出 年月日	衛星開発機関	打上げ ロケット	登録国
41	2019.11.20	大学（日本）	日本	日本
42	2020.04.28	大学（日本）	アメリカ	日本
43	2020.04.29	政府機関（グアテマラ）	アメリカ	グアテマラ
44	2021.03.14	大学（日本）	アメリカ	日本
45	2021.03.14	大学（日本） 大学（フィリピン）	アメリカ	フィリピン
46	2021.03.14	大学（日本） 政府機関（パラグアイ）	アメリカ	パラグアイ
47	2021.03.14	大学（日本）	アメリカ	日本
48	2021.03.14	民間団体（日本）	アメリカ	日本
49	2021.03.14	民間企業（日本）	アメリカ	日本
50	2021.03.14	大学（イスラエル）	アメリカ	（なし）
51	2021.03.15	民間企業（日本） 大学（日本）	アメリカ	日本
52	2021.03.22	大学（日本） 大学（ミャンマー）	アメリカ	日本
53	2021.06.22	民間団体（モーリシャス）	アメリカ	モーリシャス
54	2021.06.22	（非公開）	（不明）	（不明）
55	2021.10.06	大学（日本） 大学（フィリピン）	アメリカ	フィリピン
56	2021.10.06	大学（日本） 大学（フィリピン）	アメリカ	フィリピン
57	2021.10.06	大学（オーストラリア）	アメリカ	オーストラリア
58	2021.10.06	大学（オーストラリア）	アメリカ	オーストラリア
59	2022.02.03	政府機関（UAE） 政府機関（バーレーン） 大学（UAE） 大学（UAE）	アメリカ	UAE
60	2022.02.03	大学（アメリカ）	アメリカ	アメリカ
61	2022.03.24	民間企業（日本）	アメリカ	日本
62	2022.03.24	民間団体（日本）	アメリカ	日本
63	2022.08.12	大学（モルドバ）	アメリカ	モルドバ

12　国際宇宙ステーションからの衛星放出事業における法的課題

No.	放出 年月日	衛星開発機関	打上げ ロケット	登録国
64	2022.08.12	大学（日本） 高校（日本）	アメリカ	日本
65	2022.08.12	民間企業（日本） 民間団体（日本）	アメリカ	日本
66	2022.12.02	政府機関（ウガンダ）	アメリカ	ウガンダ
67	2022.12.02	大学（日本）	アメリカ	日本
68	2022.12.02	政府機関（ジンバブエ）	アメリカ	（なし）
69	2022.12.02	大学（日本）	アメリカ	（なし）
70	2023.01.06	大学（インドネシア）	アメリカ	インドネシア
71	2023.01.06	大学（日本）	アメリカ	日本
72	2023.01.06	民間企業（日本）	アメリカ	（なし）
73	2023.07.19	大学（フィリピン）	アメリカ	フィリピン
74	2023.07.19	大学（フィリピン）	アメリカ	フィリピン
75	2023.12.18	大学（日本） 研究機関（日本）	アメリカ	（なし）
76	2023.12.18	高校（日本） 民間企業（日本）	アメリカ	（なし）
77	2024.04.11	民間企業（日本） 大学（日本）	アメリカ	（不明）
78	2024.04.11	大学（日本）	アメリカ	（不明）
79	2024.04.11	民間企業（日本）	アメリカ	（不明）
80	2024.08.29	民間団体（日本）	アメリカ	（不明）
81	2024.08.29	地方公共団体（日本） 研究機関（日本） 高校（日本） 大学（日本）	アメリカ	（不明）
82	2024.08.29	大学（日本）	アメリカ	（不明）
83	2024.08.29	民間団体（日本）	アメリカ	（不明）
84	2024.08.29	大学（オーストラリア）	アメリカ	（不明）
85	2024.08.29	大学（オーストラリア）	アメリカ	（不明）
86	2024.08.29	大学（オーストラリア）	アメリカ	（不明）

13 宇宙旅行時代に対応できる
モデル緊急着陸場協定の提案

中 谷 和 弘

〈要 旨〉

　米国はスペースシャトルの飛行に関連して一連の二国間シャトル緊急着陸場協定
をセネガル，スペイン，フランス，チリ，モロッコ，ガンビア，ドイツ，日本との
間で主に 1980 年代に締結した。宇宙旅行の安全性を担保するためには，緊急着陸場
協定が不可欠である。本稿では，一連の二国間シャトル緊急着陸場協定の内容を振
り返った後で，それらを参考にしつつも必要な変更を加えて，宇宙旅行時代に対応
できるモデル緊急着陸場協定を提案してみたい。その主な内容には，緊急事態の定義，
飛行計画の通告，空域の調整，打ち上げや緊急着陸前の人員の派遣，着陸国の義務，
着陸国への経費の償還，損害への補償の責任，紛争解決が含まれる。

は じ め に

　責任ある宇宙活動を行うためには，十分かつ適切な緊急時対応の準備が鉄則
である。とりわけ有人の宇宙輸送においては，本来の着陸場への着陸が出来な
い時に備えて，緊急着陸場を準備しておくことが肝要である。米国はスペース
シャトルの緊急着陸場を国外にも準備し，所在地国と二国間シャトル緊急着陸
場協定を締結してきた。本稿では，米国が締結した二国間シャトル緊急着陸場
協定の内容を概観し，さらに宇宙関係条約及び一般国際法における緊急着陸に
ついて考察した上で，宇宙旅行時代に対応できるモデル緊急着陸場協定を提案
してみたい。

I　米国が締結した二国間シャトル緊急着陸場協定

　米国が締結した二国間シャトル緊急着陸場協定としては，次のものが知られ
ている[1]。

① Agreement between the United States of America and Senegal, Effected by
Exchange of Notes at Dakar December 15, 1982 and January 31, 1983; Entered
into Force January 31, 1983[2], Extension: February 2 and September 3, 1988

② Agreement on Space Cooperation between the United States of America and Spain, Effected by Exchange of Memoranda at Madrid on 31 August and 4 September 1984[3]

③ Agreement between the Governments of the United States of America and the French Republic Concerning Emergency Use of the Combined Forces Base at Hao, French Polynesia, by the United States Space Shuttle, Signed at Paris September 6, 1984; Entered into Force September 6, 1984[4]

④ Agreement between the Government of the United States of America and the Government of the Republic of Chile Concerning the Use of Mataveri Airport, Isla de Pascua, as a Space Shuttle Emergency Landing and Rescue Site, Signed at Santiago August 2, 1985; Entered into Force November 6, 1985[5]

⑤ Agreement between the United States National Aeronautics and Space Administration (NASA) and the Royal Moroccan Air Force (RMAF) concerning the Use of Ben Guerir Air Base as a Space Shuttle Emergency Landing Site, Signed at Rabat and Washington January 21 and 28, 1987; Entered into force January 28, 1987[6]

⑥ Agreement between the United States of America and the Gambia concerning the Use of Banjul International Airport as a Space Shuttle Emergency Landing Site, Signed at Banjul March 7, 1988; Entered into Force March 7, 1988[7]

⑦ Federal Republic of Germany, Auswartiges Amt (Foreign Office), Doc. No. 423-455.000 USA of September 22, 1983[8]

⑧ Agreement Effected by Exchange of Notes, Dated at Tokyo January 28,

---

(1) 筆者は，以前，同協定について調査したことがある。Kazuhiro Nakatani, Bilateral Agreements on Shuttle Contingency Landing Sites : Practical Application of the Basic Concepts and Provisions of the Outer Space Treaty and Other Agreements in Air and Space Law , in International Institute of pace Law of the International Astronautical Federation (ed.), *Proceedings of the Fortieth Colloquium on the Law of Outer Space* (1998), pp. 205-211.

(2) *TIAS* 10811, Extended, Effective January 1, 1988 by Exchange of Notes at Dakar February 2 and September 3, 1988.

(3) *TIAS* 11067.

(4) *TIAS* 11163.

(5) *TIAS* 11248.

(6) *TIAS* 12209.

(7) *TIAS* 12148.

第Ⅲ部　新しい宇宙活動と課題

1980; Entered into Force January 28, 1980[9]（Agreement Amending and Extending the Agreement of January 28, 1980, Effected by Exchange of Notes, Dated at Tokyo November 11, 1982; Effected into Force November 11, 1982[10]及び Agreement effected by exchange of notes Dated at Tokyo January 24, 1985; Entered into force January 24, 1985[11]により延長）

⑨ Agreement between the Government of The United States of America and the Government of the French Republic concerning the Use of Istres Le Tube 125 Air Base as a Transoceanic Abort Landing Site, Signed at Washington June 7, 2005; Entered into force June 7, 2005[12]

　なお，①〜⑨のうち，米国国務省の *Treaties in Force A List of Treaties and Other International Agreements of the United States in Force on January 1, 1995* に掲載されているのは，①③④⑤⑥⑧のうち 1985 年のものであり，*Treaties in Force A List of Treaties and Other International Agreements of the United States in Force on January 1, 2020* に掲載されているのは，④⑤である。

　①ではダカール国際空港を，②では Rota 海軍基地，Zaragoza 空軍基地，Moron 空軍基地（いずれもスペイン本土に所在）を，③ではタヒチの東沖 920 キロにある Hao 島[13]の統合軍基地を，④ではイースター島の Mataveri 空港を，⑤ではマラケシュの北にある Ben Guerir 空軍基地を，⑥ではバンジュール国

（8）　Marietta Benko and Kai-Uwe Schrogl (ed.), *International Space Law in the Making, Current Issues in the UN Committee on the Peaceful Use of Outer Space*（Editions Frontieres, 1993), pp. 120-121, note 8.

（9）　*TIAS* 9915, 口上書（科科第 27 号）昭和 55 年 1 月 28 日。

（10）　*TIAS* 10607, 口上書（科科第 364 号）昭和 57 年 11 月 11 日。

（11）　*TIAS* 12382, 口上書（科科第 18 号）昭和 60 年 1 月 24 日。これら 3 つの口上書における日本側の口上書の内容は，「1．日本国政府は，スペースシャトルが緊急着陸を行わざるを得ないような場合にその乗員の生命を守るため日本国の領域内にあってかかる着陸に適した飛行場に着陸を行い得るようにするためすべての可能な援助を与えることは，宇宙条約第 5 条及び宇宙救助返還協定の規定に基づく日本国政府の義務であることを十分理解するものである。2．日本国政府は，両国政府の関係当局間で緊急事態に関する十分な協議（情報の交換を含む。）を行うことが適当であると考える。3．日本国政府は，合衆国政府が，宇宙条約第 7 条の規定に基づき，かつ宇宙損害責任条約に従って，スペースシャトルにより日本国の領域内で引き起こされる損害について責任を負う用意がある旨上記口上書において言明していることに留意する」というものである。

（12）　*TIAS* 05-607.

（13）　レインボー・ウォリア号事件における 1986 年の国連事務総長裁定では，問題となった 2 名の仏軍人を Hao 島に 3 年間隔離することが命ぜられた。

際空港を，⑦ではケルン・ボン空港を，⑨ではマルセイユの北西にある Istres Le Tube 125 空軍基地を緊急着陸場として規定する。⑧では緊急着陸場は明記されていない。以下，①〜⑨の主要な規定について指摘する。

第1に，緊急事態の定義について。定義をおいているのは④であり，その第1条では「スペースシャトルの打ち上げ後，米国に帰還する又は宇宙空間に到達する可能性がなく，乗員を危険にさらすあらゆる事態」と規定する。

第2に，飛行計画の通告について。①の第3条，③の第2条1項，④の第2条，⑤の第3条，⑤の第3条，⑥の第4条，⑨の第2条では，米国は事前に相手国に飛行計画を通告しなければならない旨を規定する。①では，3か月前の通告を規定している。②の2項では米国は90日前までに要請し，4項ではスペインは60日前までに回答する旨，規定している。

また，⑨の第5条では，米国はフランスが4週間前までに要求した場合には，要求から48時間以内に本協定に関するすべての活動を停止することに同意する旨を規定する。②と⑨は，着陸拒否の可能性を認めている。

第3に，空域の調整について。緊急着陸場が民間航空の用に供する空港である場合には，調整が必要になる。①の第3条及び⑥の第6条では，スペースシャトルの限定的な操作性ゆえに，空域の整理において必要とされる優先順位は，「（①につき）セネガル当局，（⑥につき）ガンビア当局によって規定される」旨を規定する。④の第15条では，定期フライトスケジュールに関する情報交換及び複数エアラインの離発着時刻の重複の解決のための手続を整備する旨を規定する。

第4に，打ち上げや緊急着陸前の人員の派遣について。①の第4条，④の第3条A，⑤の第4条，⑥の第7条では，米国はスペースシャトルの打ち上げ前に緊急着陸の準備作業のために人員を派遣する旨を規定する。その人数等の上限は，①では30人，④では23人かつ3週間以内，⑥では40人である。米国は人員の派遣が，緊急着陸の場合（④の第3条A，⑤の第6条）や緊急着陸後（①の第5条，③の第4条，⑥の第8条）にも可能である。④の第3条Aでは，当該人員の上限は450人（同時期に400人を超えない），期間は120日を超えないと規定する。②の7項では，当該人員の上限は400人を超えない，期間は90日を超えないと規定する。①の第5条，②の7項，⑤の第8条，⑥の第9条では，入国が認められる人員は，米国政府又は米国政府の contractor の被用者であると規定する。当該人員は，米国民又は（①につき）セネガル国民，

第Ⅲ部　新しい宇宙活動と課題

（⑤につき）モロッコ国民，（⑥につき）ガンビア国民でなければならず，第三国国民は，NASA が着陸国と協議して安全帰還の確保のために必要な人員だと決定した場合を除いて，含まれない。④の第 3 条 c では，当該人員は外交特権免除は享有せず，また武器の携行は許されないが，所得税及び社会保険料は課されない旨，規定する。⑨の第 10 条では，活動に参加する米国政府又は米国政府の contractor の被用者への迅速な査証発給とフランスでの滞在を認め，さらにこれらの人員への NATO 軍地位協定の適用を認めるが，第 12 条では，フランスは公序や安全保障を理由としてアクセスを拒否できる旨を規定する。

　第 5 に，着陸国の義務について。着陸国の義務の規定の仕方としては，①の第 7 条，②の 8 項では，スペースシャトルとそのペイロードの安全を確保するために適当な措置をとるべき旨を規定し，③の第 7 条，④の第 11 条 A，⑨の第 14 条では，捜査救助活動並びにスペースシャトル，その宇宙飛行士及び米国の管轄下にある財産と人員の保護につき米国を支援すべき旨を規定する。⑤の第 9 条，第 10 条では，この点が最善努力義務にとどまっている。⑦では，「緊急着陸及びその後のスペースシャトルの回収に関連するすべての施設が供与されなければならない」という表現ぶりであり，⑧では，「スペースシャトルが緊急着陸を行わざるを得ないような場合にその乗員の生命を守るため日本国の領域内にあってかかる着陸に適した飛行場に着陸を行い得るようにするためすべての可能な援助を与えることは，宇宙条約第 5 条の規定に基づく日本国政府の義務であることを十分理解する」という表現ぶりになっている。⑨の第 6 条では，ミッションに先だって，フランスは機材の搬入や人員の受入を認める。③の第 6 条では，米国に無線周波数の使用を認める，⑤の第 12 条，⑥の第 13 条，⑨の第 8 条では，着陸国の通信サービスの使用を認める旨，規定する。①の第 5 条，④の第 6 条 A，⑥の第 8 条では，着陸国は着陸箇所への輸送をアレンジする旨，規定する。①の第 11 条，第 12 条，④の第 6 条，⑤の第 13 条，第 14 条では，輸入された財，スペースシャトルの除去，ペイロード，クルーの私物に関税や税金が課されない旨を規定する。⑨の第 13 条では，輸出入には宇宙基地協定第 18 条が適用されるとし，また緊急着陸料は課されない旨を規定する。

　第 6 に，経費の米国から着陸国への償還について。①の第 16 条，③の第 8 条，④の第 12 条，⑤の第 19 条，⑥の第 21 条，⑨の第 21 条 b では，緊急着陸に関連して直接にかかった経費を米国は負う旨を規定する。⑤の第 19 条，

⑥の第21条，⑨の第21条bでは，間接経費については負わない旨を規定する。

　第7に，損害への補償の責任について。②の第10条，③の第9条，④の第13条B，⑤の第11条，⑥の第12条，⑧では，米国は緊急着陸によって引き起こされる損害に対する補償の責任を宇宙損害責任条約に従って負う旨を規定する（①の第9条では同条約への言及はないが，第21条で同条約に言及している）。①の第9条では，セネガルは故意又は重過失の場合を除く他，責任を負わない，②の第9条2項では，米国は自国及び請負業者の人員及び機材に生じた損害につきフランスに請求しない，⑨の第21条aでは，両国の責任はファンドの利用可能性による旨を規定する。

　第8に，紛争解決について。①の第21条，③の第10条，④の第16条，⑤の第23条，⑥の第26条では，協定の解釈又は適用に関連する問題につき各当事国は協議を要請できる旨，規定する。⑨の第23条では，協定の解釈又は実施における相違は交渉のみによって解決される旨，規定する。①，③，⑤，⑥では，協議は要請受領後60日以内に行われなければならない旨，規定する。③の第10条3項，4項，④の第17条には仲裁条項があり，協定の解釈又は適用に関する紛争で協議により解決できないものは，一方の当事国の要請により，3名の仲裁人による仲裁に付託され，仲裁判断は拘束力を有する旨，規定する。なお，補償請求に関して，①の第21条及び③の第10条2項では請求権委員会について規定する。

　第9に，最新の協定である⑨においては，a．米国が容認しない限りフランスは立ち入ることができず，また米国が容認した者のみがスペースシャトルにアクセスできる（第15条），b．米国はスペースシャトル又はその一部をフランスからいつでも除去でき，除去には輸出関税又は他の課徴金から免除される（第16条），c．フランスの軍事安全要員の訓練が米国により米国の経費でなされうる（第18条）と規定する。また，第19条では，ソフトウェアを含む技術データの移転について詳細に規定し，第20条では，本協定に関連する機密情報の使用，移転，保管，防護は，1977年の米仏情報保全条約に従ってなされる旨，規定する。

　これらの協定には，万一の事故等に備えて宇宙飛行士の安全な帰還を最優先する米国の強固な意思が反映されている[14]。さらに，途上国との協定である①〜⑥は先進国との協定である⑦〜⑨と比べて，米国に対してより有利な待遇を付与しているといえる。スペースシャトルの時代には，途上国が宇宙物体を

第Ⅲ部　新しい宇宙活動と課題

打ち上げる可能性は皆無であり，相互主義が作用する可能性はなかったことは，現代及び将来の宇宙旅行を含む宇宙開発とは大きく異なるといえよう。

Ⅱ　宇宙関係条約及び一般国際法における緊急着陸

　宇宙条約第5条（④と⑧が言及している）では，「条約の当事国は，宇宙飛行士を宇宙空間への人類の使節とみなし，事故，遭難又は他の当事国の領域若しくは公海における緊急着陸の場合には，その宇宙飛行士にすべての可能な援助を与えるものとする」と規定し，「宇宙飛行士は，そのような着陸を行ったときは，その宇宙飛行機の登録国へ安全かつ迅速に送還されるものとする」と規定する。

　同条の趣旨をさらに詳細に規定したのが宇宙救助返還協定であり，同協定第1条では，緊急着陸の情報を入手した締約国に，打ち上げ機関及び国連事務総長への通報を義務づける。第2条では，着陸国は「直ちに，乗員の救助のためにすべての可能な措置をとるものとし，すべての必要な援助を与える」と規定する。宇宙飛行士への「すべての可能な援助」は，遭難航空機の場合の「実行可能と認める救援措置」（国際民間航空条約第25条）と対比をなすものである。

　宇宙損害責任条約（②，③，④，⑤，⑥，⑧が言及している）第2条は，「打上げ国は，自国の宇宙物体が，地表において引き起こした損害又は飛行中の航空機に与えた損害の賠償につき無過失責任を負う」と規定するため，スペースシャトルの緊急着陸により着陸国に生じた損害についても無過失責任を負うことになる（但し，第6条1項により，請求国側の重過失又は損害を引き起こすことを意図した作為若しくは不作為により引き起こされたことを米国が証明した場合は

---

(14)　米国が自国の宇宙飛行士の保護を極めて重視することは，この他にも宇宙基地協定における刑事裁判権に関しても示されている。日本，米国，カナダ，欧州宇宙機関（ESA）加盟国の4極で合意された旧宇宙基地協定（1992年発効）においては，第22条1項において「自国が提供する飛行要素について及びいずれかの飛行要素上の人員であって自国民である者について刑事裁判権を行使することができる」と規定していたのに対して，ロシアが加わることになった新宇宙基地協定（2001年発効）においては，米国は自国の宇宙飛行士が万が一にもロシアで刑事裁判を受けることがないようにするため，属人主義のみを刑事管轄権の根拠とすること（属地主義を根拠としないこと）を要求した。結果として，新協定では，同項からは「自国が提供する飛行要素について」という文言が削除され，単に「いずれかの飛行要素上の人員であって自国民である者について刑事裁判権を行使することができる」という規定となった。

188

免除されることになる)。

　緊急着陸が国際法上容認されるためには，二国間緊急着陸場協定の存在が必須という訳ではない。たとえ当該協定がなくても，一般国際法上，「不可抗力」や「遭難」といった違法性阻却事由に該当する場合には容認されことになる（着陸国の領空主権の侵害から生じる違法性が阻却されることになる）。「不可抗力」即ち「当該義務の履行を物理的に不可能とするような当該国の支配を越えた抗し難い力又は予見不能な外的事情」（国家責任条文第 23 条 1 項）[15] として考えられるのは，嵐天をはじめとする天変地異により領空侵犯をして緊急着陸する場合が考えられ，また，「遭難」即ち「自己の生命又はその者に保護を委ねられた他の者の生命を守るための他の合理的な方法をもたない場合」（国家責任条文第 24 条 1 項）として考えられるのは，乗員の生命を守るための他の合理的な方法がないために領空侵犯をして緊急着陸する場合が考えられる。

　もっとも I でみたような諸事項をあらかじめ決定することなく緊急着陸を行うことは現実には極めて困難である。それゆえ，今後の宇宙旅行時代において緊急着陸場協定をあらかじめ締結しておくことは，円滑な緊急着陸にとって不可欠であるといえよう。

III　モデル緊急着陸場協定に向けて

　宇宙旅行時代に対応できるモデル緊急着陸場協定を構想する上で指摘すべきこととして，まず次の 3 点を指摘しておきたい。

　第 1 に，宇宙旅行者と宇宙飛行士の相違について。宇宙飛行士は研究・探査目的で国家等による宇宙空間に派遣される者ごく少数の者であり，それゆえ，II でみたように「宇宙空間への人類の使節」として，緊急着陸の場合には「すべての可能な援助を与える」（宇宙救助返還協定 2 条）とされた。これに対して宇宙旅行者は，観光目的で行く多数の者であり，宇宙飛行士と同じ待遇を付与することは，国家に過大なコストを課すことになり，少なくとも納税者主権の

---

(15)　国家責任条文の訳は『国際条約集 2024』（有斐閣，2024 年）109 頁による。

(16)　この点を含め宇宙旅行に関する国際法上の諸課題に関しては，中谷和弘「宇宙旅行と明日の国際法」国際高等研究所＋宇宙航空研究開発機構（研究代表者・木下富雄）『宇宙問題への人文・社会科学からのアプローチ』（（財）国際高等研究所，高等研報告書 084，2009 年）317-326 頁参照。

第Ⅲ部　新しい宇宙活動と課題

観点からは不合理である(16)。宇宙旅行が十分に普及した段階においては，遭難航空機の場合の「実行可能と認める救援措置」（国際民間航空条約25条）と基本的に同等の待遇を付与すれば十分かもしれないが，宇宙旅行の黎明期においては，いわゆる幼稚産業の保護・育成の観点から，より手厚い救援措置を採用することには合理性はあろう。そのような事情に鑑み，ここでは「すべての可能な援助を与える」という前提で考えることにする。

　第2に，宇宙旅行の実施国の同定をどうするかについて。本稿では論じることができないが，宇宙物体登録条約1条で規定された「打上げ国」や「登録国」の概念を宇宙旅行の場合にそのまま適用してよいのか，「航空機は，登録を受けた国の国籍を有する」（国際民間航空条約第17条）という規定を宇宙旅行機にも準用した方がよいのかという問題があり，また，宇宙旅行の主な事業主体は国家よりも企業や団体となる場合が大半になると考えられるため，宇宙旅行の実施国の同定はさらに複雑な問題となる可能性がある。

　第3に，宇宙旅行機が引き起こした地表第三者損害について，国家への責任集中（宇宙条約6条）と国家の無過失責任（宇宙損害責任条約2条）をそのまま適用してよいかという問題がある。航空機が引き起こした地表第三者損害について規定した航空機第三者損害賠償条約（一般損害条約，2009年）を準用して，責任を負うのは宇宙旅行の実施企業であって国家は責任を負わないと解することも必ずしも不可能ではないかもしれないが，そのような条件では緊急着陸場提供国は少なくとも当初は納得せず，協定の締結を躊躇するであろう。そのような事情に鑑み，ここでは国家への責任集中と国家の無過失責任という前提で考えることにする。

　第4に，二国間協定か多国間協定かという点について。今後は，米国のみならず相当数の国が（自国の企業・団体が宇宙旅行を実施するといった形で）宇宙旅行に関与することが十分予期される。その際，緊急着陸場を提供してくれる国と個別に二国間協定の内容を交渉して締結するというパターンが唯一のものではなく，複数の宇宙旅行実施国が緊急着陸場提供国と同一内容の二国間協定を締結したり，場合により多国間協定を締結することも考えられる。宇宙旅行実施国が同時に緊急着陸場提供国となる場合もあろう。さらに，複数の宇宙旅行実施国と複数の緊急着陸場提供国が多国間協定を締結することも考えられる。世界の各地域毎に常設緊急着陸場を指定して宇宙旅行実施国や実施企業・団体が建設費や運営費を拠出することも考えられる。常設緊急着陸場は経済的困窮

190

に直面する一部の途上国等に資する場合もあろう。

　以上の４点を勘案する必要があるが，ここでは議論の複雑化を避けるため，また多国間協定は基本的に二国間協定の束として考えることができるため，宇宙旅行実施国Ｘと緊急着陸場提供国Ｙとのモデル二国間協定というプロトタイプの内容について考えてみたい。

　第１に，ＸとＹが宇宙条約，宇宙救助返還協定，宇宙物体登録条約，宇宙損害責任条約の当事国である場合には「当該条約を遵守することを再確認する」という条項を，当事国ではない場合には「当該条約の趣旨・目的を尊重する」という条項をおくことが望ましい。円滑な緊急着陸体制の構築のためには，これらの宇宙関係条約と二国間緊急着陸場協定の双方が必要であるため，このような規定は非常に重要である。

　第２に，モデル二国間協定は，人命を最優先させ，また，研究探査活動を最優先させるという宇宙活動の基本的なコンセプトと整合的なものでなければならない[17]。

　以上の２点を踏まえた上で，次の諸点を指摘しておきたい。

　第１に，モデル二国間協定では，Ⅰで指摘した第１から第９の諸点について規定する必要がある。Ⅰでみた①～⑨の協定のうち，最も参考になり，また議論になるのは⑨の米仏協定であると思われる。特に「第９に」での指摘に関連して，Ｙによる立入にはあらゆる場合にＸの許可を要するのかが問題になると考えられる。⑨の米仏協定では，米国の安全保障上の理由から「米国が容認しない限りフランスは立ち入ることができない」との規定がおかれたと考えられるが，宇宙旅行機について同様の配慮は必要とは思われないし，立入拒否がＹ及び着陸場近隣の住民に損害を与えたり拡大させたりすることが懸念されるため，一定の場合には立入を認めるべきであろう。

　第２に，宇宙旅行機についての機密情報に関しては，Ｙが当該情報を第三国に移転しない旨をＸに対して約束する旨の規定は非常に重要である。

　第３に，Ⅰでみた①～⑨の協定には含まれていないが，将来の世界規模での宇宙活動を見越して，次の点にも配慮した規定とすることが重要であると考える。即ち，当面はＹは非宇宙活動国である場合が多くなると考えられるものの，将来的にはＹも宇宙活動をする能力を備えるようになるかもしれない。

---

(17)　この点につき，中谷・前掲注(16) 322 頁。

第Ⅲ部　新しい宇宙活動と課題

宇宙条約1条が「宇宙空間の探査及び利用は……全人類に認められる活動分野である」と規定していることや1996年のスペース・ベネフィット宣言（国連総会決議51/122）が，宇宙空間の探査・利用の国際協力にあたっては途上国の必要に特別の考慮が払われるべきだと指摘していることに鑑みて，相互主義的な条項（Yが将来宇宙旅行を実施する場合には，Xは緊急着陸場の提供について最善の努力を払うといった条項）を挿入することが，とりわけ緊急着陸料を課さない場合には，望ましい。

第4に，宇宙旅行実施国に対して適当な国際機関（国際民間航空機関［ICAO］が最有望と考えられる）が緊急着陸場を確保すること（緊急着陸場が国外の場合には緊急着陸場協定を締結することも含む）を勧奨することが望ましい。また宇宙旅行の保険を扱う民間企業が，緊急着陸場協定が確保されているか否で保険料率に差異を設けることは，緊急着陸場協定の確保や緊急着陸場協定の締結を促すことにつながるといえよう。

Ⅳ　モデル緊急着陸場協定の提案

以上をふまえた上で，宇宙旅行実施国Xと緊急着陸場提供国Yのモデル緊急着陸場協定を次のように3つのフェーズに分けて提案してみたい。基本的に箇条書きとし，また1条から9条まではⅠで指摘した第1から第9の諸点と平仄をあわせるようにする。

「前文　宇宙旅行機が故障により緊急着陸を余儀なくされる場合に，緊急着陸場を提供して宇宙旅行者を救助することは，人命尊重の観点からのみならず宇宙旅行を含む有人宇宙活動の発展のためにも不可欠であることを認識して，本協定を締結する。XとYが宇宙条約，宇宙救助返還協定，宇宙物体登録条約，宇宙損害責任条約の当事国である場合には，当該条約を遵守することを再確認する。当事国ではない場合には，当該条約の趣旨・目的を尊重する。

第1条（緊急事態の定義）　本協定の適用上，緊急事態とは，宇宙旅行機が当初予定した場所への帰還を困難にし，乗員を危険にさらすあらゆる事態を指す。

第2条（飛行計画の通告）　XはYに○日前までに飛行計画を通告しなければならない。XはYへの時宜を得た通告を確保するため，自国の管理する宇宙旅行実施企業に飛行計画を十分早期にXに提出させる。○日前までに飛行計画が通告されない場合には，Yが別段の意志表示をすれば格別，Yによる

192

13　宇宙旅行時代に対応できるモデル緊急着陸場協定の提案

Xへの緊急着陸場の提供はなされない。○日前までに飛行計画が提出された場合でも，△日前までであればYはXへの緊急着陸場の提供を拒否できる。

第3条（空域の調整）　緊急着陸場が民間航空に使用される空港の場合や民間航空機の飛行との関連でもある場合など空域の調整が必要な場合には，必要な調整はYが行う。

第4条（人員の派遣）　Xは緊急着陸の前後に緊急着陸場に人員を派遣することができる。人員の数は○名以内，活動期間は○日以内。人員は基本的にY国国民及びX国国民である。YはX国民の緊急着陸場へのアクセスを公序や安全保障を理由に拒否することができる。

第三国国民は安全な帰還の確保に必要な人員であることに両国が合意すれば含めることができる。人員は外交特権免除は享有しない。X国民及び第三国国民の所得税や社会保険料の支払については，XとYの間で租税条約や社会保険協定が締結されていればそれを適用する[18]。

第5条（着陸国の義務）　Yは宇宙旅行機の搭乗者の人命を最優先させるため，最善の努力を払う。Yは通信サービスをはじめとする必要な便宜供与を行う。Xが緊急着陸の用に供するために持ち込んだ財，宇宙旅行機の除去，宇宙旅行者やその他の関係者の私物には，Yは関税や税金を賦課しない[19]。

第6条（経費の償還）　Xは緊急着陸に関連して直接に要した経費を負担する[20]。

第7条（損害補償責任）　Xは緊急着陸によって引き起こされる損害に対する補償の責任を宇宙損害責任条約に従って負う。

第8条（紛争解決）　本協定の解釈・適用に関する紛争は，まず両国の協議によって解決を図る。協議は要請受領後，○日以内に解決されなければならない。協議によって解決できない場合には，一方の当事国は仲裁に付託することができる[21]。

第9条（情報の保護）　宇宙旅行機及び緊急着陸場に関する情報を保護する

---

(18)　XとYの間やYと第三国の間で租税協定や社会保障協定が締結されていない場合について支払免除するか否かは全般的関係次第であるため，外してある。

(19)　緊急着陸料を課すか課さないかについては，XとYの全般的関係により双方のオプションがあると考えられるため，外してある。

(20)　「Xは間接経費については負担しない」という規定ではYが同意しないことも予想されるため，外してある。「それ以外に要した経費の償還については，別途協議して決定する」という条項を挿入することも一案である。

第Ⅲ部　新しい宇宙活動と課題

ため，両国は秘密軍事情報保護協定（GSOMIA）で規定された水準に準じた高い水準での情報防護体制を構築する。

第10条（相互性の担保）　Yが将来宇宙旅行を実施する場合には，Xは緊急着陸場の提供について最善の努力を払う。最善の努力には，X国外における緊急着陸場の斡旋も含まれる。

第11条（本協定の停止及び終了）　Xが本協定，宇宙関係条約又は他の国際法規範の重大な違反を犯した場合には，Yは本協定を停止又は終了することができる[22]。」

このモデル緊急着陸場協定は宇宙旅行の黎明期（フェイズ1）のものである。宇宙旅行が相当程度普及した段階（フェイズ2）においては，宇宙旅行実施企業に相当程度の権限を付与しまた責任を負わせる内容の宇宙法と国際航空法のハイブリッドの形態の協定が適切なものとなろう。さらに宇宙旅行が幅広く普及した段階（フェイズ3）においては，基本的に宇宙旅行実施企業が自助努力で緊急着陸場を確保することを前提とするが，国家間協定で規律することが不可欠な事項についてはそれで規律するという形態の協定が適切なものになると思われる。

将来予測はおよそ容易ではないが，宇宙法分野では可能な限り合理的な「明日の国際法」を探求し，柔軟に対応することが求められる。そこに宇宙法の難しさと面白さがあるといえよう。

おわりに

宇宙旅行を含む宇宙開発をめぐる最近の議論は，華やかな「光」の側面の検討が中心である。但し，宇宙法も法学の一部である以上，地味だが重要である「影」の側面にも関心を有しなければならない。本稿がそのささやかな一つとなれば幸いである。

---

(21)　仲裁の制度設計には様々なオプションがあるため，ここでは外してある。常設仲裁裁判所（PCA）の Optional Rules for Arbitration of Disputes Relating to Outer Space Activities（https://docs.pca-cpa.org/2016/01/Permanent-Court-of-Arbitration-Optional-Rules-for-Arbitration-of-Disputes-Relating-to-Outer-Space-Activities.pdf）に依拠するのが便宜だと考える。

(22)　条約法条約第60条1項や一般国際法上の対抗措置として可能であることを確認する規定である。

14 日本版スペースポート法制
—— 宇宙活動法の制定経緯を踏まえた検討

新谷美保子・齋藤俊

〈要　旨〉

　人工衛星等の打上げ及び人工衛星の管理に関する法律において，打上げ施設，打上げ射場，再突入場等に係る許可制度は存在せず，宇宙活動法第4条第1項に基づく人工衛星等の打上げに係る許可に係る審査又は適合認定の審査の中で，打上げ施設に関しても審査が行われる制度となっている。本稿では，打上げ施設に係る同法等の規定を整理した上で，宇宙活動法の制定経緯における打上げ施設等に係る議論を確認することで，このような制度が成立した趣旨を確認した。また，当該趣旨を踏まえ，①地上安全，飛行安全の確保以外に，宇宙活動法その他の日本の法律で規制できていない，規制すべき活動が生じた場合や，②スペースプレーンのような飛行方法や安全確保の考え方が共通の機体が実用化された場合等には，打上げ施設等やスペースポートの独立した許可制度を設けることが考えられるとの提言を行った。

は じ め に

　人工衛星等の打上げ及び人工衛星の管理に関する法律（以下「宇宙活動法」という。）において，打上げ施設，打上げ射場，再突入場等（以下，総称して「打上げ施設等」という。）に係る許可制度（以下「本許可制度」という。）は存在せず，宇宙活動法第4条第1項に基づく人工衛星等の打上げに係る許可（以下「本打上げ許可」という。）に係る審査又は適合認定の審査の中で，打上げ施設に関しても審査が行われる制度となっている。これに対し，米国等の一部の国々では，打上げ等の許可とは別に，打上げ場等の運営についても許可制度を設けている。このように日本と一部の諸外国との間で，打上げ施設等に係る規制の枠組みに大きな違いが見られる。

　そこで，本稿では，まず宇宙活動法の打上げ施設等に係る規定について概観した上で，2000年代以降の宇宙活動法制定時の議論を概略することで，打上げ施設等について独立した許可制度が設けられなかった理由を明らかにする。その上で，今後の日本のスペースポート法制の展望について考察する。

第Ⅲ部　新しい宇宙活動と課題

Ⅰ　宇宙活動法の打上げ施設等に係る規定

　宇宙活動法において許可制度が設けられているのは，本打上げ許可及び人工衛星の管理の許可（宇宙活動法第20条第1項）のみである。もっとも，打上げ施設については，本打上げ許可の許可基準の中で言及されている。具体的には，打上げ施設が，一定の無線設備を備えていることその他の型式別施設安全基準に適合していること，又は宇宙活動法第16条第1項に基づく適合認定を受けていることが，本打上げ許可の許可基準の1つとされている。

1　型式別施設安全基準の具体的内容
　宇宙活動法施行規則第8条の型式別施設安全基準は，①警戒区域の確保及び第三者の進入防止対策等，②発射装置の設置，③着火装置等の安全要求，④飛行安全管制のための無線設備，及び⑤重要なシステム等の信頼性及び冗長性について規定している。そして，これらの基準は，「人工衛星等の打上げ及び人工衛星の管理に関する法律に基づく審査基準・標準処理期間」において，より具体化されている。

2　適合認定制度
　宇宙活動法第16条第1項は，「内閣総理大臣は，申請により，国内に所在し，又は日本国籍を有する船舶若しくは航空機に搭載された打上げ施設について，これを用いて行う人工衛星等の打上げに係る人工衛星の打上げ用ロケットの型式（その設計が第十三条第一項の型式認定又は外国認定を受けたものに限る。）ごとに，適合認定を行う。」と定めている。そして，同条第3項は，内閣総理大臣は，申請に係る打上げ施設が型式別施設安全基準に適合していると認めるときは，適合認定をしなければならない旨定めている。なお，これらの基準は，「人工衛星等の打上げ及び人工衛星の管理に関する法律に基づく審査基準・標準処理期間」において，より具体化されている。また，内閣府宇宙開発戦略推進事務局の「打上げ施設の適合認定に関するガイドライン」において，適合するための考え方や具体的手段の一例が示されている[1]。
　そして，打上げ施設について適合認定がなされている場合には，本打上げ許可の審査の際に，型式別施設安全基準への適合性審査が省略され，許可申請処

理の迅速化が図られる。

3　小　括

以上のとおり，宇宙活動法においては，打上げ施設そのものについて許可制度は設けられておらず，本打上げ許可の審査の際に打上げ施設に係る審査又は適合認定の審査の中で，打上げ施設が型式別施設安全基準に適合しているか否かについても審査が行われる制度となっている。

Ⅱ　宇宙活動法の打上げ施設に係る規定の立法経緯

1　宇宙活動法の制定経緯

宇宙活動法の打上げ施設に係る規定の立法経緯について，2000 年代以降の宇宙活動法の制定経緯を概略する[2]。

(1)　外務省国際科学協力室「宇宙法等検討会」における議論

まず，2006 年度から 2008 年度にかけて，外務省国際科学協力室の「宇宙法等検討会」において，「主に宇宙諸条約を遵守するとの観点に限定して，宇宙活動法の策定に際して留意すべき事項の整理」が行われ，当該整理について「宇宙法等検討会とりまとめ文書」が公開された[3]。本文書では，宇宙活動法の「許可及び監督の対象となる活動の範囲」について，「単に宇宙空間を通過するのみの弾道ロケット（観測用ロケット，実験用ロケット等）の打上げ許可・監督をどのように扱うか等，政府による許可及び監督の対象となる宇宙活動の範囲の決定が必要。宇宙条約では，『宇宙活動』や『打上げ』の定義が不明確であるため，国内法での担保が必要となる。」との記載はあるものの，打上げ施設等に係る許可については言及がない。

(2)「宇宙活動に関する法制検討ワーキンググループ」における議論

2008 年に制定された宇宙基本法の第 35 条第 1 項は，「政府は，宇宙活動に

（1）　内閣府宇宙開発戦略推進事務局「打上げ施設の適合認定に関するガイドライン」2 頁, at https://www8.cao.go.jp/space/application/space_activity/documents/guideline3.pdf (as of October 30, 2024)。

（2）　なお，宇宙活動法の制定経緯の詳細については，宇賀克也『逐条解説宇宙二法』（弘文堂，2019 年）2-7 頁を参照。

（3）　外務省国際科学協力室「宇宙法等検討会とりまとめ文書」1 頁, at https://www8.cao.go.jp/space/archive1/housei/dai1/siryou5.pdf (as of October 30, 2024)。

第Ⅲ部　新しい宇宙活動と課題

係る規制その他の宇宙開発利用に関する条約その他の国際約束を実施するために必要な事項等に関する法制の整備を総合的，計画的かつ速やかに実施しなければならない。」と規定している。そして，宇宙基本法案の衆参両院における附帯決議の第6項において，「本法の施行後二年以内を目途に，宇宙開発利用に関する条約等に従い，宇宙活動に係る規制などに関する法制を整備するよう努めること。」が明記された。

　同年，上記の宇宙基本法第35条に関する検討に係る事項について専門的な調査検討を行うため，宇宙開発戦略本部宇宙開発戦略専門調査会（以下「本専門調査会」という。）に，「宇宙活動に関する法制検討ワーキンググループ」（以下「本WG」という。）が設置された(4)。本WGでは，当初より，「打上げ射場管理者に対する国の許可，監督の態様」が検討事項として挙げられていたものの(5)，本WGの各回の議事要旨において本許可制度について言及はない。もっとも，事務局である内閣官房が準備したと考えられる「宇宙活動に関する法制検討WG報告書（素案）」(6)では本許可制度について言及があり，「宇宙物体の打上げ射場又は帰還地点（以下，『打上げ射場等』という。）の管理を行おうとする者（以下，『打上げ射場等管理者』という。）は，当該打上げ射場等の管理の事業について国の許可を受けなければ，打上げ射場等を設置してはならない。」と記載されるとともに，①許可基準，②打上げ射場等管理者の講ずべき措置，③打上げ射場等管理者の地位の承継，並びに④許可の取り消し及び変更についても言及がなされた(7)。その後，2009年8月24日に開催された本WGの第6回会合において，同素案をもとに作成された「宇宙活動に関する

（4）　なお，本WGの第1回会合において，外務省から上記の「宇宙法等検討会とりまとめ文書」について説明があった（「第1回宇宙活動に関する法制検討ワーキンググループ議事要旨」2頁，at https://www8.cao.go.jp/space/archive1/housei/dai1/gijiyousi.pdf（as of October 30, 2024））。

（5）　「当面の検討課題について（案）」2頁，at https://www8.cao.go.jp/space/archive1/housei/dai1/siryou6.pdf（as of October 30, 2024）。

（6）　「宇宙活動に関する法制検討WG報告書（素案）」が配布されたのは本WG第5回会合であるところ，本素案について議論が行われる前に事務局（内閣官房）から説明が行われていることから（第5回宇宙活動に関する法制検討ワーキンググループ議事要旨1頁，at https://www8.cao.go.jp/space/archive1/housei/dai5/gijiyousi.pdf（as of October 30, 2024）），本素案は事務局である内閣官房が準備したものであると考えられる。

（7）　「宇宙活動に関する法制検討WG報告書（素案）〜民間宇宙活動の時代に対応した法制度の整備に向けて〜」15頁，at https://www8.cao.go.jp/space/archive1/housei/dai5/siryou2.pdf（as of October 30, 2024）。

法制検討 WG 報告書〈中間取りまとめ〉」（以下「本 WG 報告書」という。）の案
について議論が行われ，本専門調査会に報告した後にパブリックコメントを実
施することとされた[8]。

　2009 年 10 月 1 日の本専門調査会第 9 回会合において，本 WG 報告書案に
ついて報告がなされ，基本的に原案のとおり了承され，同報告書案をパブリッ
クコメントに付すこととされた[9]。なお，同会合の議事要旨において，本許
可制度について言及はない[10]。本 WG 報告書は，最終的に 2010 年 3 月に，
上記の打上げ射場等の設置に係る国の許可，監督に係る内容を含む形で公開さ
れた。その後，2012 年 7 月の内閣府設置法等改正法の施行に伴い，専門調査
会は廃止されることとなったため，「最終とりまとめ」は作成されなかった[11]。

　このように，宇宙活動法に係る初期の議論においては，本許可制度を設ける
ことが前提とされていた。

⑶ 宇宙法制小委員会等における議論

　2015 年 4 月，宇宙活動法案について議論するため，宇宙政策委員会宇宙産
業・科学技術基盤部会に宇宙法制小委員会（以下「本小委員会」という。）が設
置された。

⒜ 本小委員会第 3 回会合における議論

　2015 年 6 月 2 日，本小委員会第 3 回会合において，事務局の内閣府宇宙戦
略室から「宇宙活動法制に関する基本的考え方（案）」が配布され，本許可制
度を含む様々な論点について議論が行われた。同文書では，本 WG 報告書と
は異なり，本打上げ施設等について許可制度を設けることは前提とされていな
かったところ，「打上げ射場の運営については打上げ許可の中で打上げに従た
る形で許可・監督を行ってはどうかとの意見」があった[12]。

　具体的には，本会合において，ある委員は，本 WG 報告書に言及しつつ，
以下のとおり述べた（太字及び下線は当職らによる。以下同じ。）[13]。

（8）　「第 6 回宇宙活動に関する法制検討ワーキンググループ議事要旨」，at https://www8.
　　　cao.go.jp/space/archive1/housei/dai6/gijiyousi.pdf（as of October 30, 2024）。
（9）　「宇宙開発戦略本部　宇宙開発戦略専門調査会　第 9 回会合（議事要旨）」3 頁，at
　　　https://www8.cao.go.jp/space/archive1/senmon/dai9/gijiyousi.pdf（as of October 30, 2024）。
（10）　同上。
（11）　長谷悠太「民間事業者の宇宙活動の進展に向けて ── 宇宙関連 2 法案」『立法と調査』
　　　No. 381（2016 年）87-88 頁。
（12）　「第 3 回 宇 宙 法 制 小 委 員 会　議 事 要 旨」1 頁，at https://www8.cao.go.jp/space/
　　　comittee/27-housei/housei-dai3/gijiyousi.pdf（as of October 30, 2024）。

第Ⅲ部　新しい宇宙活動と課題

> これは前の内閣官房で取りまとめたときの中間とりまとめと比べますと，打ち上げ射場の運営というものをどう位置づけるかというところの考え方が変わってきているように思われるのです。私は結論的には今の考え方のほうがいいのではないかと思いますが，**打ち上げ射場の運営の中の飛行安全，地上安全の確保という話はもう打ち上げ許可の中に入れ込んでいく。**最終的に規定のつくりをどうするかはともかく，概念として打ち上げ許可の中に入れ込んでいく。そうしますと，あとは底地を提供したり，そこに上屋を立てたりという業態が残るわけですけれども，それについては宇宙活動と考えないという整理かと今日伺ったのですが，そういう理解でよろしいですかということです。ちなみに，私はそのほうが合理的ではないかと最近思うようになっております。

　この発言に対し，宇宙戦略室参事官（以下「担当参事官」という。）は，以下のとおり回答した[14]。

> 打上げ射場の問題ですが，施設・設備等を供するという行為が，打上げ国の概念の中では，類型に入るので，それが宇宙活動ではないと言い切ることはできないのですが，我が国が管轄下で打ち上げる場合に関しては，施設等を供する者も含め，打ち上げ主体というのを基本的にグリップできると考えております。（中略）
> 許可・監督の方法として，**国内においては打ち上げ実施者のほうを基本的に許可・監督の対象として，射場設置者に関しては事前に打ち上げ実施者の行う行為の枠内にデフォルト的な形で位置づけてはどうかというのを考えている**ところですが，もう少し詳細に議論して詰めてまいりたいと思います。

　担当参事官は，打上げ射場の施設・設備を供することが宇宙活動に該当し得ることを前提とした上で，本WG報告書とは異なり，国内においては基本的

---

(13)　「宇宙政策委員会　第3回宇宙産業・科学技術基盤部会宇宙法制小委員会　議事録」5頁，at https://www8.cao.go.jp/space/comittee/27-housei/housei-dai3/gijiroku.pdf（as of October 30, 2024）。

(14)　同上，5-6頁。

に（打上げ射場の管理者ではなく）打上げ実施者を許可・監督の対象とする考えを示したものと理解できる[15]。このことは，当該委員の以下の発言及び担当参事官の回答からも確認できる[16]。

> 現実的に想定できる，JAXAが所有しているような射場の場合には，確かに射場提供者のほうが安全確保業務を行うということで，これは非常によくわかるのですが，例えば土地を買い占めて，ここで打ち上げをぜひやってほしいという人があらわれたときに，しかし，安全確保等を行う能力はありません。むしろ打ち上げ事業者のほうが宇宙関係者ですから，そこも含めてやってくださいという場合に，規制の対象として，射場を提供したということだけについてわざわざ許可制度をとる必要があるのかということなのです。**それを打ち上げ許可の中で，要するに地上安全，飛行安全の確保が行われています。それを誰がどう行っているかというのは個別の案件の審査の中でやればいいことで，改めて一つ許可対象のカテゴリーとして射場運営許可のようなものがなくても対応できるのではないかということで，きょうの御提案はそういうことかと。**中間とりまとめのときの5類型が必ずしも5類型列挙するという形でなくなっていますので，そうではないのかと思ったのですが，御提案はそれとは違うわけですか。

担当参事官は，この発言に対し，「**おっしゃったような形だと思います。**」と回答した[17]。

このように，本会合において，打上げ許可の中で地上安全，飛行安全の確保が行われれば良く，どの主体がどのように地上安全，飛行安全の確保を行うかという審査は個別案件において行えば良いことから，本許可制度がなくても対

---

(15) なお，「『打上げ国』概念の適用」（第59会期国際連合総会決議第59/115号）では，打上げ施設等について言及はなされていない。この点，「宇宙活動に関する国内法制への推奨事項（国内法制推奨事項）」（第68会期国連総会決議68/74）第1項において，「国内の規制枠組みによって対象とされる宇宙活動の範囲は，必要に応じて，（中略）打上げ場又は再突入地点の運用（中略）を含む。」ものとされている。

(16) 「宇宙政策委員会 第3回宇宙産業・科学技術基盤部会宇宙法制小委員会 議事録」・前掲注(13) 6-7頁。

(17) 同上，7頁。

201

第Ⅲ部　新しい宇宙活動と課題

応できるのではないかという意見が示された。

　また，担当参事官は，許可対象について，続けて以下のとおり述べた(18)。

> ただ，要するに単なる射場に関して土地を提供しただとか，建物を建てたというものを対象にしているのではなくて，あくまで御指摘のとおり，通常の使い捨てロケットに関してはロケットの打ち上げというのはロケットと射場というのが結びついて初めて議論になりますので，単なる土地がある，建物があるではなくて，具体的に当該ロケットに対応して，そのロケットの打ち上げに当たって周辺の安全を確保したり，打ち上げを行うに当たって飛行経路周辺の安全を確保するための機能を果たすような形で射場を使うということを射場の運営と定義していますので，単なる土地建物を提供するだけではなくて，実施するとなりまして，恐らく許可の際には土地建物の所有者といいますものと実際にそういった安全を確保する者というのが違った場合に関しては，**単に土地を提供しただとか，もしくは単にここを将来射場にしたいだとか言っている段階のものを許可するというよりも，個々のロケットの打ち上げと結びつける形でと考えております。**

　担当参事官は，個々のロケットの打上げを紐づけない形での射場の運営の許可は不要である旨を述べていると考えられる。このような考え方の背景には，上記のとおりロケットの打上げがロケットと射場が結びついて行われること，及び担当参事官の以下の発言(19)にあるとおり，通常の使い捨てロケットに関して，ロケットごとに安全確保に対する考え方や飛行経路等が異なっていること（そのため，いずれにせよ個々のロケットの打上げごとに安全審査が必要であること）があると考えられる。

> 広く言えば，恐らく技術が進歩してきたり，今回対象にはしませんでしたけれども，スペースプレーンのようなものであれば汎用的な射場というのも将来的にはあり得るかもしれないのですか〔ママ〕，**通常の使い**

---

(18)　同上，7頁。
(19)　同上，8頁。

> 捨てロケットに関しては，恐らく個々のロケットごとに安全確保に対す
> る考え方も違いますし，ロケットと射場の位置によって，ロケットを飛
> ばす際の飛行経路等も変わってくるので，あくまでも特定のロケットに
> 紐付けた形でということです。

　以上のとおり，本小委員会第3回会合において，本許可制度を設けずに，
本打上げ許可において，打上げ射場の運営のうちの飛行安全，地上安全の確保
を取り扱うという考え方が示された。上記の発言等を踏まえるとこのような考
え方の背景には，①打上げ射場の運営のうち，規制すべき活動は地上安全，飛
行安全の確保であって，その点は本打上げ許可に含めれば足りること，及び②
ロケットの打ち上げがロケットと射場が結びついて行われ，通常，使い捨てロ
ケットは機体ごとに安全確保の考え方や飛行経路等が異なっていること（その
ため，いずれにせよ個々のロケットの打上げごとに安全審査が必要であること）が
あるのではないかと考えられる。

(b) 本小委員会第4回会合等における議論

　2015年6月23日に開催された本小委員会第4回会合では，内閣府宇宙戦
略室から「宇宙活動法に関する基本的考え方（案）」が配布されたところ，本
文書において本許可制度については言及がない[20]。なお，本会合では，担当
参事官より以下の発言があり，本邦領域内で再突入場を運用することが，本会
合の当時想定されないことが述べられた[21]。

> 再突入場の運営者が行う地上安全，飛行安全の確保のもとで，再突入機
> を再突入させるというような形態というのが想定されるのでございます
> が，現在，我が国がJAXA等で実施している再突入等につきましては，
> 実は，必要な安全確保する範囲というのが，打ち上げに関しては，例え
> ば，射場から数キロのオーダー，例えば，3キロのオーダー等の立入禁
> 止区域を設定して，打ち上げ等を行っているのですが，再突入に関して
> は，数百キロオーダー，数百キロ掛ける数百キロの面を立入禁止として

---

(20) 「宇宙活動法に関する基本的考え方（案）」, at https://www8.cao.go.jp/space/
comittee/27-housei/housei-dai4/siryou1.pdf (as of October 30, 2024)。

(21) 「宇宙政策委員会　第4回宇宙産業・科学技術基盤部会宇宙法制小委員会　議事録」4頁,
at https://www8.cao.go.jp/space/comittee/27-housei/housei-dai4/gijiroku.pdf。

第Ⅲ部　新しい宇宙活動と課題

設定して行う。そうすると，事実上，我が国の管轄の及ぶような範囲
で，再突入場の運営は，事実上できないという観点で，今後整理してい
くことになるのかなと。

ただ，中間取りまとめの段階では，まだ，こういった内容に関して，具
体的に踏み込めるほど，お諮りしていませんので，淡々と許可を行うこ
とについて説明いたしましたが，今後の御議論として，打ち上げ射場に
関して，この射場運営者の役割というのがあるとすると，再突入に関し
ても，同様に再突入場の運営者の管理する再突入場に再突入させる。我
が国の例だと，「はやぶさ」のカプセル等を再突入させた際には，オー
ストラリアの管理するウーメラの再突入場に，再突入管理者の許可のも
と，落下させたのですが，そういったものが事実上，我が国にはつくれ
ないだろうという趣旨で，**法的にというよりも，ここは，状況の認識と
して，恐らく，本邦領域内で再突入場というのを運用することは，現時
点では想定されない。**

　同日，本会合後に開催された第 7 回宇宙産業・科学技術基盤部会では，第 4
回宇宙法制小委員会の状況の報告があった上で，「宇宙政策委員会中間取りま
とめ（案）」について議論がなされ，このような内容で同部会から宇宙政策委
員会に提案することとされた[22]。本文書は，上記会合の翌日に開催された第
40 回宇宙政策委員会において，議論の上了承された[23]。

　上記の経緯で作成された「宇宙政策委員会中間取りまとめ」[24]（以下「本中間
取りまとめ」という。）別添 1 の「宇宙活動法に関する基本的考え方」（以下「本
基本的考え方」という。）では，本 WG 報告書とは異なり，本許可制度について
は言及されていない。むしろ，本基本的考え方では，**打上げ実施者が**，個々の
打上げ許可に当たって，①「審査済の型式のロケットを審査済みの射場におい

---

(22)　「第 7 回宇宙産業・科学技術基盤部会 議事録」14-23 頁，at https://www8.cao.go.jp/
　　space/comittee/27-kiban/kiban-dai7/gijiroku.pdf（as of October 30, 2024）。なお，本小委員
　　会第 4 回会合の議事録には，本小委員会においても「中間取りまとめ」について議論がな
　　されたことを示唆する記載がある。
(23)　「第 40 回宇宙政策委員会 議事録」4 頁，at https://www8.cao.go.jp/space/comittee/
　　dai40/gijiroku.pdf。
(24)　宇宙政策委員会「宇宙政策委員会 中間取りまとめ」，at https://www8.cao.go.jp/space/
　　comittee/kettei/27-chukan-matome.pdf（as of October 30, 2024）。

204

て打上げに供すること」，②「打上げ射場運営者の講ずる地上安全，飛行安全の確保」等について国の審査を受けることが記載されている[25]。このうち①については，打上げ実施者に対し，「打上げ射場についても，打上げ射場運営者において，上記のロケットの打上げの許可の申請を行う前に予め，地上安全，飛行安全を確保するための技術的能力（施設・設備等安全監理を確実に実施する能力）等の審査を受けておき，打上げ実施者は，審査を受けた打上げ射場運営者により当該ロケットの地上安全，飛行安全の確保を行わせることを義務付け」ることとされている[26]。

　したがって，本基本的考え方では，本小委員会第3回会合における議論を踏まえて，本許可制度を設けるのではなく，本打上げ許可の中で打上げ射場の運営のうちのロケットの地上安全，飛行安全の確保を取り扱うこととされたものと考えられる。

(c) 本小委員会第5回以降の議論

　上記の第40回宇宙政策委員会後の2015年10月に，本小委員会第5回会合が開催され，内閣府宇宙戦略室から「宇宙活動法における許可制度等の概要について」が配布された。本文書は，本基本的考え方を踏まえて作成されたものである[27]。また，本小委員会第6回会合では，本文書についての指摘事項を踏まえて修正された「宇宙活動法における許可制度等の概要について（前回指摘事項反映版）」（以下「本概要」という。）が配布された[28]。

　本概要において，本基本的考え方では言及されていない「打上げ射点設置の許可」について明記された。具体的には，「打上げ射点（当該射点を使用するロケットの打上げに必要な施設，設備を含む。以下同じ。）の設置を許可制とし，打上げ射点立地の適切性及び打上げ射場運営者（打上げ射場を設置し，運営する者を含む。）に人工衛星等の打上げにおいて飛行安全及び地上安全の確保を的確に行い得る技術的能力を担保させる。」ことが示されるとともに，審査の要求事項等が記載されており[29]，本概要において本許可制度が提案された[30]。

---

(25)　本中間取りまとめ，8頁。
(26)　同上。
(27)　「宇宙活動法における許可制度等の概要について」1頁，at https://www8.cao.go.jp/space/committee/27-housei/housei-dai5/siryou1.pdf（as of October 30, 2024）。
(28)　「宇宙活動法における許可制度等の概要について（前回指摘事項反映版）」，at https://www8.cao.go.jp/space/comittee/27-housei/housei-dai6/sankou.pdf（as of October 30, 2024）。
(29)　同上，2-3頁。

205

第Ⅲ部　新しい宇宙活動と課題

なお，本概要 4 頁において，打上げ許可の要件が列挙されており，本打上げ施設等に係る記載は以下のとおりである。

> ○人工衛星等を打ち上げる打上げ射場について，予め当該ロケットの打上げに係る許可を受けた打上げ射点運営者の運用する射点から当該打上げ射点運営者による飛行経路周辺の安全及び射点周辺の安全の確保の下，打上げを実施するものであること。
> ○打上げ射点運営者と調整し，作成した飛行経路周辺の安全に係る計画及び射点周辺の安全に係る計画が公共の安全を確保する上で適切であること。

　しかし，その後，2016 年 2 月 8 日に開催された本小委員会第 7 回会合において内閣府宇宙戦略室が配布した，宇宙活動法案の概要についての資料において，「打上げ射点設置の許可」に係る記載はなく，「人工衛星等の打上げに係る許可制度」について，打上げ施設の基準への適合性について事前認定制度を導入することが記載された[31]。このような宇宙活動法案の建付けについては，同会合のみならず，同月 16 日に開催された第 13 回宇宙産業・科学技術基盤部会や，同月 24 日に行われた第 46 回宇宙政策委員会においても議論がなされなかった[32]。

　(d) 国会における議論

　2016 年 3 月に宇宙活動法案は閣議決定され，その後国会に提出された。同法案は，翌月 27 日に衆議院の内閣委員会に付託されて審議が行われた。同委員会の参考資料において宇宙活動法案の要旨が記載されているところ，宇宙活動法案第 6 条の本打上げ許可の基準に係る説明において，本概要の打上げ許

---

(30)　ただし，以下で述べるとおり，最終的に「打上げ射点設置の許可」の制度は，適合認定の制度に変更されたようである。

(31)　「人工衛星等の打上げ及び人工衛星の管理に関する法律案」，at https://www8.cao. go.jp/space/comittee/27-housei/housei-dai7/siryou1.pdf (as of October 30, 2024)。

(32)　「宇宙政策委員会 第 7 回宇宙産業・科学技術基盤部会宇宙法制小委員会 議事録」，at https://www8.cao.go.jp/space/comittee/27-housei/housei-dai7/gijiroku.pdf (as of October 30, 2024)；「第 13 回宇宙産業・科学技術基盤部会 議事録」，at https://www8.cao.go.jp/space/ comittee/27-kiban/kiban-dai13/gijiroku.pdf (as of October 30, 2024)；「第 46 回宇宙政策委員会 議事録」，at https://www8.cao.go.jp/space/comittee/dai46/gijiroku.pdf (as of October 30, 2024)。

可の要件に係る記載が引用されている[33]。また，同参考資料では，宇宙活動法案第16条について，「適合認定について規定するものである。適合認定については，『宇宙活動法における許可制度等の概要について』において，以下のとおり考え方が示されている。」と説明された上で，本概要の「打上げ射点設置の許可」の記載が引用されている[34]。このことは，「打上げ射点設置の許可」の制度が，最終的に宇宙活動法に定める適合認定の制度に変更されたことを示している。

　加えて，参議院の内閣委員会並びに衆議院及び参議院の本会議においても，宇宙活動法案について審議が行われたものの，衆院両院の内閣委員会及び本会議の議事録を確認する限り，適合認定制度や本許可制度については議論がなされていない。そして，最終的に2016年11月9日に，第192回国会（臨時会）で宇宙活動法が可決・成立された。

(4) 小　括

　以上の宇宙活動法の立法経緯をまとめると，当初，2008年に設置された本WGにおいては，打上げ射場等の管理について許可制度を設ける方針で進められていた。その後，2015年6月2日に開催された本小委員会第3回会合において，「打上げ射場の運営については打上げ許可の中で打上げに従たる形で許可・監督を行ってはどうかとの意見」が示されるなどの議論が行われた。その内容を踏まえて作成された，「宇宙政策委員会中間取りまとめ」の別添1である本基本的考え方により，本許可制度を設けず，個々の打上げ許可に当たって打上げ射場運営者の講ずる地上安全，飛行安全の確保等の審査を行う等の考え方が示された。このような本基本的考え方の内容が宇宙活動法に反映され，宇宙活動法において本許可制度を設けず，本打上げ許可に係る審査又は適合認定の審査の中で，打上げ施設に関しても審査が行われる制度となったのではないかと考えられる。

　また，上記の立法経緯を踏まえると，このような宇宙活動法の制度が設けられた趣旨は，本小委員会第3回会合で議論されたように，①打上げ射場の運営のうち，規制すべき活動は地上安全，飛行安全の確保であって，その点は本

---

(33)　衆議院「人工衛星等の打上げ及び人工衛星の管理に関する法律案（内閣提出第41号）・衛星リモートセンシング記録の適正な取扱いの確保に関する法律案（内閣提出第42号）に関する資料：内閣委参考資料」41頁（2016年）。

(34)　同上，46頁。

第Ⅲ部　新しい宇宙活動と課題

打上げ許可に含めれば足りること，及び②ロケットの打ち上げがロケットと射場が結びついて行われ，通常，使い捨てロケットは機体ごとに安全確保の考え方や飛行経路等が異なっていること（そのため，いずれにせよ個々のロケットの打上げごとに安全審査が必要であること）にあるのではないかと考えられる。

Ⅲ　日本版スペースポート法制の検討

　以上の立法経緯を踏まえると，日本は今後も，本許可制度を設けず，本打上げ許可に係る審査又は適合認定の審査の中で，打上げ施設に関しても審査を行うという制度を維持すべきであろうか。それとも，打上げ施設等やスペースポートについて，米国等のように独立した許可制度を設けるべきであろうか。この点については，上記Ⅱで検討した，このような制度が設けられた趣旨が参考になる。

　すなわち，「①打上げ射場の運営のうち，規制すべき活動は地上安全，飛行安全の確保であって，その点は本打上げ許可に含めれば足りる」という点については，地上安全，飛行安全の確保以外に，（宇宙活動法その他の日本の法律で規制できていない）規制すべき活動が生じた場合には，打上げ施設等やスペースポートの独立した許可制度を設けることが考えられる。例えば，環境への悪影響の予防の観点から，打上げ施設等やスペースポートの設置・運営について，既存の法令にはない規制を設けることも一案としては考えられる。また，例えば，許可の審査との関係で，ロケットの打上げを行う事業者の申請に基づく本打上げ許可の審査において考慮するのではなく，本許可制度を設けた方がより効率的であるといった事情が生じ，又は，今後の技術発展等により打上げ施設等やスペースポートの運営者に対して，その運営について直接的に義務を課す必要が生じた等の立法の必要性を踏まえて，打上げ施設等やスペースポートの独立した許可制度を設けることも考えられる。

　次に，「②ロケットの打ち上げがロケットと射場が結びついて行われ，通常，使い捨てロケットは機体ごとに安全確保の考え方や飛行経路等が異なっていること（そのため，いずれにせよ個々のロケットの打上げごとに安全審査が必要であること）」という点については，今後，安全確保の考え方等が一定程度共通する，様々な種類の宇宙機が実用化された場合，再考の余地があると考えられる。例えば，安全性の確保の考え方や飛行方法等が一定程度共通している飛行機にお

いて空港設置許可の制度が存在するのと同様に，将来，ある種のスペースプレーンのような安全確保の考え方や飛行方法等が共通の機体が開発された場合には，そのような機体との関係で，打上げ施設等やスペースポートの独立した許可制度を設けることが考えられる[35]。

また，再突入場（再突入地点）の運営に限って言えば，打上げ施設の運営と同様に，再突入場の運営のうち，規制すべき活動は地上安全，飛行安全の確保であると考えるならば，再突入場の許可制度を設けるのではなく，再突入許可という制度を設けた際に，当該制度内で再突入場に係る地上安全，飛行安全の確保の審査を行うことも考えられる。

結論として，日本の最適な打上げ施設等やスペースポートの法制は，今後の技術の発展等の様々な事情により，時代によって変化していくものと考えられる。そのため，宇宙活動法において本許可制度を設けず，本打上げ許可に係る審査又は適合認定の審査の中で打上げ施設に関しても審査を行うという制度が設けられた趣旨を意識しつつも，時代に即した最適な法的枠組みを継続的に模索していくことが求められる。

---

(35)　この点，本小委員会において，担当参事官は「スペースプレーンのようなものであれば汎用的な射場というのも将来的にはあり得るかもしれないのです」と述べる（「宇宙政策委員会　第3回宇宙産業・科学技術基盤部会宇宙法制小委員会　議事録」・前掲注(13) 8 頁）。

〈編者〉

青木節子（あおき・せつこ）
　慶應義塾大学大学院法務研究科教授・慶應義塾大学宇宙法研究センター副所長

中谷和弘（なかたに・かずひろ）
　東海大学法学部教授・東京大学名誉教授

菊地耕一（きくち・こういち）
　宇宙航空研究開発機構（JAXA）調査国際部国際課長・慶應義塾大学宇宙法研究セ
　ンター研究員

国立研究開発法人宇宙航空研究開発機構総務部法務・コンプライアンス課

宇宙法の位相

2025 年（令和 7 年）2 月 28 日　初版第 1 刷発行

編　者	青木節子・中谷和弘・菊地耕一・国立研究開発法人宇宙航空研究開発機構総務部法務・コンプライアンス課	
発行者	今　井　　　貴	
発行所	信山社出版株式会社	

（〒113-0033）東京都文京区本郷 6-2-9-102
TEL 03（3818）1019／FAX 03（3818）0344

Printed in Japan　　　　　　　　　　　印刷・製本／藤原印刷

ⓒ編著者，2025.　ISBN978-4-7972-8788-2 C3332

JCOPY〈出版者著作権管理機構　委託出版物〉
本書の無断複製は著作権法上での例外を除き禁じられています。複写され
る場合は，そのつど事前に，出版者著作権管理機構（電話 03-5244-5088，
FAX03-5244-5089，e-mail: info@jcopy.or.jp）の許諾を得てください。

宇宙六法

青木節子・小塚荘一郎 編集

サイバー攻撃の国際法
—タリン・マニュアル 2.0 の解説（増補版）—

中谷和弘・河野桂子・黒﨑将広

国際法研究

岩沢雄司・中谷和弘 責任編集

宇宙法の形成

中村仁威

信山社